Diogenes Taschenbuch 20098

de
te
be

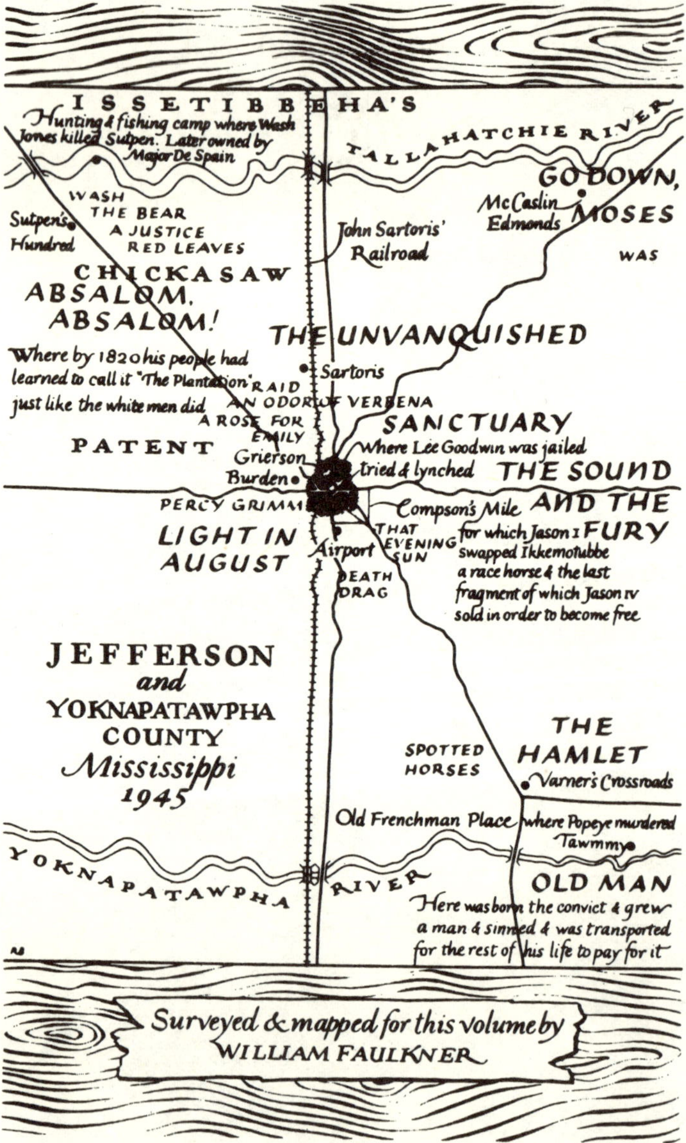
ISSETIBBEHA'S
Hunting & fishing camp where Wash Jones killed Sutpen. Later owned by Major De Spain
TALLAHATCHIE RIVER
GO DOWN, MOSES
McCaslin Edmonds
WAS
WASH
THE BEAR
A JUSTICE
RED LEAVES
Sutpen's Hundred
John Sartoris' Railroad
CHICKASAW
ABSALOM, ABSALOM!
THE UNVANQUISHED
Where by 1820 his people had learned to call it "The Plantation" just like the white men did
Sartoris
RAID
AN ODOR OF VERBENA
A ROSE FOR EMILY
SANCTUARY
Where Lee Goodwin was jailed tried & lynched
PATENT
Grierson
Burden
THE SOUND AND THE FURY
PERCY GRIMM
Compson's Mile for which Jason I swapped Ikkemotubbe a race horse & the last fragment of which Jason IV sold in order to become free
LIGHT IN AUGUST
Airport
THAT EVENING SUN
DEATH DRAG
JEFFERSON and YOKNAPATAWPHA COUNTY Mississippi 1945
THE HAMLET
SPOTTED HORSES
Varner's Crossroads
Old Frenchman Place
where Popeye murdered Tawmmy
YOKNAPATAWPHA RIVER
OLD MAN
Here was born the convict & grew a man & sinned & was transported for the rest of his life to pay for it
Surveyed & mapped for this volume by WILLIAM FAULKNER

Über William Faulkner

Aufsätze und Rezensionen von Malcolm Cowley bis Siegfried Lenz

Essays und Zeichnungen von sowie ein Interview mit William Faulkner

Chronik und Bibliographie

Herausgegeben von Gerd Haffmans

Diogenes

Dieser Band enthält eine Materialsammlung, die von den Beständen der bisherigen Faulkner-Rezeption ausgeht. Neben interpretativ bedeutsamen Essays ist die Wirkungsgeschichte durch Kritiken und Äußerungen vor allem europäischer Schriftsteller dokumentiert.

Das Vorwort von Albert Camus zu ›Requiem für eine Nonne‹ (übersetzt von Eva Rechel-Mertens), die Essays von Malcolm Cowley und Ellery Queen, von William Faulkner ›Über Kritik‹, die ›Nobelpreisrede‹, seine von James B. Meriwether 1972 entdeckte und vorgestellte Einleitung zu ›Schall und Wahn‹ (übersetzt von Wulf Teichmann und Walter Hertenstein) und Faulkners Zeichnungen liegen hier erstmals in einer deutschen Ausgabe vor.

Alle Texte wurden unverändert übernommen, weshalb Titel manchmal nach dem Original, manchmal nach den Übersetzungen zitiert erscheinen; weitere Hinweise gibt jeweils der Copyright-Vermerk am Schluß jedes Beitrags.

Herausgeber und Verlag danken den Autoren, Verlagen und Agenturen für die Abdrucksgenehmigung und Herrn Diplom-Bibliothekar Winfried Hönes für einige Hinweise.

Frontispiz: *Jefferson and Yoknapatawpha County.* Kartenskizze von William Faulkner. Aus: *The Portable Faulkner,* © 1946 by The Viking Press, Inc., New York.

Umschlagfoto: William Faulkner (Archiv Diogenes)

40/90/8/2
ISBN 3 257 20098 6

Inhalt

Anhang

Über William Faulkner

»Ich wollte eine Geschichte auf amüsante, dramatische, tragische und komische Art zugleich erzählen.«

William Faulkner

»Das Land Yoknapatawpha ist längst nicht so kompliziert wie das Empire State Building.«

William Faulkner

William Faulkner
Vom Schreiben

Mein Großvater besaß eine bescheidene, wenn auch einigermaßen vielseitige und umfassende Bibliothek; ich sehe jetzt ein, daß ich ihr den größten Teil meiner ersten Bildung verdanke. Die Schöne Literatur war von etwas begrenztem Gehalt, da mein Großvater eine Vorliebe für einfache, verständliche, romantische und aufregende Romane wie die von Scott oder Dumas hatte. Doch dazwischen verstreut standen andersartige Bände, die offenbar auf gut Glück ausgewählt waren, und zwar von meiner Großmutter, denn das Vorsatzblatt wies ihren Namen auf, und die Daten aus den achtziger und neunziger Jahren stammten aus einer Zeit, als sogar in einer so großen Stadt wie Memphis in Tennessee die Damen ihre Kutschen vor Läden und Geschäften halten ließen und die Verkäufer und selbst die Ladeninhaber auf die Straße hinausgingen, um ihre Bestellungen entgegenzunehmen – aus einer Zeit, in der die Bücher meistens von Frauen gekauft und auch gelesen wurden, die dann ihren Kindern nach den romantischen und tragischen Helden und Heldinnen – oder nach den noch romantischeren Autoren – Namen wie Byron und Clarissa und St. Elmo und Lothair gaben.

Eins dieser Bücher hatte ein Pole geschrieben, Sienkiewicz – eine Geschichte aus der Zeit des Königs Johann Sobieski, als die Polen fast ohne Beistand die Türken daran hinderten, Mitteleuropa zu überrennen. Es hatte eine Einleitung, ein Vorwort wie fast alle Bücher jener Zeit, wenigstens diejenigen, die meinem Großvater gehörten. Ich las sie niemals; ich war zu erpicht darauf zu erfahren, was die Leute selbst taten und wie sie Qualen ausstanden und durchkamen. Doch das Vorwort dieses einen Buches las ich tatsächlich, es war das erste, das zu lesen ich mir je die Zeit nahm; warum eigentlich, das weiß ich heute nicht mehr. Es lautete ungefähr so:

»Dieses Buch wurde mit einem beträchtlichen Aufwand an Arbeit geschrieben, um die Herzen der Menschen zu erheben«, und ich dachte bei mir: *Was für ein netter Einfall, so etwas zu sagen!* Das war jedoch alles. Ich dachte nicht einmal: *Eines Tages werde ich vielleicht auch ein Buch schreiben; wie schade, daß ich jenen Einfall nicht als erster hatte, dann hätte ich ihn auf mein Titelblatt setzen können!* Aber damals hatte ich noch nicht daran gedacht, Bücher zu schreiben. Es war in den Jahren 1915 und 1916; ich hatte ein Flugzeug gesehen, und in meinem Kopf schwirrten Namen wie Ball und Immelmann und Boelcke und Guynemer und Bishop, und ich wartete, wartete eine Gelegenheit ab, bis ich alt genug oder selbständig genug wäre, um nach Frankreich zu gehen und selber ein ruhmbedeckter und ordengeschmückter Held zu werden.

Dann war auch das vorbei. Es war im Jahre 1923, und ich hatte ein Buch geschrieben und entdeckt, daß es mein Los und mein Schicksal sein würde, immer weiter Bücher zu schreiben: nicht mit irgendeiner äußeren oder verborgenen Absicht, sondern einfach um des Bücherschreibens willen; und offensichtlich wurden sie gelesen, da der Verleger sie des finanziellen Risikos für wert befand, sie zu drucken. Doch auch das schien unwichtig, gemessen an dem Bedürfnis, sie zu schreiben, obwohl man natürlich hofft, daß die Leute, die sie lesen, sie wahr und ehrlich und vielleicht sogar packend finden mögen. Denn man war zu sehr mit dem Schreiben der Bücher beschäftigt, solange der Dämon, der einen vorantrieb, einen noch der Qual für würdig und verdienstvoll erachtete, vorangetrieben zu werden, und solange Blut und Drüsen und Fleisch noch stark und entwicklungsfähig und das Herz und die Phantasie noch empfänglich blieben für die Narrheiten und Gelüste und Heldentaten von Männern und Frauen; und schrieb noch immer Bücher, weil sie geschrieben werden mußten, nachdem das Blut und die Drüsen langsamer und ein wenig kühler zu arbeiten begannen und das Herz einem sagte: *Auch du weißt die Antwort nicht und wirst sie niemals finden*, jedoch noch immer Bücher schreibend, weil der Dämon noch freundlich war, nur ein wenig strenger und unbarmherziger, bis man eines Tages plötzlich begriff, daß der alte halbvergessene Pole schon die ganze Zeit die Antwort gewußt hatte.

Das Herz der Menschen zu erheben: das gilt für uns alle: für jene, die kunstvoll schreiben wollen, für jene, die einfach Unterhaltungsbücher schreiben wollen, für jene, die schreiben, um zu schockieren, und für jene, die einfach sich selber und ihren eigenen persönlichen Ängsten entfliehen.

Einige von uns wissen nicht, daß wir *deshalb* schreiben müssen. Einige wissen es und streiten es ab, damit sie nicht der Sentimentalität beschuldigt und überführt und verurteilt werden, denn heutzutage schämen sich die Leute aus irgendeinem Grunde, von Sentimentalität angekränkelt zu sein; und einige von uns haben merkwürdige Vorstellungen, wo denn eigentlich das Herz sitzt, und verwechseln es mit Drüsen und Organen und anderen Kräften, die weniger edel sind. Doch wir schreiben alle um des einen Zwecks willen.

Das bedeutet nicht etwa, daß wir den Menschen ändern wollen, ihn verbessern wollen, obwohl manche von uns es hoffen und vielleicht sogar beabsichtigen. Im Gegenteil, die Hoffnung und der Wunsch, des Menschen Herz zu erheben, sind, wenn man sie bis ins letzte analysiert, völlig selbstsüchtig und völlig persönlich. Der Schriftsteller möchte das Herz des Menschen um seines eigenen Vorteils willen erheben, weil er auf diese Weise zum Tode ›Nein‹ sagen kann. Für sich persönlich sagt er ›Nein‹ zum Tod – mit Hilfe der Herzen, die er zu erheben gehofft hat, oder sogar mit Hilfe der weniger edlen Drüsen und Organe, die er so weitgehend aufgerüttelt hat, daß sie zu ihrem eigenen Vorteil zum Tode ›Nein‹ sagen können, weil sie wissen und begreifen und es gesagt erhielten und glauben: *wenigstens sind wir keine Pflanzen, denn die Herzen und Drüsen, die fähig sind, an dieser Erregung teilzunehmen, gehören nicht zum Pflanzenreich und wollen und müssen fortleben.*

So nimmt also der Schriftsteller, der diese Erregung aus der Isolation der kalten, unpersönlichen Druckbuchstaben erzeugen kann, selber teil an der Unsterblichkeit, die er erzeugt hat. Eines Tages wird er nicht mehr sein, was dann nichts mehr ausmacht, denn in kalten Druckbuchstaben, isoliert und selber unverletzlich, bleibt *das* erhalten, was noch immer fähig ist, die alte, unvergängliche Erregung in Herzen und Drüsen zu erzeugen, deren Herren und Hüter generationenweit sogar von der Luft entfernt sind, in der er einst atmete und litt: falls es einmal dazu fähig war, dann wird es, wie er weiß, noch lange fähig und potent sein, wenn von ihm nur ein toter und verblassender Name bleibt.

Aus: Essays, Speeches and Public Letters, *Edited by James B. Meriwether, © 1965 by Random House, Inc., New York. Erstdruck als ›Foreword to* The Faulkner Reader‹, *New York 1954. Deutsch von Elisabeth Schnack, zuerst erschienen in ›Das Tintenfaß‹, Nr. 20, 1971.*

Heinrich Straumann
Umwelt und Lebenslauf

Die Umwelt, in welche Faulkner hineingeboren wurde und die er als erzählte Wirklichkeit in seinem Werk zugleich neu gestaltete und zu allgemeingültiger Bedeutung erhob, ist die der amerikanischen Kleinstadt und ihrer ländlichen Umgebung im tiefen Süden. So wie im 19. Jahrhundert Thomas Hardy Wessex und Gottfried Keller Seldwyla aus einer Synthese ihrer unmittelbaren Lebenserfahrung mit der Kraft und der Tiefe ihrer Imagination zu ständigen Daseinsbildern verdichteten, so hat Faulkner mit seiner Yoknapatawpha-Region und der Bezirkshauptstadt Jefferson eine Welt entworfen, deren Sinnfälligkeit Leser und Kritiker zu ununterbrochener Auseinandersetzung herausfordert.

In dreizehn Romanen und zahlreichen Kurzgeschichten wird dieser Bereich in Geschichte und Gegenwart mit einer Folgerichtigkeit durchmessen, die kaum je und dann nur in unwesentlichen Punkten abbricht. Ja, Faulkner ging so weit, daß er selber eine Kartenskizze zu dieser von ihm erdachten Gegend lieferte – mit Straßen und Flußläufen, Dörfern und Eisenbahnlinien, mit Grundstücken und ihren Besitzern und den Schauplätzen besonderer Handlungen.

Angesichts solcher Genauigkeit überrascht es daher nicht, daß man nach einem Urbild dieser Region Ausschau gehalten hat, und tatsächlich findet man es in der Gegend, in der Faulkner den größten Teil seines Lebens zubrachte, nämlich im Lafayette County und dessen Hauptort Oxford im nördlichen Teil des Staates Mississippi, unweit des großen Stroms, der sich etwa 400 Kilometer weiter südlich bei New Orleans in den Golf von Mexiko ergießt.

Der ganze Bezirk Lafayette hat (1963) rund 25 000 Einwohner, der Hauptort Oxford (1966) etwa 10 000, davon ungefähr ein Drittel Neger. Um 1920, d. h. zur Zeit, da Faulkner zu schreiben anfing, hatte Lafayette ungefähr 20 000 Einwohner, während Oxford damals wenig mehr als 2000 Einwohner zählte. Faulkner nahm für sein Yoknapatawpha eine mehrheitliche schwarze Bevölkerung an, was auch für die Gesamtheit des

Staates Mississippi bis etwa 1930 zutraf.* Wer mit Faulkners Werk auch nur ungefähr vertraut ist und sich nach Oxford begibt, fühlt sich an diesem Ort auf der Stelle zu Hause. Da gibt es vor allem den Hauptplatz, in dessen Mitte sich das im klassizistischen Stil erbaute Gerichtsgebäude mit einigen Büros der Bezirksverwaltung erhebt. Der rechteckige Platz, in welchen an den vier Ecken und auf zwei gegenüberliegenden Seiten Straßen einmünden, ist von zwei- bis dreistöckigen Häusern umgeben. Einige davon sind aus Holz gebaut und im ersten Stock mit Veranden versehen, unter denen sich kleine Kaufläden befinden. Ein paar Gaststätten (alkoholfreie, denn Mississippi kennt noch die Prohibition und damit den Alkoholschmuggel) und Drugstores, eine kleine Bank, das Postamt und vor dem Gerichtsgebäude das nach Süden schauende Denkmal für die Gefallenen aus dem Bürgerkrieg bestätigen bis in die Einzelheiten das Bild, das sich der Leser auf Grund von Faulkners Werken gebildet hat.

Der Platz wird im Kreisverkehr befahren; welche Richtung man auch einschlägt, nach wenigen hundert Metern bewegt man sich schon in den Außenbezirken. In einigen von diesen finden sich noch ältere, vornehme Häuser aus der Plantagenzeit, oft ebenfalls im klassizistischen Stil und mit gepflegten Gärten, andere beherbergen die noch immer in recht bescheidenen Verhältnissen lebende Negerbevölkerung, wieder andere bestehen aus den kleinen Häusern der weniger bemittelten weißen Einwohner. Einige kleinere Kirchen, etwas Industrie, ein modernes Spital und Schulen von der neuerrichteten Elementarschule für Negerkinder bis zur Staatsuniversität von Mississippi mit einem schön angelegten Campus außerhalb der Stadt vervollständigen das Bild einer insgesamt sehr ansprechenden, kleinen und wohlstabilisierten Landstadt mit einem eher gemächlichen Lebensrhythmus. Die Leute, ob schwarz oder weiß, sind freundlich und hilfsbereit und werden nur zurückhaltend, wenn Integrationsfragen berührt werden.

Diese Stadt liegt in einer flachhügeligen Landschaft von Wei-

* Die Angaben über die Bevölkerungszahlen beruhen auf Statistiken in den gängigen Nachschlagewerken und auf Auskünften der Chamber of Commerce in Oxford/Miss., die in dankenswerter Weise auch die nötigen volkswirtschaftlichen Hinweise lieferte.

deland und Feldern, auf denen Baumwolle, Mais und die Sojabohne gepflanzt werden. Ab und zu wechseln die von Flußläufen unterbrochenen Felder mit Busch- und Hochwald ab, in welchem, besonders im Deltagebiet, d. h. im weiteren Uferbereich des Mississippi, noch Rotwild gejagt wird und bis zum Beginn des Jahrhunderts auch der Bär zu finden war. Auf dem Lande bemerkt man in beträchtlicher Entfernung voneinander gelegentlich vereinzelte alte Herrenhäuser mit der Säulenfront aus der Zeit vor dem Bürgerkrieg – Häuser, die oft einen recht verfallenen Eindruck machen und jetzt nicht selten von Negerfamilien bewohnt sind. Kleinere dorfähnliche Siedlungen, bestehend aus wenigen Häusern und etwa einem Kaufladen mit vorgebauter Veranda von jener altmodischen Art, die man bei uns nur noch in recht abgelegenen Gebieten findet – und mitunter eine bescheidene hölzerne Kirche mit einem fast überwachsenen Landfriedhof scheinen das Bild eines geruhsamen, ereignislosen, fast etwas verschlafenen Landlebens zu bestätigen.

Aber es ist in Wirklichkeit nicht ganz so geruhsam. Unter der Oberfläche schwelen noch immer die Ressentiments über den verlorenen Bürgerkrieg, bilden sich Spannungen und Gruppenrivalitäten, bleiben die Problemkomplexe zwischen Schwarz und Weiß bestehen, trauert man der früheren Größe nach. Fast beiläufig erwähnt etwa ein Mann, der in einem jener kleinen Dorfläden bedient, daß vor nicht allzulanger Zeit einer seiner Kunden durch die Türspalte draußen einen Taugenichts über den Haufen geschossen habe – offenbar zur Erleichterung der übrigen Bevölkerung. Und die Unruhen, die sich im Zusammenhang mit der Immatrikulation der beiden ersten Negerstudenten an der Staatsuniversität von Mississippi abspielten und die von Kreisen außerhalb der Universität ausgelöst wurden, sind nicht ohne weiteres zu vergessen, auch wenn sich die Lage ständig verbessert – zu langsam für die einen, zu schnell für die anderen – je nach Einstellung.

Hier ergibt sich nun für den europäischen Leser, der diese Aspekte nicht aus eigener Anschauung kennt, die Schwierigkeit, eine an sich schon äußerst komplexe und zudem sich unablässig verändernde Situation nicht nur geschichtlich, wirtschaftlich und soziologisch zu verstehen, sondern auch in ihrer menschlichen Vielschichtigkeit zu begreifen. Es geht um jenen Wertzusammenhang des Südens, der in der Katastrophe des Bürgerkrieges auseinandergebrochen war, ohne daß der siegreiche Norden die entstandene Leere mit neuem Sinn zu erfüllen vermochte. Das Verhältnis der weißen Oberschicht zum Negersklaven, um nur das Bekannteste in Erinnerung zu rufen, war grundsätzlich aristokratisch-patriarchalischer Art und blieb so noch längere Zeit nach dem Bürgerkrieg, d. h. der weiße Pflanzer trug als Herr gegenüber dem auch trotz der Verfassung praktisch rechtlos gebliebenen Neger eine moralische Verantwortung, der er sich nicht entziehen durfte und die darin zum Ausdruck kam, daß er für seine Leute auf Lebenszeit sorgte und ihnen in der Not beistand. Ansehen und Autorität der weißen Oberschicht waren in der richtigen Handhabung dieser Verpflichtung verankert, und die Stellung des einzelnen in der Gesellschaft hing weitgehend vom Grad seines Verantwortungsgefühls ab, wozu ein ausgeprägter Ehrbegriff gehörte. Der Neger, der einen ›guten‹ Herrn hatte, befand sich materiell in verhältnismäßig gesicherter Stellung, und an Beispielen eines aufrichtigen Treueverhältnisses zwischen Sklave oder Abkömmling eines Sklaven und Herrn mangelt es nicht, wie auch aus Faulkners persönlicher Umgebung bekannt ist.

Die Idee dieser Ordnung wurde jedoch beständig von zwei Seiten her bedroht. Die eine ist das Rassenpostulat, das aus einer Rückübertragung der Assoziation Neger – Sklave – Rechtloser nicht nur dem Sklaven, sondern dem Neger überhaupt, auch dem freien, die menschliche Gleichwertigkeit abspricht und deshalb unter keinen Umständen eine Vermengung der Rassen anerkennen darf. Ein Mischling gilt stets als Neger, wie immer seine Stellung wirtschaftlich, kulturell oder genealogisch sein mag. Die andere ist die Existenz des ›poor white‹ oder, in der Negersprache, des ›white trash‹, d. h. jener Schicht der wirtschaftlich schwächeren weißen Siedler, die zum Teil erst nach dem Bürgerkrieg aus dem Norden eingeströmt waren und die von der Oberschicht die Rassenvorurteile womöglich in gesteigerter Form und oft gepaart mit religiösem Fanatismus übernahmen, ohne aber eine Verantwortung für das Fortkommen der Neger zu tragen.

Was bei dieser Schicht an materiell bedingten Ressentiments vorhanden war, richtete sich gegen den Neger, so daß die Spannung zwischen weißer Unterschicht und Neger oft wesentlich größer wurde, als es die zwischen Sklave und Herrn gewesen war, und namentlich in Gegenden mit starker oder sogar mehrheitlich schwarzer Bevölkerung zu gefährlichen Entladungen führen konnte. Die seit dem II. Weltkrieg praktisch fast ausgestorbene Lynchjustiz, die übrigens nicht nur gegenüber Negern Anwendung fand, wurde fast durchwegs von Exponenten der weißen Unterschicht ausgeübt, in der auch der Ku-Klux-Klan seinen Rückhalt fand und noch findet. Diese Verhältnisse bestehen seit der Abschaffung der Sklaverei und bis in unsere Zeit hinein, wobei sich die Akzente ständig, aber keineswegs immer in der gleichen Richtung verschieben.

William Cuthbert Faulkner wurde am 25. September 1897 in der kleinen Stadt New Albany, etwa 45 Kilometer nördlich von Oxford/Miss. geboren. Faulkners Urgroßvater, geboren im Jahre 1825, war als Knabe aus Tennessee nach Ripley/Miss. gekommen, um dort bei Verwandten sein Auskommen zu finden. Als junger Mann eignete er sich auf autodidaktischem Wege Kenntnisse in der Rechtsprechung an, nahm als Offizier am Bürgerkrieg teil, wurde Teilhaber einer Bank, baute eine Eisenbahnlinie von Ripley nach Middleton/Tenn., war Pflanzer, Rechtsanwalt und Politiker und besaß eine Baumwollspinnerei und ein Sägewerk. Es war Oberst Faulkner, wie er allgemein genannt wurde, der seinen Namen in Falkner änderte, möglicherweise um Verwechslungen mit einer anderen Familie Faulkner zu vermeiden. Im Jahre 1880 veröffentlichte Falkner einen Roman, *The White Rose of Memphis*, der ein Bestseller wurde und 35 Auflagen erlebte. Gegen Ende der achtziger Jahre überwarf er sich mit seinem Geschäftspartner Thurmond, der sich gegen die Erweiterung der Eisenbahnlinie ausgesprochen und zu gleicher Zeit wie Oberst Falkner seine Kandidatur für die Legislative des Staates Mississippi angemeldet hatte. Oberst Falkner wurde zwar gewählt, aber bald darauf am hellichten Tage auf dem Hauptplatz in Ripley von seinem erbitterten Gegner erschossen.* Thurmond wurde von der Mordanklage freigesprochen, da er

* Bei einem Besuch in Ripley im Herbst 1963 wurde mir dies durch einen über 80 Jahre alten Augenzeugen, der überdies als Knabe für den inhaftierten Thurmond Botengänge besorgt hatte, persönlich bestätigt.

nach Ansicht des Gerichts in Notwehr gehandelt hatte, genauso wie Oberst Falkner noch vor dem Bürgerkrieg von einer ähnlichen Anklage freigesprochen worden war.

Oberst Falkners Sohn John, der Großvater William Faulkners, ›young colonel Falkner‹ genannt, widmete sich zuerst dem Ausbau des Eisenbahnnetzes, zog hernach nach Oxford/Miss., wo er Präsident der First National Bank wurde. Sein jüngster Sohn Murray verheiratete sich im Jahre 1896 mit Maud Butler aus Oxford/Miss. und nahm zunächst Wohnsitz in New Albany. Obwohl nicht mehr finanziell am Eisenbahnunternehmen beteiligt, arbeitete auch er in verschiedenen Eigenschaften in dessen Dienst, bis er im Jahre 1902 wieder nach Oxford zurückkehrte, wo er zunächst eine Lohnkutscherei betrieb, hierauf ein Eisenwarengeschäft führte und schließlich im Jahre 1918 Verwaltungsdirektor (business manager) der Staatsuniversität Mississippi wurde. Der Ehe Murray Falkners entsprossen vier Söhne, von denen William der älteste war.

Schon diese Skizze deutet an, wie stark der Erzähler in seiner Stoffwahl der Familiengeschichte verpflichtet ist. Oberst Sartoris im gleichnamigen Roman und in *The Unvanquished* trägt deutlich die Züge von Faulkners Urgroßvater, und das Bewußtsein von der ungewöhnlich bewegten, reichen, aber auch ins Gewalttätige spielenden Vergangenheit seiner Sippschaft muß den jungen William Faulkner von Anfang an begleitet haben.

Über William Faulkners Jugendjahre ist noch immer recht wenig in Erfahrung zu bringen. Er scheint schon die Elementarschule nur unregelmäßig besucht und nach seinen eigenen Äußerungen bereits nach dem siebten Schuljahr die Mittelschule (high school) verlassen zu haben. Ob er schon damals oder erst später vorübergehend in der Bank seines Großvaters beschäftigt war, ist noch nicht mit Sicherheit ermittelt.* Einen entscheidenden Einfluß auf seine Bildung übte der junge, an der Universität Yale ausgebildete Rechtsanwalt Phil Stone aus, dessen Familie mit den Falkners befreundet war. Phil Stone erkannte die Begabung, wenn auch wohl kaum das Genie des Jungen, beriet ihn in seiner Lektüre und verschaffte ihm die nötigen Bücher. Dar-

* John Faulkner in seinem Buch *My Brother Bill* sagt, daß sein Bruder erst im Jahre 1916, d. h. als Neunzehnjähriger, zwei Jahre nachdem er die Schule verlassen hatte, die Stelle in seines Großvaters Bank antrat.

unter befanden sich solche in französischer Sprache, deren Grundkenntnisse sich Faulkner autodidaktisch aneignete. Das unverbindliche Dasein als eifriger Leser, aber ohne Rückhalt in irgendeinem bestimmten Beruf oder einer Bildungsstätte dauerte bis gegen Ende des 1. Weltkriegs, der als seelisches Erlebnis für Faulkner zunächst nur aus dem Werk erkennbar ist. In seiner Heimatstadt betrachtete man Faulkner, der sich damals anscheinend gerne mit etwas übertriebener Eleganz kleidete, zugleich aber gegenüber der konventionellen Geselligkeit der Oberschicht Distanz wahrte, als leicht exzentrischen Müßiggänger und gab ihm den Spitznamen ›Count‹, der ab und zu in den boshafteren ›Count No-Count‹ abgewandelt wurde.

Diese Einschätzung schien auch insofern gerechtfertigt, als Faulkners allererste Arbeiten, die der Öffentlichkeit zu Gesicht kamen, ganz auf dieser Linie lagen. Bemerkenswerterweise handelte es sich nicht um literarische Produkte, sondern um Zeichnungen, die in den Jahren 1916–18 in der College-Zeitschrift *Ole Miss* als Illustrationen zu Ankündigungen gesellschaftlicher Art erschienen.* Ein tanzendes Paar, eine Gruppe von zwei Männern und einem Mädchen, ein Mann und ein Mädchen, alle in hocheleganten Gesellschaftsanzügen bzw. Abendtoiletten der damaligen Mode und in der müden Haltung des zeichnerischen Stils jener Jahre mit dem Nachhall Aubrey Beardsleys und des Jugendstils – das waren die Anfänge eines Künstlers, der sein eigentliches Medium, nämlich Erzählung und Roman, und die ihm gemäße Ausdrucksform erst ein Jahrzehnt später finden sollte.

In merkwürdigem, aber charakteristischem Gegensatz zu dieser nach außen getragenen süffisanten Maske steht sein zielbewußtes Streben, im letzten Kriegsjahr in der Luftwaffe unterzukommen. Im Frühjahr 1918 verließ Faulkner seine Heimatstadt, um einige Zeit in New Haven/Conn., wo Phil Stone an der Universität Yale eben seine Schlußprüfungen als Jurist ablegte, in einem Unternehmen der Rüstungsindustrie zu arbeiten. Sein Weggang von Oxford/Miss. hing zunächst mit einer Enttäuschung in einer frühen Liebe zusammen. Ein Mädchen namens Estelle Oldham, mit dem er befreundet gewesen war, und das

* Im Anhang dieses Buches (A. d. Hrsg.).

Jahre später doch noch seine Frau werden sollte, heiratete einen andern. Aber zweifellos lagen auch Gründe vor, die mehr mit einer grundsätzlichen Unsicherheit in bezug auf sein eigenes Dasein zu tun hatten. Ein Vierteljahrhundert später bekannte Faulkner, daß zu jener Zeit sein Blick einzig auf die großen Fliegerhelden des 1. Weltkriegs, wie Ball, Immelmann, Boelcke, Guynemer und Bishop gerichtet war, und daß er nur auf eine günstige Gelegenheit wartete, um nach Frankreich zu kommen und sich mit Glorie zu bedecken.

Auf alle Fälle spielte der Drang, mit einer außergewöhnlichen Leistung sich vor sich selber und vor seiner Umgebung zu bestätigen, eine wesentliche Rolle. Er meldete sich im Juli 1918 als Freiwilliger bei der Royal Air Force, wurde angenommen und trat seinen Dienst in der Fliegerschule der Universität Toronto in Kanada an. Noch vor dem Ende seiner fliegerischen Ausbildung, während welcher Faulkner möglicherweise einmal einen Unfall erlitt, wurde am 11. November 1918 der Waffenstillstand geschlossen und die Fliegerschule aufgelöst; doch erhielt Faulkner nachträglich das Brevet als Militärpilot. Wichtig ist, daß entgegen verschiedenen Aussagen, die bis in die neueste Zeit hineinreichen, Faulkner während des 1. Weltkriegs nie nach Europa und somit auch nie zum Einsatz an der Front gelangte.

Im Januar 1919 war Faulkner wieder in Oxford/Miss. Äußerlich schien sich in seinem Gehaben und in seiner Stellung zunächst nicht viel geändert zu haben. Nach wie vor nannte man ihn »Count Faulkner«, belieferte er die College-Zeitschrift mit Zeichnungen und betrieb seine Privatlektüre. Es war aber doch etwas Neues hinzugekommen. Am 6. August 1919 veröffentlichte die New Yorker Zeitschrift *The New Republic* sein Gedicht *L'Apres-Midi d'un Faun* (sic). Faulkner hatte einen entscheidenden Schritt zur literarischen Arbeit, wenn auch noch nicht zu der ihm gemäßen Gattung, getan. Zweifellos aber verhalf ihm die Veröffentlichung dazu, daß er trotz mangelnder Schulzeugnisse im Herbst desselben Jahres als Student an der staatlichen Universität Oxford/Miss. aufgenommen wurde, wobei die Empfehlung des dort tätig gewesenen Schriftstellers und Dozenten für englische Literatur, Stark Young, von Nutzen gewesen sein dürfte. Faulkner besuchte Kurse in Französisch, Spanisch und in englischer Literatur, gab aber sein Studium schon im folgenden Jahre wieder auf, da es ihm nicht die gewünschte Anregung brachte.

Um so bemerkenswerter sind Faulkners vermehrte literarische Anstrengungen während dieser Zeit. Im Oktober 1919 wurde in der Universitätszeitung *The Mississippian* zunächst das Gedicht *L'Apres-Midi d'un Faun* abgedruckt; dann folgten im November das Gedicht *Cathay* und die erste Kurzgeschichte *Landing in Luck*, der offensichtlich ein fliegerisches Erlebnis in Kanada zugrunde liegt. Es folgten weitere Gedichte, darunter eine Gruppe von Nachdichtungen Verlaines, sowie ein Einakter betitelt *Marionettes*, den er für die gleichnamige Theatergruppe der Universität schrieb, der aber nie im Druck erschien, ferner literaturkritische Aufsätze über Conrad Aikens Lyrik, O'Neills Dramen und Hergesheimers Romanwerk.

Inzwischen hatte sich Faulkner auf Stark Youngs Rat hin vorübergehend nach New York begeben, wo er als Angestellter in einer Buchhandlung tätig war und zusammen mit Young im Hause der zukünftigen Frau Sherwood Andersons wohnte. Er kehrte aber schon im Dezember 1921 nach Oxford/Miss. zurück, um die Stelle eines Universitätspostmeisters anzutreten. Obwohl er seiner Arbeit nur mit Widerstreben nachgegangen zu sein scheint, behielt er das Amt fast drei Jahre lang, bis zunehmende Reklamationen wegen seiner unregelmäßigen Dienstleistungen Ende Oktober 1924 zu seinem Rücktritt führten. Während dieser Zeit setzte Faulkner seine literarischen Arbeiten fort. Er scheint mit der Abfassung weiterer Kurzgeschichten begonnen zu haben, betätigte sich aber auch gelegentlich und mit Erfolg als Führer einer Pfadfindergruppe. Im Juli 1922 erschien ein Gedicht mit dem Titel *Portrait* in der literarischen Zeitschrift *The Double Dealer* in New Orleans, womit eine Verbindung, die für ihn wichtig werden sollte, aufgenommen war. Zu dieser Zeit fügte Faulkner das ›u‹, das sein Urgroßvater aus dem Namen Faulkner herausgenommen hatte, wieder ein und behielt diese Namensform fortan bei. Zu derselben Zeit betrieb Phil Stone für ihn die Herausgabe eines Gedichtbandes, der mit einem Druckzuschuß unter dem Titel *The Marble Faun* im Dezember 1924 in Boston erschien. Bald darauf, im Januar 1925, begab sich Faulkner nach New Orleans.

Die nun folgenden Jahre wurden für die unmittelbare geistige und seelische Vorbereitung Faulkners zum Erzähler zweifellos die wichtigsten. New Orleans brachte ihm das, was ihm weder seine Heimatstadt noch New York zu bieten vermocht hatten: einen Kreis literarisch interessierter Leute, die neue Inhalte, Ausdrucksformen und Techniken ohne Rücksicht auf ihre Popularität zu diskutieren bereit waren und denen in der Zeitschrift *The Double Dealer* Raum gewährt wurde. Die Tatsache, daß Schriftsteller wie Sherwood Anderson, Hart Crane, Ernest Hemingway, Ezra Pound und Thornton Wilder lange vor ihrer allgemeinen Anerkennung darin zum Wort kamen, bezeugt die ungewöhnliche kritische Begabung und Weisheit der beiden Herausgeber Basil Thompson und Julius Weisfriend. Sherwood Anderson selbst war unbestritten das geistige Haupt der Gruppe, die sich in zwang- und endlosen Gesprächen über die neuesten Strömungen im Geistesleben der ganzen westlichen Welt erging.

Es ist hier angebracht, sich kurz zu vergegenwärtigen, was damals innerhalb weniger Jahre an bedeutenden Veröffentlichungen registriert und durch den Kreis des *Double Dealer* auch von Faulkner zur Kenntnis genommen werden konnte. Die beiden großen literarischen Ereignisse des Jahres 1922 und, wie sich seither herausgestellt hat, vielleicht die einflußreichsten der ersten Jahrhunderthälfte überhaupt, waren die Veröffentlichungen von James Joyces *Ulysses* und von T. S. Eliots *The Waste Land.* Auch wenn es aufgrund der Aussagen von Faulkner nicht sicher ist, ob er schon damals oder erst später den *Ulysses* las, so steht es doch außer Zweifel, daß er Diskussionen über dieses Werk mit anhörte. Hier erschienen neuartige Erzählmethoden mit innerem Monolog und Darstellung des Bewußtseinsstroms im endlosen Satz. Hier gab es ein neues Zeitbewußtsein im Sinne der Darstellung des absoluten Jetzt, es gab die Enthüllung menschlicher Aspekte, die man literarisch vordem noch kaum je zur Darstellung gebracht hatte. Es gab aber auch in den schon früher veröffentlichten *Dubliners* (1914) die auf der Epiphanie, das heißt auf der Strahlungskraft des magischen Augenblicks beruhende Kurzgeschichte, und in *Portrait of the Artist as a Young Man* (1916) die Darstellung des Wegs des Künstlers zu sich selber. Bekräftigt wurden die neuen Konzeptionen vom Zeiterleben im Zusammenhang mit der Bewußtseinskunst in den

Werken der Virginia Woolf, besonders in *Mrs. Dalloway* (1925), während die theoretische Auseinandersetzung mit dem Zeit- und Raumproblem von Samuel Alexander in *Space, Time und Deity* (1920) neu aufgenommen worden war. Hinweise auf das Identitätsproblem im Zusammenhang mit der Psychologie und den ethischen Normen des Fremden fanden sich in E. M. Forsters *A Passage to India* (1924), nachdem schon Bertrand Russells *Analysis of Mind* (1921) Wesen und Wirken unserer Verstandes- und Gemütskräfte philosophisch abzuklären versucht hatte.

Ebenso umwälzend erschienen Thematik und Ausdrucksform des *Waste Land*. Die absolute Desillusion ob des Zustandes der abendländischen Kultur, dargestellt in einer scheinbar ungeordneten, aber mit fast grausamer Präzision vorgebrachten Bildfolge bezogen auf die Schattenwelt einer Großstadt, auf physischen und geistigen Tod, auf verhängnisvolle Fahrt, auf die tödliche Leere erotischer Verhältnisse, auf vereitelte Auferstehung, aber auch auf die Größe vergangener Zeiten verglichen mit der Hölle der Gegenwart – all dies sprach die Sensibilität junger Künstler, die eben noch Zeuge der grauenhaften Blutopfer des I. Weltkriegs gewesen waren, aufs stärkste an.

Weltskepsis, ja Weltpessimismus hatte es, gepaart mit scharfsichtigem Blick für die menschlichen Unzulänglichkeiten wie die Sorgen einer einfachen Landbevölkerung schon in Thomas Hardys Heimatromanen gegeben, aber diesmal wurde die Skepsis von den Schriftstellern ausgesprochen, die den Zusammenbruch der bisher für verbindlich gehaltenen Rangordnung der Werte als gegeben, wenn nicht als notwendig erachteten, wie etwa von F. Scott Fitzgerald in *The Great Gatsby* (1925), H. L. Mencken in *Prejudices* (1919–1927), Hemingway in seinen frühen Kurzgeschichten, aber auch von Schriftstellern, die das Problem des Menschen im Krieg und das Problem des Heimkehrers aufgriffen, wie E. E. Cummings in *The Enormous Room* (1922) und Rebecca West in *The Return of the Soldier* (1918).

Da gab es die brillante Satire auf veraltetes Ästhetentum in Aldous Huxleys *Crome Yellow* (1921), aber auch die dichterische Auseinandersetzung mit dem absolut Bösen in der menschlichen Natur in Robinson Jeffers' *Tamar* (1924) und die dramatische Gestaltung der fundamentalen Konflikte zwischen menschlichen Begierden und gesellschaftlichen Normen in den Werken O'Neills.

Neben diesen eher spektakulären literarischen Ereignissen dürfen aber auch kleinere mit Elementen, die uns später wieder begegnen werden, nicht vergessen werden, wie etwa die Familiengeschichte *Told by an Idiot* von Rose Macaulay (1923), der Abschluß der *Forsyte Saga* mit *To Let* (1921), in der das Verhältnis des Menschen zum Eigentum im Zentrum steht, oder der folkloristische, im Milieu der Shropshire-Farmer spielende Roman *Precious Bane* von Mary Webb (1924). Und endlich hat man sich in Erinnerung zu rufen, daß die Namen von James George Frazer und Sigmund Freud überall auftauchten, wo von Mythologie, Religionsgeschichte und Psychologie die Rede war, auch wenn deren Werke selber damals nur von verhältnismäßig wenigen wirklich studiert wurden, ferner daß Ezra Pound in *Hugh Selwyn Mauberley* (1920) die ungeheuer schwierige Stellung des Künstlers in der modernen Welt umrissen hatte.

In Sherwood Andersons Werk selbst fanden sich mehrere der genannten Aspekte zusammen, und seine persönliche Anwesenheit und Durchschlagskraft im literarischen Leben von New Orleans verfehlten ihre direkte Wirkung auf Faulkner nicht. Das Buch, das ihn mit Recht berühmt gemacht hatte, *Winesburg, Ohio: A Group of Tales* war schon 1919 erschienen und hatte Neuland sowohl in bezug auf Thematik wie Durchführung erschlossen. Das Problem der Darstellung verdrängter Sexualität, die zur Lebensangst führt, wurde von ihm mit einer besonderen Erzähltechnik verflochten. Eine Gruppe von Kurzgeschichten, die alle eine bestimmte Variation des Hauptthemas enthalten, werden durch den gemeinsamen Hintergrund der amerikanischen Kleinstadt und einer Anzahl immer wieder auftretender Charaktere zusammengehalten, wobei für keinen von ihnen die behauptete Wahrheit volle Gültigkeit haben kann. In *Poor White* (1920) wird der Protagonist in seiner Isolation gegenüber der Bevölkerung einer Stadt gezeigt, die den Prozeß der Industrialisierung zum Wohlstand mit all seinen fragwürdigen Auswirkungen durchmacht, während die Sammlung von Erzählungen *The Triumph of the Egg* (1921) das Thema vom verhinderten Spiel der Instinkte erneut aufnimmt. *Horses and Men* (1923) enthält Erzählungen um Pferderennen, und der Roman *Dark Laughter* (1925) handelt von der Suche eines Menschen nach einem natürlichen, innerlich freien und emotionell erfüllten Leben.

So eröffnet der Aufenthalt in New Orleans Faulkner wirklich eine Fülle von neuen und erregenden Möglichkeiten auf dem Gebiete der literarischen Arbeit, und ein Blick auf die Stoffe, Themen und Ausdrucksweisen der kommenden Werke zeigt, wie sehr sich der Erzähler den zeitgenössischen Strömungen verbunden fühlte. Heimkehr vom Krieg und Desillusion, Satire auf das Literatentum, gesteigerte Weltskepsis verbunden mit einem neuen und ungeheuer komplexen Gefühl für die Zeitlichkeit des Geschehens, Identitätsproblematik und Bewußtseinsanalyse, die Gestaltung des reinen Bösen, der Vereinsamung und des Verhältnisses der Menschen zum Eigentum, Regionalerzählung, Familienroman und die Gruppierung von Einzelgeschichten zu größeren Einheiten – all dem war Faulkner in dieser Zeit mittelbar oder unmittelbar begegnet, und alles wollte und sollte durch seine Schöpferkraft in seiner eigenen Sprache neu gestaltet werden.

Während seines Aufenthaltes in New Orleans, der vom Januar bis zum Juli 1925 dauerte, schrieb Faulkner zahlreiche ›Sketches‹ sowie Kurzgeschichten für die *Times-Picayune* von New Orleans, in denen verschiedene Elemente seiner späteren Kunst bereits erkannt werden können. Zugleich arbeitete er an seinem ersten Roman, *Soldier's Pay*. Mit dem Aufenthalt in New Orleans verband Faulkner aber auch den Plan, bei erster Gelegenheit eine Reise nach Europa zu unternehmen, und am 7. Juli schiffte er sich mit seinem Reisegefährten, dem Zeichner William Spratling, auf einem Frachtdampfer nach Europa ein und erreichte Genua am 2. August. Er verbrachte einige Zeit in Oberitalien, besuchte Stresa, Piacenza und Pavia, hielt sich am Lago Maggiore auf und reiste dann durch die Schweiz nach Paris, wo er in der Nähe des Jardin du Luxembourg wohnte. Er fuhr auch in Europa fort, der *Times-Picayune* seine ›Sketches‹ zu liefern, schrieb gelegentlich ein Gedicht und arbeitete an einer Erzählung *Elmer*, die aber unvollendet blieb und nicht veröffentlicht ist. In Paris scheint er wenig Kontakt mit anderen Schriftstellern gehabt zu haben, obwohl dies die große Zeit der ›verlorenen Generation‹ war und obwohl er einmal auf eine Frage hin kurz erklärte, er habe James Joyce in Paris gesehen. Schon im Dezember 1925 fuhr Faulkner nach Amerika zurück, wobei nicht nur finanzielle Überlegungen, sondern möglicherweise auch die Einsicht, daß Europa nicht der beste Boden für die Entfaltung seiner spezifischen Qualitäten war, eine Rolle gespielt haben dürften.

Im Februar 1926 wurde Faulkners erster Roman *Soldier's Pay* durch den Verlag Boni and Liveright in New York veröffentlicht. Das Buch erhielt mehrere recht ermutigende Rezensionen, wovon die besten allerdings erst vier Jahre später anläßlich der Veröffentlichung in England erschienen. Der Absatz war jedoch gering. Im Dezember des gleichen Jahres erschien eine Publikation betitelt *Sherwood Anderson and Other Famous Creoles: A Gallery of Contemporary New Orleans*, die Karikaturen Spratlings von bekannten Figuren im künstlerischen Leben der Stadt enthielt und zu denen Faulkner eine Einleitung verfaßt hatte. Dieser kurze Aufsatz, der Andersons Sprachstil parodierte, trug wesentlich zu der bereits begonnenen Entfremdung zwischen Faulkner und Anderson bei. Diese Entfremdung darf als Teil des natürlichen Reifeprozesses, den Faulkner durchmachte, betrachtet werden, und endete mit einer vielleicht etwas gewaltsam wirkenden Loslösung des jüngeren vom älteren und erfolgreichen Schriftsteller. Faulkner drückte später jedoch wiederholt seine Bewunderung für die Größe Andersons aus.

Inzwischen arbeitete Faulkner an seinem zweiten Roman *Mosquitoes*, und zwar zur Hauptsache in Pascagoula in der Nähe von Biloxi/Miss., an der Küste des Golfs von Mexiko, wo er sich bis zum Herbst 1927 aufhielt. Seinen Lebensunterhalt bestritt er zum Teil aus der Entlöhnung für allerlei Gelegenheitsarbeiten, worunter möglicherweise auch professionelles Golfspiel, Garnelenfang, Alkoholschmuggel, Sägewerk- und Malerarbeiten zu rechnen sind. *Mosquitoes* wurde im Herbst 1926 beendet, im April 1927 veröffentlicht und wies einen noch geringeren Absatz als *Soldier's Pay* auf, obwohl auch diesmal einige sehr positive Rezensionen erschienen.

In diese Zeit müssen die entscheidenden inneren Erlebnisse fallen, die Faulkners Sprachstil und Erzählmethoden so fundamental veränderten. Welcher Art sie waren, ist zur Zeit noch nicht festzustellen. Wir wissen nur, daß Faulkner sich damals intensiv mit seiner eigenen Herkunft und der Geschichte seiner Familie zu befassen begann und die ersten Pläne für das, was später die Snopes-Trilogie werden sollte, konzipierte. Wichtig ist ferner die Tatsache, daß der Roman *Sartoris*, der unter dem Titel *Flags in the Dust* im September 1927 vollendet wurde und im Verlag Boni and Liveright hätte erscheinen sollen, von diesem wegen des schlechten Absatzes der früheren Romane nicht mehr angenommen wurde. Nach seinen eigenen Erklärungen war dies mit ein Grund, daß Faulkner eine Art Trennungsstrich zwischen den Arbeiten zog, die ihm den Lebensunterhalt sichern sollten, und jenen anderen, die er aus innerstem Anliegen heraus und ohne Rücksicht auf die Möglichkeiten einer Veröffentlichung vornahm. Auf diese Weise entstand im Jahre 1928 der Roman *The Sound and the Fury*, mit dem Faulkner gleichsam auf einen Schlag seine volle Meisterschaft erreichte und für den Rest seines Lebens mit nur kleineren Schwankungen beibehielt. Offenbar rechnete Faulkner nicht mit einer baldigen Publikation des Werks. Trotzdem wurde es schon im Januar 1929 vom Verlag Jonathan Cape and Harrison Smith angenommen. Die Kompromißlosigkeit, mit der Faulkner an dieses Werk herangegangen war, hatte unerwartet ihre Früchte getragen.

Das Jahr 1929 wurde überhaupt zu einem Wendepunkt in seinem Leben. Fast zur gleichen Zeit, da die Entscheidung über *The Sound and the Fury* fiel, nämlich im Januar, brachte der Verlag Harcourt and Brace *Sartoris* heraus. Zudem wurde *Sanctuary* als eines der Werke, die Geld einbringen sollten, in Angriff genommen und gegen Ende Mai des Jahres beendet. Am 20. Juni 1929 verheiratete sich Faulkner mit Estelle Oldham Franklin, die sich von ihrem ersten Gatten hatte scheiden lassen, um mit ihren zwei Kindern zu ihrem Jugendfreund zurückzukehren. Das Ehepaar bezog zuerst eine Wohnung in Oxford/Miss., wobei Faulkner, um die nötigen Finanzen sicherzustellen, im Schichtbetrieb im Kraftwerk der Universität als Heizer arbeitete und während der Zeit, da ihn diese körperliche Arbeit nicht zu stark in Anspruch nahm, den Roman *As I Lay Dying* schrieb.

Inzwischen war im Oktober 1929 *The Sound and the Fury* erschienen und von einsichtigen Kritikern positiv beurteilt worden; aber wiederum blieben die Auflageziffern klein. Der künstlerische Erfolg veranlaßte jedoch Faulkner, vom Jahre 1930 an zahlreiche seiner Kurzgeschichten, die er in den vergangenen Jahren verfaßt hatte, an die großen Zeitschriften zu verschicken. So gelang es ihm, innerhalb zweier Jahre rund dreißig dieser Erzählungen abzusetzen, darunter mehrere bei der *Saturday Evening Post*, die ihm für jede Kurzgeschichte 750 Dollar bezahlte. Dies ermöglichte es ihm, im April 1930 in Oxford das Haus zu erwerben, das bis zum Ende seines Lebens seine Heimstätte bleiben sollte. Es handelte sich um eines jener im klassizistischen Stil gebauten Herrenhäuser aus der Zeit vor dem Bürgerkrieg, das Faulkner mit großer Sorgfalt und zur Hauptsache eigenhändig instandsetzte. Das Haus hieß Rowanoak, und Faulkner benützte die Gelegenheit, beim Einordnen seiner Bibliothek diejenigen Bücher, denen er besondere Bedeutung beimaß, mit seinem Namen, der Bezeichnung Rowanoak und dem Datum des Erwerbs zu versehen. Dieses Vorgehen ermöglicht gewisse Schlüsse in bezug auf die Entwicklung seiner Lektüre, obwohl man als selbstverständlich annehmen darf, daß Faulkner auch zahlreiche Bücher las, die nicht in seiner Bibliothek zu finden waren.

Im Oktober 1930 erschien *As I Lay Dying*, und im Februar 1931 *Sanctuary*. Der letztere Roman erweckte in weiten Kreisen wesentlich größeres Interesse als die vorangegangenen Werke, wenn auch zunächst vor allem im Sinne eines succès de scandale; aber er brachte wenigstens bedeutend mehr Einnahmen. Immerhin gehörte von diesem Zeitpunkt an Faulkners Name zu den bekannteren in der literarisch interessierten Welt. Die Zeit seiner größten Arbeitsintensität dauerte noch bis 1936. Nach *Sanctuary* folgten die Kurzgeschichten *These Thirteen* (1931), hierauf *Light in August* (1932), dann der zweite und letzte Gedichtband *A Green Bough* (1933). Eine weitere Sammlung von Kurzgeschichten *Dr. Martino and Other Stories* kam 1934 heraus, der Fliegerroman *Pylon* 1935, *Absalom, Absalom!* 1936. Es war nicht nur eine Zeit unerhörter Produktivität, sondern auch die seiner größten Meisterschaft.

Dabei scheint Faulkners persönliches Leben nicht leicht gewesen zu sein, und Gerüchte, wonach er dem Trunk verfallen sei, wollten nicht verstummen.* Zwei Verluste im engsten

* Bei einem kurzen Aufenthalt an der Harvard University im Jahre 1937 wurde mir von Fachkollegen, die zu seinen Bewunderern gehörten, sogar bedeutet, daß man Faulkner als so gut wie verloren betrachten müsse.

Familienkreise müssen ihn besonders tief getroffen haben. Im Jahre 1931 verlor er sein Töchterchen Alabama, und im November 1935 stürzte sein jüngster Bruder Dean, dem er sein eigenes Flugzeug zur Verfügung gestellt hatte, mit drei Passagieren bei einem Flug in Thaxton/Miss. ab. Ein literarisches Motiv, das ihn von *Sartoris* über zahlreiche Kurzgeschichten bis *Pylon* begleitet hatte, war plötzlich schmerzvolle Wirklichkeit geworden. Andererseits wurde ihm die Geburt seiner Tochter Jill am 24. Juni 1933 eine Quelle der Hoffnung und Zuversicht.

Das Hin und Her seines Schicksals zeigt sich auch in der Arbeit, die er für den Film leistete, und in seinem Verhalten bei öffentlichen Anlässen. Metro-Goldwyn-Mayer veranlaßte ihn, im Mai 1932 als Drehbuchautor nach Hollywood zu kommen, wo er mit häufigen Unterbrechungen während eines Jahres an mehreren Filmen arbeitete. Zugleich wurde *Sanctuary* von Paramount verfilmt und unter dem Titel *The Story of Temple Drake* im Mai 1933 freigegeben. Im November 1935 begab er sich erneut nach Hollywood, wo er während zweier weiterer Jahre für Twentieth Century-Fox arbeitete und unter anderem am Drehbuch der Filme *Road to Glory* und *Slave Ship* beteiligt war. Nach seinen eigenen Aussagen war er jedoch von seiner Arbeit am Film nicht sehr befriedigt, und der Umstand, daß die Filmwelt in seinem erzählenden Werk kaum erscheint, bestätigt seine geringe innere Anteilnahme daran. Trotzdem nahm er offenbar aus ausschließlich finanziellen Gründen weitere Angebote von Hollywood an, so im Jahre 1942, als er sogar einen Siebenjahresvertrag mit Warner Brothers abschloß, von dem er sich nur mit Hilfe des Verlags Random House im Frühjahr 1946 zurückziehen konnte. Auch diesmal arbeitete er an zahlreichen Drehbüchern mit, unter denen das wichtigste wohl *To Have And Have Not* (1944) nach dem Roman von Hemingway war. In diesem Film spielte Humphrey Bogart die Hauptrolle.

Inzwischen hatte Faulkner im Jahre 1938 in der Nähe von Oxford/Miss. eine Farm gekauft, die sein Hobby wurde und ihm gleichzeitig die Grundlagen zu seinen landwirtschaftlichen Kenntnissen lieferte. Auch nahm er häufig an Jagdpartien im Delta teil, nachdem er schon als Sechzehnjähriger einen Rehbock geschossen haben soll, so daß auch seine Jagdgeschichten weitgehend auf persönlicher Erfahrung beruhten. Bemerkenswerterweise wird er dabei von seinen Jagdfreunden als frohgelaunter, aktiver Gefährte geschildert, während Beschreibungen seines Verhaltens bei Schriftstellerzusammenkünften in den dreißiger Jahren seine abweisende Verschlossenheit und seine bereits erwähnte Neigung zum Trunk betonen. Da ferner wiederholt bezeugt wird, wie gern Faulkner den Gesprächen einfacher Leute zuhörte und wie gut er sich mit Kindern verstand, darf der Schluß gezogen werden, daß er vor allem den Anlässen und Gesprächen, in denen ›Intellektuelle‹ dominierten, abhold war. Diese Abneigung behielt er bis zur Verleihung des Nobelpreises im Jahre 1950.

Faulkner hatte in der Zwischenzeit noch vier weitere Werke herausgebracht, nämlich *The Unvanquished*, eine zu einem Ganzen gefügte Sammlung von Kurzgeschichten, 1938, den Doppelroman *The Wild Palms* 1939, den ersten Teil der Snopes-Trilogie *The Hamlet* 1940, und die zur Einheit verschmolzenen Erzählungen, darunter die berühmteste *The Bear* in *Go Down, Moses* 1942. Dann trat, abgesehen von der Publikation einiger Kurzgeschichten, eine Pause von sechs Jahren ein. Zweifellos trug der Ausbruch des II. Weltkriegs wesentlich zu der verhältnismäßig langen Unterbrechung seiner publizistischen Tätigkeit bei, und es ist möglich, daß die bald nach dem Angriff auf Pearl Harbour einsetzende Beschäftigung mit dem weitausgreifenden Problemkomplex von *A Fable*, an welchem Werk er mehr als zehn Jahre arbeiten sollte, fast alle seine Kräfte absorbierte.

Das Jahr 1939 hatte drei nicht unwichtige Anerkennungen gebracht, nämlich die Wahl zum Mitglied des National Institute of Art and Letters und die beiden ersten eingehenden kritischen Würdigungen in führenden amerikanischen Zeitschriften, und zwar durch George Marion O'Donnell in der *Kenyon Review* und durch den Lyriker Conrad Aiken in *The Atlantic Monthly*, wobei nicht vergessen werden darf, daß die französische und italienische Kritik der amerikanischen vorausgegangen war. Trotzdem fanden Faulkners Bücher nur langsam Absatz in Amerika, und als gegen Ende des Krieges die meisten seiner Werke schließlich vergriffen waren, schien zunächst kaum jemand bereit zu sein, für die nötigen Neuauflagen zu sorgen. Es ist Malcolm Cowleys Verdienst und das des Verlags The Viking Press, dieser Situation ein Ende bereitet zu haben. Im August

1945 beschloß der genannte Verlag, eine Anthologie *The Portable Faulkner* herauszugeben, und beauftragte Malcolm Cowley mit der Zusammenstellung. Cowley entschied sich für ein Prinzip, das er in seiner Einleitung* erläuterte und das die geschichtliche Entwicklung der Yoknapatawpha-Region in ausgewählten Kurzgeschichten und geeigneten Romankapiteln vom Jahre 1920 bis 1940 zum Ausdruck bringen sollte. Faulkner erklärte sich einverstanden und steuerte einen ›Anhang‹ über die Familie Compson sowie die Kartenskizze bei. Das Buch wurde im April 1946 veröffentlicht, machte Faulkner einem neuen Leserkreis zugänglich und veranlaßte die literarische Kritik zur Überprüfung ihrer bisherigen Haltung, wobei die tiefschürfende Besprechung von Robert Penn Warren in *The New Republic* eine entscheidende Rolle spielte.**

Im Jahre 1948 unterbrach Faulkner seine Arbeit an *A Fable* und schrieb in wenigen Monaten den Roman *Intruder in the Dust*, der im September erschien und schon im folgenden Jahr verfilmt wurde, wobei die Außenszenen zum Teil in Oxford/Miss. selber aufgenommen wurden. Damit fing ein neuer Abschnitt in Faulkners publizistischer Tätigkeit an, die nun auch durch äußere Erfolge gekrönt war. Im November 1949 erschien die Sammlung der Detektivgeschichten *Knight's Gambit*, und zugleich wurde Faulkner zum Mitglied der American Academy of Arts and Letters ernannt, die ihm im Sommer des folgenden Jahres überdies die ›Howells Medal for Fiction‹ verlieh. Im August 1950 wurde von Random House der große Band der *Collected Stories* mit 42 Erzählungen veröffentlicht, und schon am 10. November desselben Jahres traf aus Stockholm die Nachricht ein, daß Faulkner den für das Jahr 1949 nicht vergebenen Nobelpreis für Literatur erhalten würde. Mit seiner nun siebzehnjährigen Tochter Jill begab sich Faulkner im Dezember nach Schweden und empfing am 10. Dezember 1950 Preis und Urkunde aus der Hand König Gustafs von Schweden, wobei er seine berühmt gewordene Nobelpreis-Rede hielt.

Die Verleihung des Nobelpreises brachte in Faulkners Leben und Wirken erhebliche Veränderungen mit sich. Die in seinem

* in diesem Band (A. d. Hrsg.).
** in diesem Band (A. d. Hrsg.).

eigenen Heimatland so lange lau gebliebene literarische Kritik begann sich jetzt eingehend mit seinem Werk zu befassen, vergriffene Bücher wurden neu aufgelegt, und was neu herauskam, wurde entsprechend kommentiert. Weitere Ehrungen, wie die Verleihung des ›National Book Award‹ und die Ernennung zum Offizier der Ehrenlegion Frankreichs wurden ihm im Jahre 1951 zuteil. Zugleich zeigte sich bei ihm, der bisher für irgendwelche öffentliche Angelegenheiten wenig Interesse aufgebracht zu haben schien, eine neue Bereitschaft, sich für bestimmte Veranstaltungen solcher Art zur Verfügung zu stellen, das Wort zu ergreifen und Auskunft über seine Anschauungen und sein Werk zu erteilen. Fast scheint es, daß der Erfolg seiner Nobelpreis-Rede ihn von der Idee der höheren Verantwortung des Künstlers überzeugt hatte und daß er es als eine Pflicht betrachtete, sich dieser nicht zu entziehen. Dies begann mit kurzen Ansprachen bei einfachen Anlässen, etwa bei der Verabschiedung seiner Tochter Jill von der Schule in Oxford/Miss. im Jahre 1951 und wiederum in Wellesley/Mass. im Jahre 1953, wobei ein ausgesprochen zukunftsfreudiger Ton mitschwingt. Im Mai 1952 sprach er auf der Jahresversammlung des sogenannten Delta Council in Cleveland/Miss. über die Lage der südstaatlichen Farmer, und im gleichen Frühjahr reiste er für einen kurzen Besuch nach Paris, wo ihm bei der Veranstaltung ›Œuvres du 20e Siècle‹ ein begeisterter Empfang bereitet wurde. Im Jahre 1954 nahm er am internationalen Schriftstellerkongreß in São Paulo, Brasilien, teil.

Aber auch in Zeitschriften und Zeitungen begann Faulkner zu einzelnen Tagesfragen gelegentlich Stellung zu nehmen. So hatte er sich schon 1947 in der lokalen Zeitung *The Oxford Eagle* für die Erhaltung des alten Gerichtsgebäudes in Oxford/Miss. eingesetzt und 1950 die offenbar umstrittene Verurteilung dreier Weißer wegen Mordes an drei Negerkindern gutgeheißen. Damit zeichnete sich bereits seine Stellung in der Integrationsfrage ab. Indessen wurde auch Leichteres von ihm mit der ihm eigenen Ironie aufgenommen, wie etwa die Befürwortung des gesetzlich erlaubten Ausschanks von Bier in dem an sich »trockenen« Staat Mississippi. Inzwischen war im Februar 1951 die Erzählung *Notes on a Horsethief*, die später in *A Fable* verarbeitet wurde, erschienen, und im Herbst 1951 wurde *Requiem for a Nun* veröffentlicht, zunächst ohne daß es zu einer Aufführung gekommen wäre. Zwischen den Jahren 1953 und 1956 bearbeitete er einige kleinere Erzählungen für das Fernsehen. Im August des Jahres 1954, zur gleichen Zeit, da sich seine Tochter Jill verheiratete, erschien *A Fable,* löste ausführliche, wenn auch nur zum Teil zustimmende Kommentare aus und brachte ihm etwas später einen weiteren National Book Award sowie den Pulitzer-Preis.

Von nun an wurden seine öffentlichen Äußerungen bestimmter und betrafen grundlegende Probleme seiner Zeit. So wandte er sich gegen die Gefahren des zu leicht errungenen Erfolgs und der Zerstörung der Privatsphäre des einzelnen durch den Einbruch der Massenmedien. Am wichtigsten aber war seine öffentliche Stellungnahme zum Integrationsproblem. Faulkner führte hier gleichsam einen Zweifrontenkrieg, was unvermeidlicherweise zu Mißverständnissen führen mußte. Einerseits setzte er sich mit Energie für die völlige Gleichberechtigung der Neger in bezug auf ihre politische und wirtschaftliche Situation und ihre Schulbildung ein und warnte seine südstaatlichen Landsleute vor einer reaktionären Einstellung. Andererseits versuchte er in seinen Briefen an nordstaatliche Zeitungen und Zeitschriften unter Berufung auf die Eigenart des Südens einen mäßigenden Einfluß auf das einzuschlagende Tempo der Integrationsbestrebungen auszuüben. Dabei mußte er sich wiederholt gegen Äußerungen zur Wehr setzen, die ihm fälschlicherweise zugeschrieben worden waren, so gegen die völlig sinnlose Behauptung, er wäre zwecks Verteidigung des südstaatlichen Eigenlebens bereit, auf der Straße Neger zu erschießen. In seiner Heimatstadt schien die weiße Bevölkerung in ihrer Mehrzahl seine Stellungnahme zugunsten der Neger zu mißbilligen.

Es steht außer Zweifel, daß Faulkner nicht nur mit diesen Äußerungen und seinem literarischen Werk, sondern auch durch sein persönliches Verhalten seine positive Einstellung zur Negerfrage unter Beweis stellte. Daß er seiner ›Mammy‹, der uralten Kinderfrau Callie Barr Clark im Haushalt der Faulkner-Familie, in großer Anhänglichkeit zugetan war, würde an sich noch nichts Ungewöhnliches bedeuten, aber daß sich im Jahre 1940 beim Tode der Hundertjährigen auf seinen Wunsch Neger und Weiße in seinem Haus versammelten, um gemeinsam von ihr

Abschied zu nehmen, heißt schon mehr. Es ist ferner bekannt, daß Faulkner die nicht allzu häufigen Besucher seines Heims, die an seinen Pferden interessiert waren, dem Neger-Reitknecht Andrew Price persönlich vorstellte. Schließlich darf nicht außer acht gelassen werden, daß Faulkner den Nobelpreis in einer William-Faulkner-Stiftung aufgehen ließ, die u. a. die Förderung der höheren Bildung der Negerbevölkerung bezweckt.

Das internationale Ansehen, das Faulkner nun genoß, veranlaßte das State Department in Washington, Faulkner zu Besuchen in verschiedenen Ländern zu ermutigen. So begab er sich im Sommer 1955 nach Japan, wo er in Nagano ein Seminar leitete, dessen Ergebnisse in dem Buche *Faulkner at Nagano* (Tokio 1956) festgehalten sind. Er reiste über Europa zurück, besuchte Rom, München, Paris sowie England und Island. Im Frühjahr 1957 begab er sich nach Athen, wo er einer Aufführung des Stücks *Requiem for a Nun* in griechischer Sprache beiwohnte (die Uraufführung dieses Werks hatte im November 1956 in Zürich in deutscher Sprache stattgefunden) und die Silbermedaille der Akademie von Athen entgegennahm. Seine letzte große Auslandsreise führte ihn im April 1961 nach Venezuela. – Ebenso lebhaft wurde seine Tätigkeit in der akademischen Welt Amerikas. Von Februar bis Juni 1957 und während der gleichen Monate des darauffolgenden Jahres war Faulkner Gastdozent an der University of Virginia in Charlottesville, und die Auskünfte, die er dort über seine Anschauungen, Arbeitsmethoden und seine Werke erteilte, sind in dem Band *Faulkner in the University* (Charlottesville 1959) festgehalten. Da seine Tochter Jill mit ihrem Gatten und ihren Kindern in Charlottesville wohnte, verbrachte Faulkner einen großen Teil seiner letzten Lebensjahre ebenfalls in dieser Gegend, wobei er sich auch gern an den dort üblichen Fuchsjagden im englischen Stil beteiligte. Im weiteren stattete er 1958 der Princeton University und im Frühjahr 1962 der Militärakademie in West Point Besuche ab.

Trotz dieser zahlreichen Verpflichtungen ging die Arbeit an seinem Romanwerk ununterbrochen weiter. Nachdem er im Jahre 1955 einige seiner Jagdgeschichten unter dem Titel *Big Woods* herausgebracht hatte, vollendete er im Herbst 1956 den zweiten Teil der Snopes-Trilogie *The Town,* der 1957 veröffentlicht wurde. Im November 1959 erschien der dritte Teil *The*

Mansion und im Juni 1962 sein letzter Roman *The Reivers.* – Im Frühjahr 1962 war er nach Oxford/Miss. zurückgekehrt, wo er sich auf Bitten der Universitätskreise und besonders Professor James W. Webbs für eine Porträtstudie zur Verfügung stellte, die von dem Maler Murray Goldsborough ausgeführt wurde und sich jetzt in der Bibliothek der Mississippi State University befindet. Webb beschreibt Faulkners Erscheinung in seinen letzten Lebensmonaten wie folgt:

»Um 1962 herum hatte Faulkner etwas zu altern begonnen, aber er schien in ausgezeichneter körperlicher Verfassung. Sein Haar war buschig und beinahe weiß und ohne Anzeichen von Kahlheit. Er hatte seinen Schnurrbart voll auswachsen lassen und trug ihn nach der Art Mark Twains mit den Spitzen abwärts. Die Falten in seinem Gesicht waren tiefer geworden, aber seine durchdringenden braunen Augen blickten so klar wie je. Er konnte einem Menschen nicht nur ins Gesicht, sondern geradezu durch ihn hindurch schauen. Sein Gesicht strahlte vor Vergnügen beim Anhören einer guten Anekdote oder erstarrte vor Verachtung, wenn er auf Verächtliches stieß.«

Im Frühsommer machte ein Sturz vom Pferd einen Spitalaufenthalt nötig, doch erschien er – bandagiert – noch am 3. Juli im Drugstore seines langjährigen Freundes ›Mac‹ Reed, um ein Exemplar des Romans *The Reivers* an eine schwedische Adresse zu schicken und seinen Tabak und eine Zeitung zu kaufen. Nichts deutete auf eine ernstliche Gefährdung seiner Gesundheit hin. Jedoch schon am 6. Juli 1962 kam die Nachricht von seinem Tode. Faulkner war im Spital einer plötzlich auftretenden Herzkrise (Thrombose) erlegen.

Seine sterbliche Hülle wurde zuerst in sein Haus Rowanoak übergeführt, wo seine beiden Brüder abwechselnd die Totenwache übernahmen. Es war derselbe Raum, in dem Jahre zuvor schon Faulkners Mammy, das Vorbild zu Dilsey, aufgebahrt worden war, für die Faulkner selbst die letzten Worte gesprochen hatte. Faulkner war nicht Mitglied einer Kirche gewesen, aber da die meisten seiner Angehörigen, vor allem seine Tochter Jill, der bischöflich-anglikanischen Richtung verbunden waren, wurde das Begräbnis in diesem Ritus durchgeführt. Am 8. Juli bewegte sich der Trauerzug von Faulkners Haus über den von ihm so oft erwähnten und dem Leser seiner Werke so vertrauten

Hauptplatz der kleinen Stadt. Außer seiner Verwandtschaft und zahlreichen Vertretern akademischer und literarischer Institutionen befanden sich unter dem engeren Geleit seine beiden ältesten Freunde Phil Stone und ›Mac‹ Reed. Die Läden der Stadt blieben eine Viertelstunde lang geschlossen, die Fahne beim Gerichtsgebäude stand auf Halbmast. Im neuen Teil des Friedhofs von Oxford/Miss. fand Faulkner seine letzte Ruhestätte.

Aus: William Faulkner, *Eine Monographie,* © *1968 by Athenäum Verlag GmbH., Frankfurt a. M. und Bonn.*
Hier abgedruckt ist der erste Abschnitt der Einleitung; einige Fußnoten, die auf weitere Kapitel des Werkes verweisen, wurden weggelassen.

Malcolm Cowley
Einführung in Yoknapatawpha

Ich schrieb diese Einführung im Herbst 1945, zu einer Zeit, als Faulkners Bücher wenig gelesen und oft mit geringschätziger Handbewegung abgetan wurden. Er hatte einige wenige begeisterte Verteidiger, aber nicht einer, so schien es mir damals, hatte auch nur andeutungsweise auf die Breite und Kraft und den inneren Beziehungsreichtum seines Werkes in seiner Gesamtheit hingewiesen. Ich schrieb, um ein allgemeines Mißverständnis aus dem Weg zu räumen, und das erklärt, warum ich an verschiedenen Punkten die Akzente anders setzte, als ich es heute tun würde. Dennoch finde ich es schwierig, das einmal Gesagte zu ändern, abgesehen natürlich von dem relativ einfachen Vorgang, Faktisches auf den neuesten Stand zu bringen. Faulkners beratende Mitarbeit am ursprünglichen Text ist nicht unerheblich, mithin hat diese Einleitung einigen historischen Wert, und so übernehme ich sie hier mit nur wenigen Änderungen und hebe mir meine Kommentare für den Schluß auf.

I

Als der erste Weltkrieg vorbei war, ging Faulkner zurück nach Oxford, Mississippi. Er hatte 1918 in der Royal Air Force gedient. Nun war er wieder zu Hause und doch nicht zu Hause, oder wenigstens nicht fähig, die Nachkriegswelt zu akzeptieren. Er schrieb Gedichte, die meisten davon wertlos, und Dutzende von unreifen, aber wüsten und wirkungsvollen Geschichten und war gleichzeitig in Grübeleien über seine Situation und den Niedergang des Südens versunken. Langsam ordnete sich sein Grübeln zu einem beziehungsreichen Netz von Gedanken, das als Muster den Stoff für seine Romane abgeben würde.

Dem Muster lag zugrunde, was er in Oxford sah oder an was er sich aus seiner Kindheit erinnerte: Bruchstücke der Familientradition (die Falkners, wie sie sich schrieben, hatten eine Rolle in der Geschichte des Staates gespielt); Küchendialoge zwischen der schwarzen Köchin und ihrem freundlichen Mann; Samstagnachmittagstratsch auf dem Courthouse Square; Geschichten, die

Männer in Overalls erzählten, die auf dem Boden hockend eine Obstschale mit Kornschnaps kreisen ließen; all die Quellen, die in einer Kleinstadt einem Jungen vom Mississippi vertraut sind – aber als Ganzes wurde der Rohstoff verarbeitet, umgeformt, erfüllt von seinen Emotionen mit zuckendem Leben, bis die Figuren darin durch einfache Gefühlsintensität etwas mehr wurden als menschlich, bis sie heroisch oder diabolisch wurden, Symbole des alten Südens, des Krieges und Wiederaufbaus, des Handels und der Maschinerie, die die Wertmaßstäbe der Vergangenheit zerstörte. Dort in Oxford leistete Faulkners Imaginationskraft eine Arbeit, die in unserer Zeit ihresgleichen nicht hat, und zwar eine doppelte Arbeit: erstens, ein County am Mississippi zu erfinden, das wie ein mythisches Königreich war, vollständig und in all seinen Einzelheiten lebendig; und zweitens, seine Geschichte vom Yoknapatawpha County so zu gestalten, daß sie als Parabel oder Legende für den ganzen Tiefen Süden stehen konnte.

Für diese doppelte Aufgabe war Faulkner durch Talent und Herkunft besser gerüstet als durch Schulausbildung. Geboren war er in New Albany, Mississippi, am 25. September 1897. Er war der älteste von vier Brüdern. Die Familie zog bald nach Oxford um, wo er die Grundschule besuchte, aber keinen Abschluß auf einer höheren Schule machte. Für ein oder zwei Jahre nach dem Krieg war er Student an der Universität von Mississippi, wo ehemalige Soldaten sich damals auch ohne Abschlußzeugnis einer höheren Schule immatrikulieren konnten, aber er arbeitete nur nachlässig mit und ging Anfang des zweiten Jahres ab. Eine formale Schulbildung hatte er – abgesehen von Hart Crane – weniger als jeder andere gute Schriftsteller seiner Zeit, weniger noch als Hemingway, der zwar nie auf ein College ging, aber mehrere Sprachen lernte und in Paris das Schreiben bei den besten Meistern studierte. Faulkner bildete sich autodidaktisch, vor allem, wie er sagt, »durch zielloses und unsystematisches Lesen«.

Unter den Autoren, die in seinen frühen Geschichten entweder erwähnt werden oder nachhallen, sind Keats, Balzac, Flaubert, Swinburne, Verlaine, Mallarmé, Wilde, Housman, Joyce, Eliot, Sherwood Anderson und E. E. Cummings, mit schwächeren Einflüssen von Hemingway (beim Forellenbeobachten), Dos Passos (in der Bildung von Komposita) und Scott Fitzgerald. Die Gedichte, die er in jenen Tagen schrieb, waren insgesamt epigonal, aber seine Prosa war von Anfang an eine Form von Dichtung und trotz der Anklänge an andere Schriftsteller eigenständig. Er reiste weniger als jeder andere seiner schreibenden Zeitgenossen. Da war ein einsam als Buchverkäufer in New York verbrachtes Jahr; da waren sechs Monate New Orleans, wo er in der Nähe von Sherwood Anderson wohnte und mit dem Literatenvolk zusammenkam – das er gar in einem schlechten frühen Roman, *Mosquitoes*, verspottete –, und dann sechs Monate Italien und Paris, wo er auf der Rive Gauche keine Freunde findet. Außer um Auftragsarbeiten in Hollywood zu schreiben, hat er sein übriges Leben in der Stadt verbracht, in der er aufwuchs, weniger als vierzig Meilen von seinem Geburtsort entfernt.

Obwohl Oxford, Mississippi, eine Universitätsstadt ist, ist sie weniger ein literarisches Zentrum als das Salem, Massachusetts, in dem Hawthorne während seiner frühen Jahre als Schriftsteller lebte. Und Faulkner selbst hat eine noch größere Abneigung gegen die Gesellschaft der Literaten gezeigt als Hawthorne. Seine Romane sind die Bücher eines Mannes, der über Literatur brütet, aber nur selten mit seinen Freunden über sie diskutiert. Sie haben nicht die ruhige Leichtigkeit, vermitteln nicht das Gefühl, daß sie auf dem Boden eines durch Streitgespräche und Meinungsaustausch verfeinerten Geschmacks gewachsen sind. Sie lassen mich an eine Passage in Henry James' kleinem Buch über Hawthorne denken:

»Die besten Sachen kommen im allgemeinen von den Talenten, die zu einer Gruppe gehören; jeder arbeitet besser, wenn er Gleichgesinnte hat, die in derselben Richtung arbeiten und sich unter dem Ansporn von Einfluß, Vergleich und Wetteifer ändern. Es gibt natürlich großartige Sachen, die von Einzelgängern gemacht worden sind, aber gewöhnlich haben sie doppelt soviel Mühe gekostet, wie wenn sie unter anregenderen Umständen hervorgebracht worden wären. Der allein Arbeitende hat nicht den Gewinn durch Beispiel und Diskussion; er ist zu abwegigen Experimenten fähig; er ist der Natur der Sache nach mehr oder weniger ein Empiriker. Der Empiriker mag, wie ich meine, vor der Welt als Experte gelten; aber die Nachteile und Unbequemlichkeiten der Empirik bleiben ihm und werden sogar noch dadurch vermehrt, daß sich in seine Dankbarkeit der Verdacht mischt, der Öffentlichkeit fehle der Geschmack am Sinn für das Maß der Dinge.«

Wie Hawthorne ist Faulkner vorzugsweise ein einsamer Arbeiter, und er hat großartige Sachen gemacht, die nicht nur ihn selber doppelt so viel Mühe gekostet haben, wie wenn sie unter anregenderen Umständen hervorgebracht worden wären, sondern die zuweilen auch den Leser doppelte Mühe gekostet haben. Zwei oder drei von seinen Büchern sind als Ganzes, und viele zum Teil abwegige Experimente. Alle sind sie voll von welken Wörtern wie »unwägbar«, »unsterblich«, »unveränderlich« und »unvordenklich«, die er zurückhaltender oder gar nicht benutzt hätte, wenn er dem Beispiel Hemingways gefolgt wäre und bei einem älteren Schriftsteller in die Lehre gegangen wäre. Bei der Beurteilung seiner eigenen Arbeit ist er sehr unsicher, und er hat keinen Grund zu der Annahme, daß man dem Urteil der Welt mehr vertrauen kann. Es gibt in der Tat keinen amerikanischen Autor, der mehr berechtigt wäre, den Verdacht zu hegen, »der Öffentlichkeit fehle der Geschmack am Sinn für das Maß der Dinge«. Seine frühen Romane wurden, wenn nicht verdammt, aus den falschen Gründen übermäßig gepriesen; seine späteren und in vieler Hinsicht besseren Romane sind lächerlich gemacht oder einfach nicht beachtet worden; und 1945 waren alle seine siebzehn Bücher restlos vergriffen, und einige davon waren nicht einmal mehr in Antiquariaten aufzustöbern.*

Selbst seine enthusiastischen Bewunderer, deren es viele gibt – kein Romanautor wird von seinen Kollegen höher geschätzt –, haben gezeigt, daß sie nur eine ziemlich verschwommene Vorstellung von dem haben, woran er arbeitet; und Faulkner selber hat nie Erklärungen abgegeben. Gegenüber der Öffentlichkeit nimmt er eine seltsame Haltung ein, die aussieht wie erhabene Indifferenz (so etwa in dem einen Vorwort, das er für die Modern Library-Ausgabe von *Sanctuary* schrieb), in Wirklichkeit aber eher eine Mischung aus mißtrauischer Scheu und der puren Ahnungslosigkeit ist, daß es die Öffentlichkeit gibt. Information liefert er nicht und falsche Behauptungen über ihn stellt er nicht richtig (die meisten biographischen Äußerungen über ihn wimmeln von absurden Irrtümern). Es kümmert ihn nicht, wie man in Urkunden seinen Namen schreibt, mit oder ohne das ›u‹ – »Beides paßt zu mir«, sagt er. Hat er einmal ein Buch abge-

* Diesen und den folgenden Absatz habe ich stehengelassen, weil sie ein genaues Bild von Faulkners Ruf im Jahre 1945 geben.

schlossen, interessiert ihn die Frage nicht mehr, wie es aufgemacht werden wird, welches Publikum angesprochen werden soll, und manchmal ist es ihm egal, ob er für sich noch ein Exemplar behält oder nicht. In einem Brief sagt er: »Ich habe eine Menge geschrieben und zum Druck abgeschickt, bevor mir richtig klar wurde, daß Fremde es lesen könnten.« Andere würden vielleicht sagen, daß Faulkner, zumindest in jenen frühen Tagen, Geschichten weniger für die Öffentlichkeit geschrieben hat als daß er sie sich selber erzählte – wie ein einsames Kind in seiner imaginären Welt, aber auch wie ein Schriftsteller von Genie.

II

Faulkners mythisches Königreich ist ein County im nördlichen Mississippi, an der Grenze zwischen den Sandhügeln, die von verkümmerten Kiefern bedeckt sind, und der schwarzen Erde aus dem Flußbett. Bis auf die Ladeninhaber, Mechaniker und Kopfarbeiter, die in Jefferson leben, der Hauptstadt des Kreises, sind alle Einwohner Farmer oder Waldarbeiter. Abgesehen von etwas Bauholz ist ihr einziges Handelsprodukt Baumwolle, die sie in Ballen nach Memphis auf den Markt bringen. Einige wenige von ihnen wohnen in großen Plantagenhäusern, den Relikten eines anderen Zeitalters, und eine größere Zahl bewohnt solide Farmhäuser aus Holz; aber die meisten sind Mieter, nicht besser untergebracht als Sklaven auf guten Plantagen vor dem Bürgerkrieg. Yoknapatawpha County – »William Faulkner, einziger Besitzer und Eigentümer«, wie er auf eine der Karten schrieb, die er zeichnete – hat eine Bevölkerung von 15 611 Menschen, die über 2400 Quadratmeilen verstreut sind. Manchmal will es mir scheinen, daß jedes Haus und jede Hütte in einem von Faulkners Romanen beschrieben worden ist, und daß alle Menschen in diesem County, schwarze und weiße, ihre Rolle in einer der zusammenhängenden Geschichten gespielt haben.

Bis jetzt [1945] hat er neun Bücher geschrieben, die sich insgesamt um Yoknapatawpha County und seine Menschen drehen, die auch in Teilen von drei anderen Büchern vorkommen und in dreißig oder mehr verstreuten Geschichten. *Sartoris* war das erste dieser Bücher, das im Frühjahr 1929 veröffentlicht werden sollte; es ist ein romantischer und teilweise nicht überzeugender Roman, jedoch mit vielen guten Szenen, etwa dem Besuch des Helden bei einer Familie unabhängiger Farmer in den Kiefernbergen; und es schlägt die meisten Themen an, über die der Autor sich später breiter auslassen wird. *The Sound and the Fury*, sechs Monate später veröffentlicht, erzählt das Zerbröckeln der Familie Compson, und es war der erste von Faulkners Romanen, der weithin diskutiert werden sollte. Die Bücher, die in der Yoknapatawpha-Reihe folgten, sind *As I Lay Dying* (1930), über den Tod und das Begräbnis Addie Bundrens; *Sanctuary* (1931), lange Zeit der populärste unter seinen Romanen; *Light in August* (1932), in mancher Hinsicht der beste; *Absalom, Absalom!* (1936), über Colonel Sutpen und seinen Ehrgeiz, eine Familie zu gründen; *The Unvanquished* (1938), ein Zyklus von Erzählungen über die Sartoris-Dynastie; *The Wild Palms* (1939), von dem die Hälfte von einem Sträfling handelt, der tief aus den Kiefernbergen kommt; *The Hamlet* (1940), ein erster Roman über den Snopes-Clan, dem andere folgen sollten; und *Go Down, Moses* (1942), worin Faulkners Hauptthema das Verhältnis zwischen Schwarzen und Weißen ist. Weitere Yoknapatawpha-Geschichten finden sich noch in *These 13* (1931) und in *Doctor Martino* (1934) neben anderen, privat gedruckten (wie *Miss Zilphia Gant*, 1932) oder in Zeitschriften veröffentlichten Geschichten, die immer noch gesammelt oder als Episoden für Romane benutzt werden können.*

* So sah die Liste 1945 aus. Mit einer Ausnahme haben alle Bücher, die Faulkner nach jenem Jahr veröffentlichte, mit Yoknapatawpha County zu tun. Die Ausnahme ist *A Fable* (1954), über einen reinkarnierten Christus im Ersten Weltkrieg. Die Yoknapatawpha-Bücher, acht an der Zahl, sind *Intruder in the Dust* (1948), über einen Lynchmord, der von einer siebzig Jahre alten Jungfer und zwei Jungen verhindert wird; *Knight's Gambit* (1949), das die Detektiv-Abenteuer von Gavin Stevens erzählt; *Collected Stories of William Faulkner* (1950), das alle Geschichten in *These 13* und *Doctor Martino* sowie bisher verschiedene noch nicht gesammelte enthält; *Requiem for a Nun* (1951), ein Drama in drei Akten mit epischen Prologen vor jedem Akt, über das spätere Leben von Temple Drake; *Big Woods* (1955), ein Zyklus von Jagdgeschichten, einige davon überarbeitete Geschichten aus Kapiteln von *Go Down, Moses; The Town* (1957), der zweite Band in der Snopes-Trilogie; *The Mansion* (1959), der letzte Band der Trilogie; und *The Reivers*, veröffentlicht einen Monat vor Faulkners Tod am 6. Juli 1962. Insgesamt gehören sechzehn von seinen Büchern zum Yoknapatawpha-Zyklus, dazu die Hälfte eines anderen Buches *(The Wild Palms)*, und wie viele von seinen Erzählungen dazu gehören, läßt sich nur schwer zählen.

Ebenso wie Balzac, von dem die Reihe inspiriert worden sein mag, seine *Comédie Humaine* in ›Szenen aus dem Pariser Leben‹, »Szenen aus dem Landleben«, ›Szenen aus dem Privatleben‹ unterteilte, so hat Faulkner sein Werk vielleicht in eine Anzahl von Zyklen unterteilt: einen über die Pflanzer und ihre Nachkommen, einen über das Stadtvolk von Jefferson, einen über die armen Weißen, einen über die Indianer und einen über die Neger. Oder anders, wenn er seine Unterteilung nach Familien übernahm, dann wäre das die Compson-Sartoris-Saga, die Trilogie der Snopes-Saga, die McCaslin-Saga, die von den weißen und schwarzen Nachkommen von Carothers McCaslin handelt, und die Ratliff-Bundren-Saga, die den hinterwäldlerischen Farmern von Frenchman's Bend gewidmet ist. Alle Zyklen oder Sagas sind eng miteinander verknüpft; es ist, als wäre jedes Buch eine Saite oder ein Segment einer totalen Situation, die im Geist des Autors schon immer gegenwärtig war. Manchmal ist eine Kurzgeschichte die Fortsetzung eines früheren Romans. So lesen wir zum Beispiel in *Sartoris*, daß Byron Snopes der Narcissa Benbow einen Packen Briefe stahl; und in ›There Was a Queen‹, einer fünf Jahre später veröffentlichten Geschichte, erfahren wir, wie Narcissa die Briefe wieder zurückbekam. Umgekehrt enthält ein Roman manchmal die Fortsetzung einer Geschichte; und durch eine beiläufige Anspielung in *The Sound and the Fury* entdecken wir, daß die Negerin, deren Grauen vor dem Tod in ›That Evening Sun‹ dargestellt wurde, tatsächlich ermordet worden ist, und daß ihre Leiche in einem Graben für die Geier liegenblieb. Manchmal hat eine Episode eine kompliziertere Vorgeschichte. So hören wir im ersten Kapitel der *Sanctuary* etwas vom Old Frenchman Place, einem verfallenen Herrenhaus, in dessen Nähe die Leute der Nachbarschaft »insgeheim mit sporadischem Optimismus nach Gold gebuddelt hatten, das der Erbauer irgendwo in der Umgebung vergraben haben sollte, als Grant auf seinem Vicksburg-Feldzug durch das Land kam«. Später gab dieses Graben nach Gold das Thema zu einer Geschichte ab, die in der *Saturday Evening Post* veröffentlicht wurde: ›Lizards in Jamshyd's Courtyard‹. Noch später wurde die Geschichte vollständig umgeschrieben und wurde das letzte Kapitel von *The Hamlet*.*

* The Old Frenchman Place wurde, wie Faulkner uns im Prolog zum ersten Akt von *Requiem for a Nun* (1951) erzählt, in den dreißiger Jahren des 19. Jhs. von Louis Grenier erbaut.

So wie ein Buch in das andere übergeht, unterlaufen dem Autor manchmal Unstimmigkeiten im Detail. Da gib es einen Nähmaschinenvertreter namens V. K. Suratt, der in *Sartoris* und ein paar anderen etwa zur selben Zeit geschriebenen Geschichten auftritt. Wenn wir zu *The Hamlet* kommen, hat sein Name sich in Ratliff verwandelt, obgleich sein Charakter derselbe geblieben ist (und er altert auch nicht, trotz der zwanzig Jahre, die den Hintergrund der beiden Romane trennen). Henry Armstid ist eine liebenswürdige Figur in *As I Lay Dying* und *Light in August;* in *The Hamlet* ist er ekelhaft und halb schwachsinnig. Der Charakter seiner Frau zerfällt nicht, aber in einem Buch heißt sie Lula, im nächsten Martha, und im dritten hat sie keinen Namen. Da gibt es einen Indianerhäuptling namens Doom, der in verschiedenen Geschichten vorkommt; anfangs ist er Issetibehas Vater (in ›Red Leaves‹), und am Ende dessen Neffe (in ›A Justice‹). Das Herrenhaus mit dem Namen Sutpen's Hundred war zu Beginn von *Absalom, Absalom!* aus Backsteinen erbaut, aber am Schluß des Romans ist es gänzlich aus Holz und brennt ab bis auf die Schornsteine. Doch in Anbetracht der Breite der Romanreihe bleiben die Irrtümer ohne Folgen, und nach meinem Dafürhalten sind die meisten davon eher Hintergedanken als Versehen.

Alle seine Bücher im Yoknapatawpha-Zyklus sind Teil desselben lebendigen Grundmusters. Und es ist dieses Grundmuster, nicht die gedruckten Bände, in denen jeweils ein Teil davon erzählt wird, was Faulkners eigentliche Errungenschaft ausmacht. Sein Vorhandensein hilft, einen Wesenszug seines Werkes zu erklären: daß jeder Roman, jede längere Erzählung oder Kurzgeschichte mehr zu enthüllen scheint als explizit ausgesagt wird; und ein Thema zu haben scheint, das über das jeweils Erzählte hinausgeht. Einzeln betrachtet sind die Werke wie Marmorblöcke aus demselben Steinbruch: sie weisen die Adern und Fehler des Mutterfelsens auf. Oder – um ein ziemlich gesuchtes Bild zu gebrauchen – sie sind wie Holzplanken, die nicht von einem zersägten Balken stammen, sondern aus einem noch lebenden Baum herausgeschnitten wurden. Die Planken sind zu ihrer endgültigen Form behauen und geglättet worden, aber die Wunde des Baumes verheilt, und er selber wächst weiter. Faulkner ist unfähig, dieselbe Geschichte zweimal zu erzählen, ohne neue Einzelheiten hinzuzufügen.

Obwohl das Grundmuster im Rahmen eines einzigen Mississippi-Countys dargestellt wird, kann es auf den ganzen tiefen Süden ausgedehnt werden; und Faulkner scheint sich dieser Übertragbarkeit immer bewußt zu sein. Er mag an seine eigenen Romane gedacht haben, als er in *Go Down, Moses* die Hauptbücher in der Verwaltung der McCaslin-Plantage beschrieb. Sie berichteten, sagt er, über »jenen langsamen, zähen Fluß von Molasse und Mahlzeiten und Fleisch, von Schuhen und Strohhüten und Overalls, von Ackerfurchen und Hemdkragen und Hufnägeln und Zughaken, der jeden Herbst als Baumwolle zurückfloß«. In einer Hinsicht waren sie lokal und beschränkt; aber sie waren auch »die Fortsetzung jenes Geschäftsberichtes, zu dessen Fertigstellung zweihundert Jahre nicht ausgereicht hatten und zu dessen Entlastung weitere hundert Jahre nicht ausreichen würden. Jenes Jahrbuch, das ein ganzes Land im kleinen war, in dem die Schulden wuchsen und getilgt wurden, war der gesamte Süden«.

III

»Erzähl vom Süden«, sagt Quentin Compsons Zimmergenosse in Harvard, ein Kanadier namens Shreve McCannon, der etwas über das unbekannte Gebiet jenseits des Ohio wissen möchte. »Wie ist es da?« fragt er. »Was machen die Leute da? Warum leben sie da? Warum leben sie überhaupt?« Und Quentin, dessen Herkunft der Faulkners ein wenig ähnelt und der manchmal für den Autor zu sprechen scheint, Quentin antwortet: »Den Süden kannst du nicht verstehen. Dazu müßtest du dort geboren sein.« Trotzdem erzählt er eine lange und wüste Geschichte, die etwas Wesentliches von der Geschichte des tiefen Südens offenbart, der für Quentin nicht so sehr ein Gebiet ist, sondern eine unvollständige und enttäuschte Nation, die versucht, ihre legendäre Vergangenheit wieder aufleben zu lassen.

Die Geschichte, die er erzählt – ich versuche, die Handlung von *Absalom, Absalom!* zusammenzufassen –, ist die eines Gebirgsjungen namens Thomas Sutpen, dessen Familie ins Tiefland von Virginia getrieben wird, wo sein Vater auf einer Plantage Gelegenheitsarbeit findet. Eines Tages schickt der Vater ihn mit einer Botschaft zu dem großen Haus, aber an der Tür wird er von einem schwarzen Mann in Livree abgewiesen. Der fassungslose, gedemütigte Gebirgsjunge wird von einem lebenslangen Ehrgeiz gepackt, den er später als »das Projekt« bezeichnen wird: auch er will eine Plantage mit Sklaven und einem Butler in Livree besitzen; er will ein Herrenhaus bauen, das ebensogroß ist wie jedes andere in der Tidewater-Gegend; und einen Sohn will er haben, der seinen Reichtum erben soll.

Zwölf Jahre später taucht Sutpen in der Grenzstadt Jefferson auf, wo es ihm gelingt, sich hundert Quadratmeilen Land von den Chickasaws anzueignen. Mit Hilfe von zwanzig wilden Negern aus dem Dschungel und einem französischen Architekten geht er daran, das größte Haus im nördlichen Mississippi zu bauen. Als Baumaterialien dienen ihm Holz aus dem Wald und Backsteine, die seine Neger an Ort und Stelle formen und brennen. Es ist, als ob er das Haus, Sutpen's Hundred, buchstäblich dem Boden entrisse. Nur ein Mensch in Jefferson, Quentins Großvater General Compson, hat je erfahren, wie und wo Sutpen zu seinen Sklaven gekommen war. Er war von Virginia nach Haiti gefahren, wo er als Aufseher auf einer Zuckerplantage gearbeitet und des reichen Plantagenbesitzers Tochter geheiratet hatte, die ihm einen Sohn gebar. Als er dann erfuhr, daß in den Adern seiner Frau Negerblut war, hatte er sie einfach mitsamt ihrem Kind und Vermögen verlassen, die zwanzig Sklaven aber als eine Art Schadenersatz behalten. In der gestelzten Redeweise, die er sich für seine neue Rolle als typisch für den Gentleman des Südens angewöhnt hat, erklärte er General Compson, daß sie »mit der Förderung des Projekts nicht zu vereinbaren« gewesen sei.

»Mein Gott, der Süden ist eine feine Sache, nicht?« sagt Shreve McCannon. »Besser als Theater, nicht? Besser als Ben Hur, nicht? Kein Wunder, daß du ab und zu mal raus mußt, nicht?«

In Jefferson heiratete er wieder, fährt Quentin fort. Diesmal kam Sutpens Frau aus einer frommen Familie der Nachbarschaft, und sie gebar ihm zwei Kinder, Henry und Judith. Er wurde der größte Baumwollpflanzer im Yoknapatawpha-County, und es schien, daß sein ›Projekt‹ bereits verwirklicht war. In dem Augenblick jedoch kehrte Henry von der Universität von Mississippi mit einem älteren und weltlicheren neuen Freund, Charles Bon, nach Hause zurück, der in Wirklichkeit Sutpens Sohn aus erster Ehe ist. Charles verlobte sich mit Judith. Sutpen entdeckte seine Identität und jagte ihn ohne ein Zeichen des Wiedererkennens aus dem Hause. Henry, der nicht glauben wollte, daß Charles sein Halbbruder war, verzichtete auf sein Geburtsrecht und folgte ihm nach New Orleans. 1861 zogen alle männlichen Sutpens in den Krieg, und vier Jahre lang überlebten sie alle Schlachten. Dann, im Frühjahr 1865, entschloß Charles sich plötzlich, Judith zu heiraten, obwohl er inzwischen keinen Zweifel mehr hatte, daß sie seine Halbschwester war. Henry war die ganze Strecke zurück nach Sutpen's Hundred zu Pferde an seiner Seite, versuchte aber am Tor, ihn zurückzuhalten, tötete ihn, als er von seinem Vorhaben nicht ablassen wollte, erzählte Judith, was er getan hatte, und verschwand.

»Der Süden«, sagte Shreve McCannon, der Geschichte lauschend. »Der Süden. Mein Gott. Kein Wunder, daß ihr euch da unten alle um Jahre und Jahre selber überlebt.« Und Quentin, an seine eigene Schwester denkend, in die er (oder mit einer falschen Vorstellung, in wen er) verliebt war – ebenso wie Charles Bon und auch Henry in Judith verliebt waren –, Quentin sagt: »Ich bin mit zwanzig älter als viele Leute, die gestorben sind.«

Aber Quentins Geschichte vom Tiefen Süden endet nicht mit dem Krieg. Colonel Sutpen kam nach Hause, sagt er, und fand seine Frau tot vor; sein Sohn war flüchtig, seine Sklaven waren in alle Winde verstreut (sie waren davongelaufen, bevor die Unionsarmee sie befreite), und der größte Teil seines Landes sollte ihm abgenommen werden, weil er verschuldet war. Immer noch entschlossen, ›das Projekt‹ zur Durchführung zu bringen, gönnte er sich keine Atempause und machte sich sofort an das Unternehmen, den alten Zustand von Haus und Plantage soweit als möglich wiederherzustellen. Die Mühe war umsonst; Sutpen verlor den größten Teil seines Landes und mußte sich mit einem Laden an einer Straßenkreuzung begnügen. Inzwischen über sechzig, versuchte er es noch einmal, einen Sohn zu zeugen, aber die jüngere Schwester seiner Frau, Miss Rosa Coldfield, wies seinen Antrag empört zurück (»Komm, wir versuchen's«, scheint er gesagt zu haben, obgleich seine Worte nicht direkt wiedergegeben sind –, »komm, und wenn's ein Junge wird, heiraten wir«); und später bekam die arme Milly Jones, die er verführte, ein Mädchen. Daraufhin gab Sutpen die Hoffnung auf und trieb Millys Großvater so weit, daß dieser ihn tötete. Judith überlebte ihren Vater eine Zeitlang, ebenso wie der Halbblutsohn von Charles Bon mit einer Mulattin aus New Orleans. Nachdem diese beiden an Gelbfieber gestorben waren, bewohnte eine alte Mulattin, Sutpens Tochter mit einer seiner Sklavinnen, das große Haus, wenn es auch eher ein Herumspuken war als ein richtiges Bewohnen. Der flüchtige Henry Sutpen kam nach Hause; die Leute aus der Stadt hörten, er sei krank, und schickten einen Ambulanzwagen, der ihn abholen sollte, aber die alte Clytie dachte, man wolle ihn wegen Mordes abholen, und legte Feuer an Sutpen's Hundred. Der einzige, der den Brand überlebte, war Jim Bon, ein schwachsinniges, sattelfarbenes Geschöpf, der Enkel von Charles Bon.

»Nun verrat mir nur noch eins«, sagt Shreve McCannon, als er die Geschichte gehört hat. »Warum haßt du den Süden?« »Ich hasse ihn nicht«, entgegnet Quentin hastig. »Ich hasse ihn nicht«, wiederholte er und spricht offenbar für den Autor mit. *Ich hasse ihn nicht,* denkt er, keuchend in der kalten Luft, in der stockdunklen Nacht von Neuengland. *Ich hasse ihn nicht! Nein, ich hasse ihn nicht!*

Der Leser kann nicht umhin, sich zu fragen, warum Quentin von dieser düsteren und zeitweilig einfach unglaublichen Geschichte so ergriffen war, daß er beim Erzählen vor Erregung zitterte, und warum Shreve McCannon das Gefühl hatte, daß sie das Wesen des Tiefen Südens enthüllte. Sie scheint in das Gebiet mittelalterlicher Romantik zu gehören, wobei Sutpen's Hundred für eine Spukburg am Rhein steht, Colonel Sutpen für Faust und Charles Bon für Manfred. Es dämmert einem dann langsam, daß die meisten Figuren und Ereignisse eine Doppelbedeutung haben; daß sie außer ihrem besonderen Stellenwert, den sie in der Geschichte haben, als Symbole oder Metaphern auch von allgemeiner Bedeutung sind. Sutpens großes Projekt; das Land, das er den Indianern wegnahm; der französische Architekt, der ihm mit Hilfe wilder Neger aus dem Dschungel sein Herrenhaus erbaute; die Frau mit gemischtem Blut, die er heiratete und verstieß; der nicht anerkannte Sohn, der ihn ruinierte; der arme Weiße, dem er Unrecht tat, und der ihn im Zorn tötete; und schließlich die Zerstörung des Herrenhauses wie der Zerfall einer Gesellschaftsschicht: all das könnte zu einer tragischen Legende aus der Geschichte des Südens gehören. Mit etwas Gewitztheit ließe sich der ganze Roman als eine zusammenhängende und logische Allegorie interpretieren, aber das würde meiner Meinung nach weit über die Intention des Autors hinausgehen. Zunächst schrieb der Autor eine Geschichte, und zwar eine, die ihn tief berührte; aber er brütete auch über einer gesellschaftlichen Situation. Mehr oder weniger unbewußt wurden die Ereignisse in der Geschichte zu Repräsentanten der Kräfte und Elemente in der gesellschaftlichen Situation, denn der Geist arbeitet ganz natürlich mit Formen von Symbolen und Parallelen. In Faulkners Fall ist diese Form des Parallelismus nicht auf *Absalom, Absalom!* beschränkt. Sie läßt sich in dem gesamten fiktionalen Gerüst auffinden, das er Roman für Roman ausgearbeitet hat, bis sein Werk zu einem Mythos oder einer Legende des Südens wurde.

Ich nenne es Legende, weil es offensichtlich genausowenig als historischer Bericht vom ländlichen Süden Ohios gedacht ist wie ›Scarlet Letter‹ als Geschichte von Massachusetts gedacht war oder ›Paradise Lost‹ als Tatsachenbericht vom Sündenfall. In Kurzfassung könnte die Legende etwa so lauten: Der Tiefe Süden wurde von Pflanzern beherrscht, von denen einige Aristokraten waren wie der Sartoris-Clan, während andere Neulinge waren wie Colonel Sutpen. Beide Typen waren entschlossen, auf dem Land, das sie den Indianern weggenommen hatten, eine dauernde Gesellschaftsschicht aufzubauen (das heißt, Söhne zu hinterlassen). Sie hatten die Kraft, zielstrebig nach einem festen Kodex zu leben, aber ihrem ›Projekt‹, ihrer Lebensweise haftete auch eine Schuld an; es war die Sklaverei, die das Land mit einem Fluch belegte und den Bürgerkrieg brachte.

Ich möchte hier eine Bemerkung einfügen, die mit der Auffassung des verehrten Cleanth Brooks in seinem sehr nützlichen Werk, *William Faulkner: The Yoknapatawpha Country* (1963), voll übereinstimmt. Obgleich Sutpens Anteil an der Schuld groß genug ist, hat er niemals vorgegeben, der Verhaltensweise zu entsprechen, die sie bis zu einem gewissen Grade wieder gutmachte. Seiner Natur nach war er weniger ein Südstaatler als ein unzeitgemäßer Räuberbaron des Nordens, den es in die falsche Gegend verschlagen hatte; oder er stand vielleicht sogar für den von blindem Ehrgeiz Getriebenen, den es zu allen Zeiten gibt. Für die anderen Pflanzer blieb er immer ein Fremder. Quentin

Compson, deren Nachkomme, betrachtete ihn als »Kroppzeug, ohne Herkunft« – wie Faulkner mir in einem Brief schrieb –, aber Quentin beklagte auch die Tatsache, daß ein Mann wie Sutpen »nicht nur so hochfliegende Träume, sondern auch die Kraft und Stärke haben konnte, so tief zu fallen«. Es lag also durchaus nicht an seinem Charakter, sondern war eher in seinem Schicksal begründet, daß er zum Sinnbild für den Süden wurde.

Als der Krieg verloren war, zum Teil durch das wahnsinnige Heldentum der Südstaatler (denn wer sonst als so tapfere Männer wie Jackson und Stuart hätte den Yankees so viel Angst einjagen können, daß sie zusammenstanden und zurückschlugen?), versuchten die Pflanzer, ihr ›Projekt‹ mit anderen Methoden neu zu gestalten. Aber selbst als sie ihr Land von den Postenjägern befreit hatten, die den Armeen des Nordens folgten, hatten sie nicht mehr die Kraft, ihr Vorhaben zu vollem Erfolg zu führen. Überdies bekamen es die Männer der alten Ordnung im Laufe der Zeit zu spüren, daß sie auch unter Südstaatlern Feinde hatten. Sie mußten gegen eine neue Klasse von Ausbeutern kämpfen, gegen die Nachkommen der Weißen ohne Landbesitz aus den Tagen der Sklaverei. In diesem Kampf zwischen dem Clan der Sartoris' und der skrupellosen Sippschaft der Snopes' waren die Sartoris' von vornherein die Verlierer, weil ein Gesetz der Tradition sie daran hinderte, die Waffen des Gegners zu benutzen. Als Preis für den Sieg mußten die Snopes' jedoch der mechanisierten Zivilisation des Nordens dienen, die in sich selbst moralisch kraftlos war, aber mit Unterstützung ihrer Gefolgsmänner in den Südstaaten dazu führte, daß sie den Süden als Nation verfaulen ließ.

Faulkners Romane über das zeitgenössische Leben im Süden – besonders die vor 1945 geschriebenen – setzen die Legende fort in eine Periode, die in seinen Augen moralisch haltlos und gesellschaftlich verrottet ist. Dauernd ist er in ihnen auf der Suche nach brutalen Bildern, die vermitteln sollen, wie stark er Brutalität empfindet. *Sanctuary* ist von all seinen Romanen der brutalste; er ist der populärste gewesen und ist durchaus nicht der unbedeutendste (trotz der Erklärung Faulkners, er sei »eine billige Idee gewesen . . ., mit Berechnung gemacht, um zu Geld zu kommen«). Die Geschichte von Popeye und Temple Drake hat mehr Bedeutung als es nach einer ersten flüchtigen Lektüre den Anschein hat – der einzigen Art zu lesen, die frühe Kritiker dafür aufzuwenden bereit waren. Popeye selber ist eine von verschiedenen Figuren in den Romanen Faulkners, die die mechanische Zivilisation repräsentieren, die in den Süden eingedrungen ist und ihn erobert hat. Immer wird er so beschrieben, daß das Mechanische zum Ausdruck kommt: Seine Augen »sahen aus wie Hartgummiknöpfe«; sein Gesicht »wurde einfach schief, wie das einer Wachspuppe, die man zu nahe an einen brennenden Kamin gestellt und dann vergessen hat«; sein enger Anzug und der steife Hut waren »nichts als Ecken und Kanten, wie ein modernistischer Lampenschirm«; und im allgemeinen hatte er »diese bösartige, flache Eigenschaft von gestampftem Blech«. Popeye war der Sohn eines professionellen Streikbrechers, von dem er die Syphilis geerbt hatte; er war der Enkel eines Pyromanen und er hatte den größten Teil seiner Kindheit in einem ›Heim‹ verbracht. Er war der Mann, »der Geld machte und nichts damit anfangen konnte, da er wußte, daß Alkohol ihn töten würde wie Gift, der keine Freunde hatte und nie eine Frau gekannt hatte« – mit anderen Worten, er war ein Sammelsurium all der verhaßten Eigenschaften, die Faulkner dem Kapitalismus zuschreibt. *Sanctuary* ist nicht die zusammenhängende Allegorie, als die das Buch verdammt wurde, aber es ist auch nicht nur sinnlos geballter Horror. Es ist ein Beispiel für die Umkehrung der Freudschen Methode, voll sexueller Alpträume, in denen die gesellschaftliche Wirklichkeit ihre Symbole findet. Irgendwie hängt es im Geist des Autors mit dem zusammen, was er als die Vergewaltigung und Korrumpierung des Südens betrachtet.

In seinen die Gegenwart behandelnden Romanen – ich spreche von den vor 1945 veröffentlichten – läßt Faulkner keinen Zweifel daran, daß die Nachkommen der alten herrschenden Kaste zwar den Wunsch, aber nicht den Mut oder die Kraft haben, dieses neue Unglück abzuwenden. Sie werden von Popeye besiegt (wie Horace Benbow), oder sie laufen vor ihm davon (wie Gowan Stevens, der in Virginia aufs College gegangen war und gelernt hatte, wie ein Gentleman trinkt, aber nicht, wie er für seine Prinzipien kämpft); oder sie werden ausgeraubt und in ihren einflußreichen Positionen durch die Snopes' ersetzt (wie der alte Bayard Sartoris, der Präsident der Bank); oder sie berauschen sich an ihren eigenen Worten und an Alkohol (wie Quentin

Compsons Vater); oder sie ziehen sich zurück in die Illusion, hochstehende, unantastbare Südstaatlerinnen zu sein (wie Mrs. Compson, die sagt: »Es ist einfach nicht möglich, mich zu verhöhnen und zu kränken. Wer immer Gott auch ist, Er würde es nicht zulassen. Ich bin eine Lady.«); oder sie leben so sehr in der Vergangenheit, daß sie unfähig sind, der Gegenwart ins Auge zu blicken (wie Ehrwürden Hightower in *Light in August*); oder sie stürzen sich von einer Gefahr in die andere (wie der junge Bayard Sartoris), wie wahnsinnig der eigenen Vernichtung nachjagend. Faulkners Romane sind voll von bewundernswerten Menschen, die das beste wollen, und es sind nicht allein die Enkel der Baumwoll-Aristokratie, sondern auch Farmer aus den Kiefernbergen, kleine Kaufleute, Nähmaschinenvertreter, Negerköchinnen und Aktienbesitzer; aber fast alle werden sie Opfer der Umstände und sind sich ihres Untergangs ahnungsvoll bewußt.

Außerdem sind sie, ganz gleich, ob Helden oder Schurken, seltsam schicksalsergeben. »Nicht eine von Faulkners Figuren«, sagt André Gide in seinem Dialog ›Der neue amerikanische Romancier‹, »hat genaugenommen eine Seele«; und damit meint er, denke ich, daß es in seinen frühen Romanen nicht eine Figur gibt, die die seelische Kraft besitzt, bewußt zwischen Gut und Böse zu wählen. Sie sind besessen, werden heimgesucht, gehetzt, von irgendeiner inneren Notwendigkeit getrieben. Wie Miss Rosa Coldfield in *Absalom, Absalom!* leben sie in »jenem Traumzustand, in dem man ohne von der Stelle zu kommen vor etwas Schrecklichem, an das man nicht glauben kann, davonläuft, um sich in eine Geborgenheit zu flüchten, der man nicht traut«. Oder – wie die von General Shermans Armee befreiten Sklaven in *The Unvanquished* – sie folgen blind der Straße zu jedem Fluß, hoffend, daß es ihr Jordan sein wird:

Sie sangen, zogen singend die Landstraße entlang, ohne nach links oder rechts zu gucken. Der Staub hing ganze zwei Tage in der Luft, denn nicht mal in der Nacht machten sie halt. Wir setzten uns auf und horchten, wie sie vorbeizogen, und am nächsten Morgen sahen wir die Alten, die nicht mehr mitkamen, alle paar Meter saßen sie an der Straße oder sie legten sich hin oder manche schleppten sich sogar kriechend weiter und flehten die andern um Hilfe an; und die andern – die Jungen – gingen weiter, sahen sie nicht mal an. »Zum Jordan«, sagten sie mir, »wir gehn übern Jordan.«

Ob Schwarz oder Weiß, ein wenig davon haben fast alle Figuren Faulkners. Obschon sie die Hoffnung, Gold zu finden, aufgegeben haben, graben sie weiter wie wahnsinnig (so Henry Armstid in *The Hamlet* und Lucas Beauchamp in *Go Down, Moses*); oder sie kämpfen gegen das Hochwasser des Mississippi und überleben es, nur um das eine Vorrecht zu haben, wieder in die Gefängnisfarm des Staates zu kommen (wie der hagere Sträfling in ›Old Man‹); oder – eine ganze Familie gemeinsam – sie tragen einen Leichnam durch Flut und Feuer und Verderben, um ihn auf dem Friedhof von Jefferson zu beerdigen (wie die Bundrens in *As I Lay Dying*); oder sie wandern wochenlang über Landstraßen, auf der Suche nach Männern, die ihnen die Ehe versprochen, aber nie vorgehabt hatten, sie zu heiraten (wie Lena Grove, die Schwangere in *Light in August*); oder – verfolgt von einem Mob – sie machen schließlich kehrt, um dem Tod gefaßt entgegenzugehen (wie Joe Christmas im selben Roman). Selbst wenn sie wie Colonel Sutpen von einem bewußten Vorsatz geleitet erscheinen, ist das nicht etwas, was sie mit einem Akt des Willens gewählt haben, sondern etwas, das von ihnen Besitz ergriffen hat: Sutpens großes Projekt war »nicht, was er tun wollte, er mußte es einfach tun, mußte es tun, ob er wollte oder nicht, denn er wußte, daß er für den Rest seines Lebens nicht mehr mit sich würde leben können, wenn er es nicht täte«. Und so schreibt Faulkner auch, nicht was er schreiben möchte, sondern einfach was er schreiben muß, ob er will oder nicht.

IV

Man gibt besser zu, daß bei fast all seinen Romanen eine gewisse Schwäche in der Struktur nicht zu übersehen ist. Manche von ihnen, zum Beispiel *Light in August*, bringen zwei oder mehr Themen zusammen, die kaum etwas miteinander zu tun haben, während andere, etwa *The Hamlet*, dazu neigen, sich in eine Reihe von Episoden aufzulösen, die Perlen auf einer Schnur gleichen. Bei *The Sound and the Fury*, das als Ganzes hervorragend ist, können wir nicht sicher sein, ob die vier Teile des

Romans in der wirkungsvollsten Reihenfolge angeordnet sind; jedenfalls können wir den ersten Teil erst dann ganz verstehen, wenn wir die drei folgenden gelesen haben. *Absalom, Absalom!* ist, obwohl uns die Tonart zuerst als etwas zu hoch gegriffen trifft, von allen Romanen der Yoknapatawpha-Reihe der am solidesten strukturierte – und gewinnt an Kraft im Rückblick; aber selbst hier scheint die Aufmerksamkeit des Autors vom Hauptthema, Colonel Sutpens Projekt, abzuschweifen auf das Nebenthema des Inzests und der Rassenmischung.

Am besten zu sein und sich selbst am nächsten zu kommen scheint mir Faulkner entweder in längeren Erzählungen wie ›The Bear‹ in *Go Down, Moses* und *Old Man*, einer Geschichte, die als eine Hälfte von *The Wild Palms* veröffentlicht wurde, und ›Spotted Horses‹, die zunächst gesondert erschien und dann stark erweitert in das lose Handlungsgerüst von *The Hamlet* eingebaut wurde – oder aber in der Yoknapatawpha-Saga als Ganzes. Das heißt, er ist am wirkungsvollsten dann gewesen, wenn er die Gesamtsituation behandelte, die er als Grundmuster des Südens ständig vor seinem geistigen Auge hatte, oder aber in kleineren Einheiten, die, auch wenn sie sich des öfteren inspirierte Überarbeitungen gefallen lassen mußten, dennoch nach ein und derselben Konzeption gearbeitet waren. Ihn wie jeden anderen Autor sollten wir nach seinem Besten beurteilen. Und Faulkner hat, wo er am besten ist – manchmal sogar dort, wo er am schlechtesten ist –, eine Kraft, eine Lebensfülle, eine Dichte, wie sie kein anderer amerikanischer Schriftsteller unserer Zeit aufweist. Er hat – und wieder zitiere ich auch Henry James' Essay über Hawthorne – »das elementar Geniale: Einbildungskraft«.

Er liebt das Land, in dem er geboren und aufgezogen wurde und in dem sein Leben zu verbringen er sich im Unterschied zu anderen Schriftstellern seiner Generation entschieden hat, mit schwerblütig sorgender Hingabe. Es ist ». . . dieses Land, dieser Süden, für den Gott so viel getan hat, mit Wäldern für Wild und mit Strömen für Fische und mit tiefem, fruchtbarem Boden, in dem saftige Frühlinge die Saat keimen und sprießen lassen, damit sie in langen Sommern reife, in heiteren Herbsten geerntet werde, und wo es für Mensch und Tier kurze, milde Winter gibt«. Soweit das Delta zu Faulkners Land gehört, ist es auch (mit den Worten des alten Ike McCaslin)

... dieses Land, das der Mensch innerhalb von zwei Generationen trockengelegt und entwässert und gerodet hat, so daß die Weißen Plantagen besitzen und jeden Abend nach Memphis fahren können, und die Schwarzen Plantagen besitzen und in Negerabteilen nach Chicago reisen und in Millionärshäusern am Lake Shore Drive wohnen können; dieses Land, wo Weiße Farmen pachten und wie Nigger leben, und wo Nigger an Aktien reich werden und wie Tiere leben; wo Baumwolle angebaut wird und mannshoch schon aus den Rissen in den Bürgersteigen wächst, und wo Wucher und Hypotheken und Bankrott und unermeßlicher Reichtum, wo Chinesen und Afrikaner, Arier und Juden, wo all das miteinander wächst und gedeiht.

Hier haben wir die zwei Seiten der Gefühle Faulkners für den Süden: auf der einen Seite eine bewundernde, besitzergreifende Liebe; auf der anderen ein zwanghaftes Sorgen darum, daß nicht das, was er liebt, von der Ignoranz der bodenständigen Leibeigenen und der Gier der Geschäftemacher und nicht auf ihrem Grundbesitz lebenden Gutsherren zerstört werde.

Kein anderer amerikanischer Schriftsteller kostet es so aus, das Wetter zu beschreiben. In verschiedenen Romanen spricht er von »der heißen, reglos schmachtenden Stille des Augustnachmittags«; vom »mondlosen Septemberstaub, aus dem die Bäume an der Straße nicht, wie Bäume es sollten, aufwärtsstreben, sondern in dem sie hocken wie ungeheure Hühner«; von »dem ruhigen Oktobersonnenuntergang, vor dem in Windstille der Rauch von Holzfeuern wabert«; vom »langsamen Nieseln des Novemberregens, knapp über dem Gefrierpunkt«; von »jenen windstillen Mississippi-Dezembertagen, die eine Art Nachsommer des Altweibersommers sind«; vom Januar und Februar, »wo es bis auf den ständigen, niedrig schwebenden Rauch nirgends eine Bewegung gibt ... und wo bis auf das Hacken der Äxte und das einsame Pfeifen der täglichen Züge kein Laut zu hören ist«. Der Frühling in Faulkners Land ist eine Jahreszeit, die es eilig hat, »ganz plötzlich da ist, kunterbunt und durcheinander Frucht und Blüte und Blatt bringt, gescheckte Wiese und blühenden Wald und die weiten Felder, die schwarz auffahren, wenn sie von der Pflugschar aus dem Winterschlaf gerissen werden«. Der Sommer ist stauberstickt und lodernd und dauert bis weit in die Zeit hinein, die längst schon Herbst sein sollte. »Das ist die eine Schwierigkeit in diesem Land«, sagt er in *As I Lay Dying*. »Alles, das Wetter, aber auch alles, zieht sich zu lang hin. Wie unsere Flüsse, unser Land: undurchsichtig, langsam, gewalttätig erschafft und formt es das Leben des Menschen nach seinem unversöhnlichen und grüblerischen Bild.«

Und Faulkner liebt diese nach dem Bilde des Landes geschaffenen Menschen. Nach einem zweiten Lesen seiner Romane ist man weiterhin beeindruckt von seinen Schurken Popeye und Jason und Flem Snopes; aber diesmal findet man in seinem Gedächtnis mehr Platz für andere Figuren, die etwas im Hintergrund stehen, vom Autor aber dennoch mit stiller Zuneigung dargestellt werden: alte Damen wie Miss Jenny Du Pre mit ihrem scharfzüngigen Wohlwollen; kauzige, aber nette Geschäftsleute wie Ratliff, der Nähmaschinenvertreter, und Will Varner mit seinem Baumwoll-Gin und Kramladen; lange leidende Farmersfrauen wie Mrs. Henry Armstid (ob sie nun einmal Lula heißt oder ein andermal Martha); und hinterwäldlerische Patriarchen wie Pappy MacCullum mit seinen sechs erwachsenen, aber unverheirateten Söhnen, die die Namen der Generäle von Lees Armee tragen. Man erinnert sich an die großen Plantagenhäuser, die in Flammen einstürzen, als ginge eine ganze Zivilisation unter, aber man erinnert sich auch an die Männer in geflickten und verblichenen, aber ganz sauberen Overalls, die auf der Galerie – wir hier im Norden würden sagen, auf der Veranda – eines Eckladens sitzen, der mit Plakaten beklebt ist, die Softdrinks und Allheilmittel anpreisen; und man erinnert sich an die Geschichten, die sie erzählen, derweil sie priemen, bis der Tabak ausgelaugt ist (alles in ihrer Welt wird reduziert auf Anekdoten, und jede Anekdote geht zurück auf eine Gestalt). Man erinnert sich an Quentin Compson, nicht wie er Momente der Verzweiflung durchmacht, sondern wie er mit seinem Vater den Hunden nachreitet, als sie das Riedgras eines Berghangs nach Wachteln durchstöbern; und wie er der Geschichte, die sein Vater erzählt, nicht zuhört, aber trotzdem jedes Wort davon kennt, ›weil du‹, wie er bei sich dachte, ›sie erfahren hast, sie schon irgendwie ohne das Mittel der Sprache in dich aufgenommen hast, weil du, wie Kinder es immer tun, neben ihr, mit ihr geboren und groß geworden bist; so daß, was dein Vater dir erzählt, dir nicht so sehr etwas sagt, als es Wort für Wort die Saiten des Erinnerns zum Klingen bringt‹.

Faulkners Romane haben die Eigenschaft, daß man sie erlebt, in sich aufnimmt, sich eher an sie erinnert als daß man sie lediglich betrachtet. Und sie weisen, was selten ist in den Romanen unserer Zeit, eine warme Zuneigung innerhalb der Familie auf, eine Liebe unter Brüdern und Schwestern, des Vaters zu seinen Kindern – eine Liebe so warm und stolz, daß sie versucht, den Rest der Welt auszuschließen. Im Vergleich damit wird die eheliche Liebe als etwas Berechnendes dargestellt, und verbotene Liebe als ein verzehrendes Feuer. Und weil Blutsverwandtschaft in seinen Romanen an zentraler Stelle steht, fällt es Faulkner schwer, sympathische Gestalten im Alter zwischen zwanzig und vierzig zu erschaffen. Auf Kinder, schwarze wie weiße, versteht er sich besser, und unvergleichlich gut ist er bei der Gestaltung älterer Menschen, die die Wertmaßstäbe bewahren, die ihnen »von früher, aus der alten Zeit« überkommen sind.

In der Reihe der Romane, die mit *The Wild Palms* (1939) beginnen und zur Zeit ihres Erscheinens so wenig Beachtung fanden, daß es aussah, als würden sie nicht gelesen, gibt es eine Qualität, die genaugenommen bei Faulkner nicht neu ist – sie war bereits in Passagen von *Sartoris* und *Sanctuary* in Erscheinung getreten –, jetzt aber ist sie viel stärker und nicht mehr von Gewalttätigkeit und Grauen überschattet. Es ist eine Art behaglichen, nüchternen Grenzerhumors, der in der zeitgenössischen Literatur nur selten erreicht wird. Die Pferdehandel-Episoden in *The Hamlet* und besonders die lange Erzählung von den ›Spotted Horses‹ aus Texas hätten von den Davy Crockett-Almanachen inspiriert sein können. *Old Man*, die Geschichte von dem Sträfling, der die schwerste aller Mississippi-Überflutungen überstand, könnte fast eine Fortsetzung von ›Huckleberry Finn‹ sein. Es ist, als hätte irgendein älterer Freund von Huck das Floß genommen und wäre damit von Tante Sally Phelps' Farm aus wilderen Abenteuern zugetrieben, die in wilderem Stil beschrieben sind – Abenteuern unter Chinesen und Louisianern, die von französischen Vorfahren aus Neuschottland abstammen, und Abenteuern in Buchten, wo Krokodile kriechen. Auf seltsame Weise verbindet Faulkner zwei Hauptströmungen der Tradition in der amerikanischen Literatur: die Tradition psychischen Horrors, oft in der Nähe des Symbolismus, die mit Charles Brockden Brown beginnt, unserem ersten professionellen Romancier, und dann weitergeführt wird von Poe, Melville, Henry James (in seinen späteren Erzählungen), Stephen Crane und Hemingway; und die andere Tradition des Grenzerhumors und Realismus, die mit Augustus Longstreets ›Georgia Scenes‹ beginnt und bei Mark Twain ihre beste Ausprägung findet.

Aber der amerikanische Autor, dem er trotz aller Gegensätzlichkeiten am meisten ähnelt, ist Hawthorne. Sie verhalten sich zueinander wie Juli zu Dezember, wie Hitze und Kälte, wie Sumpfebene zu Gebirge, wie das Blütenreiche zum Kargen aber Vollkommenen, wie der Pflanzer zum Puritaner; und dennoch nahm Hawthorne zu Neuengland weitgehend dieselbe Haltung ein, wie Faulkner sie gegenüber dem Süden einnimmt, verbunden mit einem starken Gefühl für regionale Besonderheit. Der Bürgerkrieg brachte Hawthorne zu der Überzeugung, daß »der Norden und der Süden nach Lebensanschauungen und -gewohnheiten zwei verschiedene Nationen sind, die besser nicht versucht hätten, unter denselben Gesetzen zu leben«. Im Frühjahr 1861 schrieb er an Horatio Bridge, seinen Studienfreund vom Bowdoin College: »Wir waren nie ein Volk und hatten eigentlich nie ein Land.« »Neuengland«, sagte er wenig später, »ist ein Klumpen Erde von gerade der Größe, daß er in meinem Herzen Platz hat.« Aber es war für ihn mehr als ein Klumpen Erde; es war ein Klumpen Geschichte und ein permanenter Bewußtseinszustand. Wie Faulkner im Süden, widmete er sich der Aufgabe, Neuenglands moralische Fabeln zu erschaffen und dessen Legenden zu erarbeiten, die in seinem einsamen Herzen bereits existierten. Den Hügel hinter seinem Haus in Concord hinauf- und hinabsteigend, horchte er darauf, eine Stimme zu vernehmen; man könnte auch sagen, daß er wartend auf Posten lag, passiv aber gespannt, wie ein Jäger hinter einem Felsen; dann, wenn sie gesprochen hatte, faßte er sie in Worte – behutsamer als Faulkner, das ist klar; mit mehr Form und weniger Feuer, aber mit derselben Wahrhaftigkeit. »Mein Instinkt sagt mir, daß ich besser schweigen sollte«, schrieb er in einem Brief an seinen Verleger. »Vielleicht werde ich von neuer Kraft beseelt sein, wenn ich still auf sie warte; vielleicht nicht.« Auch Faulkner ist ein Autor, der auf die Stimme der Inspiration warten muß. Er ist nicht so sehr Romancier oder was man üblicherweise unter einem Schriftsteller versteht, dessen Geschäft es ist, Handlungen und Charaktere zu beobachten, um das Beobachtete dann in das Gerüst einer Geschichte einzupassen, sondern eher ist er ein Epenschreiber, ein Barde, ein Prosadichter und Schöpfer von Mythen, die er zu einer Legende des Südens verwebt.

Nachtrag

Abgesehen von kleineren Veränderungen, die zu machen ich nicht umhin konnte, ist dies die Einführung zu Faulkner, wie ich sie, ausgehend von den siebzehn Büchern, die er bis dahin veröffentlicht hatte, im Herbst 1945 schrieb. In den folgenden Jahren sollten neun Bücher dazukommen, von denen acht zum Yoknapatawpha-Zyklus gehören sollten. Gleichzeitig sollte eine Mississippi-Flut kritischer Studien entstehen, die sich mit verschiedenen Aspekten der Romane Faulkners beschäftigten (vor allem mit deren symbolischen Elementen). Die Frage ist, wie sich in dieser Einführung die Akzente verschieben würden, wenn ich sie heute schreiben würde, im Lichte seines Rufs bei der Kritik und auf der Grundlage seines Lebenswerkes als Ganzem.

Diese und jene Behauptung, die ich 1945 machte oder mit Zustimmung anderer zitierte, würde aufgrund der Tatsache, daß sie auf die späteren Romane nicht zutrifft, revidiert werden müssen. So etwa André Gides Bemerkung zu Faulkner: »Nicht eine von seinen Figuren hat genaugenommen eine Seele« –, dazu mein Kommentar: »Damit meint er, denke ich, daß nicht eine von ihnen die seelische Kraft besitzt, bewußt zwischen Gut und Böse zu wählen.« Obwohl diese Behauptung 1945 im großen und ganzen richtig war, würde sie schließlich durch Ausnahmen rätselhaft erscheinen müssen. Temple Drake, um nur eine davon zu nennen, war von Anfang bis zum Schluß von *Sanctuary* moralisch eine Schlampe. Zwanzig Jahre später, als sie in *Requiem for a Nun* (1951) wieder auftaucht, rafft sie sich zu einem schmerzhaften Geständnis auf, und das tut sie, »um meine Seele zu retten«, die sie zum erstenmal entdeckt hat.

Eine andere Behauptung, die sich mit Faulkners späterem Schaffen nicht vereinbaren läßt, ist die, daß es ihm »schwerfällt, sympathische Gestalten im Alter zwischen zwanzig und vierzig zu erschaffen«. Das trifft wiederum auf die frühen Romane zu, in den späteren Jahren jedoch kommen viele Gestalten in diesem Alter vor, die nicht nur Sympathie, sondern Bewunderung hervorrufen sollen. Nancy Mannigoe beispielsweise – »eine rauschgiftgeile Niggernutte«, wie Temple sie nennt – wird auch als eine heilige Märtyrerin dargestellt. Die Schurken sind nicht mehr ganz so schurkenhaft, und einer von ihnen, Mink Snopes, wird der eigentliche Held von *The Mansion* (1959). Es gibt sogar Happy-Ends vom herkömmlichen Typus. Lucas Beauchamp wird vor dem Lynchmord bewahrt (*Intruder in the Dust*, 1948). Temple Drake, nachdem sie ihre Seele gefunden hat, geht zurück zu ihrem Mann und ihrem noch lebenden Kind. Gavin Stevens (in *Knight's Gambit*, 1949) hört auf, nur davon zu reden, und heiratet endlich die Frau, der er das erstemal einen Antrag gemacht hatte, als sie ein sechzehnjähriges Mädchen war.

In Faulkners späteren Romanen wird die Geschichte von Yoknapatawpha zurückverfolgt bis zur Gründung und Namensgebung der Stadt Jefferson, wie sie auch bis nahezu auf den heutigen Tag vorangetrieben wird. Sie könnten als Fortsetzungen der früheren Bücher gelten, auch wenn es fast den Anschein hat, daß sie von einem anderen Romancier geschrieben wurden. Das Gefühl drohenden Verderbens und unausweichlicher Gewalt, das auf den frühen lastete, ist ersetzt worden vom Mitleid mit der menschlichen Kreatur, selbst mit der bösartigsten (»Die armen Schweine«, sagt Gavin Stevens, »sie tun, was sie können.«), und von dem unbeugsamen Glauben, der in der Nobelpreisrede seinen Ausdruck findet, nämlich »daß der Mensch nicht nur überleben, sondern siegen wird« – und all das ist gemischt mit einem guten Schuß altmodischer Empfindsamkeit. Ich schätze den älteren Faulkner, aber es ist der jüngere, besessene, in Sünde verhaftete Autor, dessen Werke uns in Erstaunen setzen, wie sie nie aufgehört haben, ihn selber vor Rätsel zu stellen und in Erstaunen zu setzen.

Selbst in einer auf diese früheren Werke beschränkten Einführung würde ich, wenn ich sie heute schriebe, die Akzente etwas anders setzen. 1945 kämpfte ich gegen das skandalöse Nichtbeachten seiner Romane. Sie wurden damals nicht nur wenig gelesen, sondern mir schien auch, wie ich wiederholt sagte, daß kaum ein Kritiker einen übergeordneten Bauplan gesucht hat, nach dem ein Roman mit dem anderen verbunden war. Folglich war es dieser Plan, auf den ich besonders nachdrücklich einging: die Leistung der Imaginationskraft, die Gegenwart nach Maßgabe der Vergangenheit zu verstehen, die Faulkner dazu führte, eine legendenhafte Geschichte des Südens zu erarbeiten. Indem ich so vorging, sprang mein Blick von Buch zu Buch, ohne lange genug auf einem davon zu verweilen – nicht einmal auf *The Sound and the Fury* oder auf *Absalom, Absalom!* –, und ohne jedes als eine Errungenschaft für sich zu untersuchen. Glücklicherweise ist diese Betonung nur eines Aspekts von einem Heer von Kritikern mehr als ausreichend korrigiert worden.

Vielleicht blieb ich zu sehr beim Vordergründigen, das heißt, bei der Geschichte eines einzigen Countys im nördlichen Mississippi, welches sich, um mit Faulkner zu sprechen, darstellte als »jenes Jahrbuch, das ein ganzes Land im Kleinen war, in dem die Schulden wuchsen und getilgt wurden, und das der gesamte Süden war«. In seinen frühen Romanen ist Faulkner ganz zweifellos ein nationalistischer Südstaatler und ein Erbe der Konföderation – trotz all seiner Schuldgefühle wegen der Neger –, aber er ist außerdem noch etwas anderes, eine Tatsache, die genügend klarzumachen ich versäumte. Was er als sein wichtigstes Thema ansah, ist nicht der Süden oder dessen Geschick, wie sehr ihm das auch auf der Seele lag, sondern vielmehr ist es die menschliche Situation, wie sie am Beispiel des amerikanischen Südens offenbar wird; oder – um aus einem seiner Briefe zu zitieren – an »dasselbe rasende Hindernisrennen zum Nichts überall«. Die Gestaltung dieses ›Hindernisrennens‹ mit dem Material, das der amerikanische Süden ihm an die Hand gab, machte er sich deshalb zur Aufgabe, weil, wie er weiter sagte, »ich es halt zufällig kenne, und ein Leben nicht ausreicht, anderes Material kennenzulernen und dabei auch noch zu schreiben«. Es gab natürlich noch einen anderen Grund, denn es war der Süden, der seine Sinne schärfte, seine tiefsten Treuegefühle wachrief (*»Ich hasse ihn nicht! Nein, ich hasse ihn nicht!«*) und der seine Imagination ankurbelte. Immer träumte er jedoch davon, daß seine Fabeln für ein universales menschliches Drama stehen könnten.

Ich würde also auf andere Punkte den Nachdruck legen, wenn ich dies heute zu schreiben hätte. Ich würde die kartographischen

Studien anderer Kritiker benutzen können, statt mich ohne Landkarten – abgesehen von solchen, die Faulkner selber lieferte – vorwärts zu tasten und mehr als einmal zu stolpern. Dennoch scheint mir, daß meine Einführung weiterhin den geradesten Weg in Faulkners imaginäres Königreich absteckt – und den sichersten Weg für diejenigen, die sich sonst in sumpfigen Gegenden verirren könnten. Yoknapatawpha County ist ein Gebiet, wo jede Landmarke ihre eigene Geschichte hat und jede Geschichte auf frühere Zeiten zurückgeht.

Introduction *zu:* The Portable Faulkner, *Edited by Malcolm Cowley, originally published 1946, revised and expanded edition 1967*

Deutsch von Wulf Teichmann, gekürzt um den editorischen Bericht zur Auswahl im ›Portable Faulkner‹. Überschrift vom Hrsg.

Elio Vittorini
Faulkner wie Picasso

Denken wir an die Gesichter von Männern und Frauen, von Hähnen, von Stieren, die Picasso seit Guernica (also seit 1937) malt und zeichnet, und an die ihnen auferlegte doppelte Existenz, auferlegt aus der inneren Notwendigkeit heraus, gleichzeitig zwei oder mehr verschiedene Wirklichkeitsebenen zu fassen oder das Sichtbare der Wirklichkeit gleichzeitig mit seinem Nichtsichtbaren und ihr Aktuelles zugleich mit ihrem Potentiellen. Im gleichen Gesicht gibt's zwei Nasen oder bei einem Hahn zwei Schnäbel oder vier Nüstern in einem Stier und immer, auch wenn sich die Augen nicht verdoppelt haben, zwei Arten zu schauen wie aus zwei Herzen. Man kann in der Duplizität der Formen nicht unterscheiden, was vom betrachteten Objekt kommt und was seine Variante darstellt, die Hypothese oder die Hypothesen, das Projekt oder die Projekte, durch die sie der Maler in der Absicht, sie zu vervollständigen, kompliziert macht. Aber fest steht, daß von den beiden Formen (die doch eine in der anderen koexistieren) die eine aus der äußeren Welt hervorgeht, während die andere sich durch eine Art von Erregung selbst erzeugt, die die nach und nach gefundenen Zeichen und Farben nach und nach in dem erzeugen, der sie gefunden hat.

In der gleichen Art hat Faulkners Stil, der dem ungeduldigen Leser monoton scheinen muß, sogar im einzelnen Satz, in der kleinsten Einheit eine dauernde Koexistenz von Wirklichem und Möglichem. Hat das Bild, das uns sofort das Ding sehn läßt, von dem die Rede ist, einen Baum, eine Hand, eine Geste, und zugleich, durch ein ›als wenn‹ oder ein ›auch wenn‹ angehängt, ein zweites Bild, das das erste nicht genauer erklärt oder stärker erhellte, aber es (oder ein Wort in ihm, eine Assonanz von Worten in ihm) zum Anlaß nimmt, aufzutauchen und sich vorzudrängen, indem es uns etwas ganz anderes sehn läßt, die Farbe des Hochmuts, das Profil der Zärtlichkeit, das plappernde Flattern des Mutes, all das in einer völlig anderen visionären Ordnung. »Als ob man noch den sterbenden Wasserfall der Hörner gegen Ronceval zu hörte«, kann er in einem der selbstverständlichsten Augenblicke sagen. Und durch einen stilistischen Vorgang kann er das sagen als ein Mehr von Eingebung, die sich im Inneren der gebrauchten Worte entwickelt hat, während er von dem Respekt spricht, den der Name einer seiner Gestalten in einer kleinen amerikanischen Stadt einflößt; aber dieser unvorhersehbare Hörnerklang, der so willkürlich bis hinauf nach Ronceval führt, nämlich in eine legendäre Vergangenheit aller Menschen, belädt einen kleinen privaten Namen mit dem Erinnern der Allgemeinheit und gibt ihm dadurch gleich dem Namen des Ritters Roland Suggestivkraft, noch bevor die Handlung beginnt.

Denn in einer Szene, einer Handlung und in der Gesamtheit mehrerer Handlungen wird das doppelte Maß von Faulkners Phantasie eine Verdoppelung der Zeit, wodurch man immer wieder von einer gegenwärtigen Zeit in eine mehr oder weniger entfernte übergeht, von einer genauen und evidenten in eine der Annäherungen, aus einer konstatierten Realität in eine supponierte und umgekehrt. Und bei den Gestalten wird das Duplizität oder Multiplizität des Charakters oder, besser gesagt, eine Mehrdeutigkeit, die dir nicht erlaubt, zu sagen, ob sie geizig oder großherzig sind, stolz oder demütig, weil sie das eine wie das andere sind, ja zweimal das eine und das andere, jetzt das eine im harten Licht des Vordergrundes und das andere im Unbestimmten des Hintergrundes und dann wieder genau das Gegenteil. Ich möchte darauf aufmerksam machen, daß man so nicht zu den Abstraktionen gelangt, zu denen Picasso gelangt, und zwar aus dem sehr einfachen Grund, weil Faulkner, während Picasso gezwungen ist, nur im Raum zu arbeiten, in der Zeit arbeiten kann und so vermeiden kann, uns in einem Dampfschiff durch ein Zimmer zu führen oder uns eine Gestalt mit zwei Nasen zu bieten. Doch jede von Faulkner erzählte Handlung erwirbt die Maße einer legendären Handlung, weil sie zugleich Wirklichkeit und Fabelerzählung ist, Wirklichkeit auch von der sumpfigsten Art und zugleich Fabelerzählung von der verzaubertsten und exaltiertesten Art. Wie jede Gestalt, die uns Faulkner schildert, weil sie etwas Konkretes, Irdisches ist und zugleich eine Erscheinung, schließlich zum Beeindruckenden eines steinernen Gastes emporwächst.

In all dem ist ein Lebensgefühl wirksam, das tiefem Zwiespalt entspringt, und bewegt die doppelte Eigenschaft des Bildes und belebt die Multiplizität der Zeiten in der Handlung und die Multiplizität der Charaktere in den Gestalten. Es ist kein Lebensgefühl des Zweifels, nicht die gefühlsmäßige Spiegelung eines legitimen Vernunfturteils, also nichts, was paralysiert oder gleichgültig macht. Es ist vielmehr so aktiv, daß es Verneinungen und Bejahungen hervorbringt, die sich nicht gegenseitig eliminieren, die koexistieren und sich gegenseitig ergänzen. Der Klageschrei der Enttäuschung gipfelt im Schrillen der Hoffnung, und die Posaunen blasen vor Jericho, auch wenn wir nicht erwarten können, daß die übelbeleumdeten Mauern brechen. Man ist unglücklich und optimistisch, man ist glücklich und pessimistisch. Das Schlimme ist, daß uns das Unglücklichsein des Schuldigen nicht weniger beängstigt und bedrückt als das des Gerechten. Was spielt es schon für eine Rolle, daß der Neger in *Light in August* wirklich getötet hat? Und was spielt es schon für eine Rolle, daß dagegen der Neger in *Intruder in the Dust* unschuldig angeklagt ist? Es ist nicht die Schuld oder die Unschuld, die unser Mitleid für sie erregt und bestimmt, es ist unser Entsetzen darüber, daß wir sie als Verfolgte sehn. Unser Durst nach Gerechtigkeit (unser Durst in Faulkner) will etwas Besseres als eine Strafe oder einen Freispruch.

Faulkner come Picasso? *Aus: ›Diario in pubblico‹. Mit freundlicher Genehmigung von Demetrio und Tommaso Vittorini, Niedieck Linder AG, Zürich. Deutsch: ›Offenes Tagebuch‹, übersetzt von Eckart Peterich, Vorwort von Alfred Andersch. Walter-Verlag, Olten und Freiburg i. Br.; 1959. Erstdruck in ›La Stampa‹ vom 8. Dezember 1950.*

Robert Penn Warren
William Faulkner

Als William Faulkner dreiundfünfzig war, hatte er neunzehn Bücher geschrieben, die nach dem Rang ihrer Wirkung, dem philosophischen Gewicht, der Originalität des Stils, der Mannigfaltigkeit der Menschengestaltung, dem Humor und der Intensität der Tragik in unserer Zeit nicht ihresgleichen haben. Wir tun gut, selbst unter diesen Umständen zuzugeben, daß Faulkners Werk schwere Mängel aufweist. Bisweilen wird die Intensität des Tragischen zu schierer Sensation, die Virtuosität in der Handhabung der Mittel seiner Erzählungskunst zu bloßer Umständlichkeit, das philosophische Gewicht zu bloßer geistiger Konfusion. Geben wir all das zu, denn Faulkner ist ein sehr ungleichwertiger Schriftsteller. Diese Ungleichwertigkeit ist in gewisser Weise ein Zeichen seiner Vitalität, seiner Bereitschaft, Wagnisse einzugehen, neue Wirkungen zu erproben, neue Ergründungen des Materials und der Methode zu unternehmen; und sie ist jedenfalls bisweilen ein Hinweis auf einen sehr wichtigen Tatbestand in Faulkners Werk. Dieser Tatbestand ist, daß er über zweierlei Süden schreibt: er berichtet über den Süden der USA, und er schafft einen anderen. In einer Hinsicht ist er ein ausgesprochen realistischer Schriftsteller und in der anderen ein Symbolist.

Sprechen wir zuerst von jenem realistischen Süden, dem Süden, den wir an seiner äußeren Erscheinung und an seinen Menschen erkennen können. In dieser realistischen Weise können wir jene Provinz erkennen, die Faulkner Yoknapatawpha County nennt, die Provinz, die den Schauplatz der meisten seiner Erzählungen abgibt und in der die meisten seiner Menschen leben. Jefferson, die Hauptstadt der Provinz Yoknapatawpha County, ist bereits die berühmteste Provinzstadt der Nation und steht in so festen Umrissen da wie nur irgendeine Heimatstadt eines Menschen.

Da ist das Haus der Miss Emily, das große quadratisch gebaute Haus, in Farben, die einstmals ganz weiß waren, geschmückt mit Kuppeln und Türmchen und verschnörkelten Balkonen in dem betont freundlichen Stil der siebziger Jahre, einst an der erlauchtesten Straße gelegen, nun aber von Garagen und Baumwoll-Sortiermaschinen umgeben, das sich in seinem spröden und koketten Verfall über den Baumwoll-Waggons und Gasleitungen erhebt. Da ist Onkel Garvins Rechtsanwaltsbüro. Da ist der von träumerischen Zedern überschattete Friedhof. Da ist das Gefängnis, in dem vor etwa hundert Jahren die Tochter des Gefängniswärters, ein junges Mädchen, ihren Namen mit einem Diamanten in eine Fensterscheibe ritzte. Da sind die reinlichen kleinen einstöckigen Häuser, in Florida und Californien entworfen, die mit dazu passenden Garagen in ihren kurzgeschorenen Rasenflächen und zwischen langweiligen Blumenbeeten stehen. Dann erstreckt sich jenseits jener Stadt, in der wir jede Einzelheit genau erkennen, weithin das Land, die Häuser in den Plantagen, die Baumwollfelder, das Hinterland von Frenchman's Bend, wo die Snopes und Varners leben, der Beat-Four-Bereich, wo die Sippschaft der Gowrie die Ländereien besitzt und ihr zänkisches Wesen treibt und im Gebüsch Whisky herstellt.

Wir wissen alles über Yoknapatawpha County. Seine 2400 Quadratmeilen erstrecken sich zwischen den Hügeln des nördlichen Mississippi und den reichen schwarzen Ländereien der Ebene. Kein Land, das je ein Erzähler vor den Augen seiner Leser erstehen ließ, wird lebendiger als diese der Einbildungskraft Faulkners entstammende Provinz – die von dem trunken machenden Duft der Pinien erfüllten Nachmittage, die Nächte mit einer dünnen Mondsichel, die an den Abdruck eines Stiefelabsatzes in feuchtem Sand erinnert, die riesige Ausdehnung des großen Flusses, der gelb und schläfrig am Nachmittag dahinströmt, und die kleinen munter plätschernden Bäche, die an dem einen Tage rückwärts und am anderen nach vorn fließen und mit einemmal voller toter Maultiere und Hühnerställe über einen Mann herabbrausen, die ruinierte Plantage, die Popeyes Unterschlupf war, die Sümpfe und Felder und staubigen Straßen, die letzten Überreste der großen Urwälder, »in ihrer grünen Finsternis« im Sommer, »wenn alles tatsächlich dunkler ist, als es in der grauen sich auflösenden Novemberluft gewesen war, wo sogar mittags das Sonnenlicht nur in windlosem Gesprenkel auf die Erde fiel, die niemals völlig austrocknete«. Ein wenig später werde ich darauf zu sprechen kommen, was die sichtbare Welt Faulkner bedeutet, aber im Augenblick möchte ich nur betonen, wie lebhaft anschaulich, wie deutlich in ihren Umrissen sie dasteht.

Diese Provinz hat eine Bevölkerung von 15 611 Personen, die durch Faulkners Bücher mit der erschreckenden beiläufigen Willkür des Lebens durcheinanderwimmeln, ohne sich über sich selbst zu äußern oder zu verlangen, daß man sich über sie äußere, ihre Wesensart erschließend, ohne sich zu entschuldigen, daß sie sind wie sie sind, als seien wir, die Leser, die Eindringlinge in ihren Bereichen. Aus ihnen setzt sich eine Gesellschaft zusammen mit Persönlichkeiten, die so mannigfaltig sind, wie die Bundrens in *Als ich im Sterben lag;* die Snopes in *Das Dorf* und mehreren Erzählungen; die Cowries in *Griff in den Staub;* Ike McCaslin in *Der Bär* und *Herbst im Delta;* Percy Grimm, das aufs Schießen versessene Urbild eines Nazis in *Licht im August;* Temple Drake, die zweifelhafte kleine Heldin in *Die Freistatt;* die Compsons, die ruinierte große Familie; Christmas, der gequälte und sich quälende Mulatte in *Licht im August;* Dilsey, die alte Negerin, voller Heroismus und Ausdauer, die im Mittelpunkt von *Schall und Wahn* steht; Wash, der nichtsnutzige arme Weiße; und Sutpen, der gewaltsame Träger des großen Planes, aus dem infolge des Bürgerkrieges nichts wurde, in *Absalom! Absalom!;* und der hagere Verbrecher in *Wilde Palmen.* Kein Land in der gesamten epischen Literatur ist unter soziologischen Gesichtspunkten sorgfältiger analysiert worden. Die Abkömmlinge der alten Familien, die Abkömmlinge der Waldläufer und plündernden Abenteurer, die Sumpfratten, die Negerköche und Landarbeiter, die Schmuggler und Gangster, die Farmenpächter, die College-Schüler, die Rechtsanwälte in der Kreisstadt, die Ladeninhaber auf dem Lande, die Hausierer – sie alle finden sich hier in ihrer Lebensfülle und ihren verwickelten gegenseitigen Beziehungen. Was auf ihre Zugehörigkeit zu einer Klasse, zu einem Beruf und auch zur Geschichte hinweist, ist erschöpfend wiedergegeben; und wir kennen ganz genau ihre Sprache, Nahrung, Kleidung, ihre Häuser, Sitten und ihr Verhalten.

Faulkner gibt uns nicht nur das Land und die Menschen, wie wir sie heute sehen können; er gibt uns auch Ausblicke auf ihre Geschichte. Seine Erzählungen gehen zurück auf die Zeit, als die Indianer Yoknapatawpha County besetzten und Sklaven hielten und der erste Compson ankam mit einer kleinen, schmalhüftigen

Stute mit starkem Kniebug, die in weniger als einer halben Minute zwei Achtelmeilen schaffte und alle Rennen von Ikkemotubbes jungen Wagehalsen gewann, bis Ikkemotubbe ihm gegen die kleine Stute eine Quadratmeile jenes Landes überließ. Wir wissen, wie die Sartoris, die Aristokraten, und die Sutpens, namenlose, gehetzte, grollerfüllte, ehrgeizige Menschen, sich des Landes bemächtigten, eine Gesellschaftsordnung schufen, einen Krieg führten, um diese Gesellschaftsordnung zu verteidigen, den Krieg verloren und es mitansehen mußten, wie ihre Welt sich wandelte und die Snopes ans Ruder kamen. Die Vergangenheit entsteht in immer neuen Situationen, in ihrer vollen komplexen Erscheinung dramatisch vergegenwärtigt. Es ist eine deutlich umrissene Vergangenheit, keine romantisierte Vergangenheit, wenn wir auch bei Faulkner viele Romangestalten finden, die selbst Romantiker hinsichtlich dieser Vergangenheit sind, Quentin in *Schall und Wahn* oder Hightower in *Licht im August.*

Das Land, die Menschen und ihre Geschichte – sie kommen zu uns in realistischer Darstellung, mit festumrissenen Zügen. Diese realistische, deutlich umrissene Welt ist die des einen der zwei Süden, über die Faulkner schreibt. Als Realist kennt er diese Welt; es ist die Welt, in der er lebt und seinen täglichen Geschäften nachgeht. Diese Welt mit voller Treue zu schildern, ist schon an sich eine große Leistung, und ich möchte sie nicht unterschätzen. Aber diese Leistung begründet nicht Faulkners Anspruch auf unsere besondere Aufmerksamkeit. Dieser Anspruch gründet sich auf die Welt, die er aus den Bestandteilen und Wesenszügen jener Welt schafft, die er vor uns ausbreitet. Yoknapatawpha County, mit seinen Menschen und seiner Geschichte, stellt auch ein Gleichnis dar – wie Malcolm Cowley es genannt hat, eine Legende.

Der Bedeutsamkeit dieser Legende können wir näherkommen, wenn wir an das Land und seine Geschichte als ein Schicksal oder Verhängnis denken – und dies sind Worte, die sich oft in Faulkners Seiten finden. Aus dem Lande selbst, aus seinem reichen, nach Fruchtbarkeit lechzenden Boden, und aus der Geschichte, einem Irrtum oder einer Sünde, die vor langer Zeit begangen und tausendmal fortgesetzt wurden, erwächst das Verhängnis. Das besagt, daß man die Gegenwart nur im Hinblick auf die Vergangenheit verstehen und in ihrer ganzen Fülle spüren kann.

Die Menschen, die das Land den Indianern entrissen, waren dazu bestimmt, eine dauernde und beständige Gesellschaftsordnung zu begründen. Für dieses Unternehmen setzten sie Einbildungskraft und Rechtlichkeit und Kraft und Unbeirrbarkeit und berechnende Klugheit und Ausdauer ein, aber ihr Unternehmen – oder ihr großer ›Entwurf‹, um hier Sutpens Wort aus *Absalom! Absalom!* zu gebrauchen – war von Anfang an zum Scheitern verurteilt. Er war – um eins von Faulkners Lieblingsworten zu gebrauchen – »verflucht« durch die Hab-und-Gut-Sklaverei. Hier liegt ein Widersinn. Die Tatsache der Sklaverei selbst entsprang nicht einem besonderen, beabsichtigten Akt. Es war eine natürliche historische Entwicklung. Aber sie war ein Übel, und all ihre menschlichen und humanen Milderungen und auch die gesamte historische Notwendigkeit, die ihr zugrunde lag, konnten das böse Gewissen, das sie entstehen ließ, nicht beruhigen. Mit dem Bürgerkrieg begann die Erfüllung des Verhängnisses. Der Krieg wurde mit Mut und Tapferkeit und Kraft, aber mit gespaltenem Bewußtsein durchgeführt. Nicht daß der Feind etwa der Träger des Lichts war – der Feind war nur wenig besser als ein blindes Werkzeug des Verhängnisses oder Schicksals. Nach dem Bürgerkriege wurde der Versuch, nach dem alten Plan und um der alten Werte willen wiederaufzubauen, durch eine Häufung von zusammenwirkenden Faktoren zum Scheitern gebracht: der plündernden Abenteurer, der Fuhrleute, die das von den Yankees Erbeutete zu befördern hatten – oder genauer gesagt ihres Symbols, denn die wirklichen Ausbeuter verließen niemals ihre fünfzehnhundert Meilen entfernten Büros – und der Snopes, einer neuen ausbeutenden Klasse von Ortsansässigen, die von den Waldläufern und landlosen Weißen abstammten.

Nun sind aber die meisten Abkömmlinge der alten Gesellschaftsordnung in vieler Hinsicht der neuen Situation nicht gewachsen. Einerseits nämlich, soweit sie den ihnen durch die alte Welt vorgeschriebenen Kodex des Verhaltens, einen gewissen Sinn für Ehre und Ehrlichkeit, in die neue Welt hinüberretten möchten, sind sie im Nachteil, verglichen mit den Snopes, die kein derartiges Gesetz besitzen, die reine Pragmatisten sind. Oft aber klammert sich der Abkömmling der alten Gesellschaftsordnung an den Buchstaben seiner Tradition und vergißt den Geist.

In einem der ersten spürsinnigen Essays, die jemals über Faulkner veröffentlicht wurden, wies George Marion O'Donnell auf die Erzählung *Es war eine Königin* als ein Beispiel dafür hin. Die Heldin gibt sich, um in den Besitz gewisser obszöner und beleidigender Briefe, die ein Snopes ihr geschrieben hatte, zu kommen, einem Detektiv hin, der sie erpreßte. Das heißt, um ihren Ruf zu schützen, erklärt sie sich bereit, eben den Akt zu vollziehen, der ihren Ruf zu einem bloßen Schein machen wird.

Etwas an dieselbe Situation Gemahnendes finden wir bei der greinenden Mrs. Compson, der Mutter in *Schall und Wahn*, die mit ihrer Selbstbemitleidung und dem Pochen auf ihre Tradition die ganze Dezenz aufgibt, die eben diese Tradition ihr vorgeschrieben haben würde, die Ehre und den Mut. Oder aber die Vertreter der Tradition können allen Kontakt mit der Wirklichkeit verlieren und sich in eine Traumwelt des Alkohols oder der Rhetorik oder des Wahnsinns oder sexueller Ausschweifung flüchten. Oder sie liebäugeln mit der Niederlage und dem Tod, wie Quentin Compson, der in Harvard Selbstmord begeht. Oder sie verlieren die Nerven und werden Feiglinge, die sich vom Leben treiben lassen. Oder, am schlimmsten von allem, sie versuchen mit der Wirklichkeit zurechtzukommen, indem sie sich das Wesen der Snopes zu eigen machen, wie der letzte Jason in *Schall und Wahn*, dessen Porträt zu den erschreckendsten gehört, die die Weltliteratur aufzuweisen hat – er, der aus lauter Paranoia sich selbst betrügt, der um den Baumwollmarkt spielt und als er verliert, diese *kikes* in New York verflucht, die ihn ausrauben, er, der selbst die Tochter seiner Schwester Caddy jahrelang ausraubt und sie schließlich zu der verzweifelten und verdammten Kreatur macht, zu der sie wird, der unter dem Mantel der Verantwortlichkeit für seine Familie – die dahinsiechende Mutter, den idiotischen Bruder, die ungebärdige Nichte – sie alle mit einer nie ermattenden sadistischen Wonne quält.

Das Entscheidende, was man hier betonen muß, ist, daß man nicht gerade dort vornehme Beispiele antiker Tugend antrifft, wo diese von kleinlichen und korrupten Menschen in Frage gestellt wird. Es gibt ein paar solcher Beispiele antiker Tugend – den alten Ike McCaslin zum Beispiel, auf den wir später zu sprechen kommen werden –, aber die gewöhnliche Situation ist die, daß man den Abkömmling der alten Gesellschaftsordnung aktiv oder passiv zu seinem eigenen Untergang und seiner Entwürdigung beitragen sieht. Er ist nicht nur ein Opfer, und häufig mißversteht er seine eigene Überlieferung.

Diesen Leuten gegenüber stehen, wie wir bereits sagten, die Mächte der ›modernen Welt‹, verkörpert in vielerlei Gestalten. Da sind natürlich die Snopes, die reinen Ausbeuter, Abkömmlinge von Scheunenbrandstiftern und Waldläufern, von Leuten, die außerhalb der Gesellschaft stehen, keiner Seite zugehörig, in einer Art Vorhölle lebend, sogar ohne das Vorrecht der Verdammnis, sie, die ihre Apotheose in der Gestalt des Flem Snopes erreichen, der Bankpräsident in Jefferson wird. Aber da ist auch Popeye, der Gangster des Romans *Die Freistatt*, mit Augen wie »Gummi-Knöpfen«, eine Kreatur, behaftet mit »jener lasterhaften, jeglicher Tiefe entbehrenden Eigenschaft gestampften Blechs«, der Mann, der »viel Geld verdiente und nichts damit anfangen konnte, da er wußte, daß der Alkohol ihn wie Gift töten würde, der keine Freunde besaß und niemals eine Frau gekannt hatte«. Popeye ist eine Art völlig entmenschten Roboters, ein bloßer Mechanismus, eine Abstraktion, und als solcher ist er ein Symbol für das, was Faulkner als die moderne Welt betrachtet, für die Gesellschaft des Finanzkapitalismus.

Man sagt bisweilen, Faulkners Thema sei die Selbstzersetzung des von der Überlieferung bestimmten Lebens der Südstaaten. So sagt zum Beispiel Malcolm Cowley in seiner feinsinnigen Einführung, die er dem Buche *Portable Faulkner* beisteuerte, die Häufung von Gewalt in Faulkners Werk sei »ein Beispiel für die Umkehrung der Methode Freuds; sie ist voller sexueller Alpträume, die in Wirklichkeit Symbole für soziale Geschehnisse sind. Sie steht im Geiste des Autors irgendwie mit dem im Zusammenhang, was er als die Schändung und Korruption des Südens betrachtet«. Und Maxwell Geismar, dessen Unfähigkeit, Faulkner zu begreifen, mir geradezu monumental erscheint, erblickt in Faulkners Werk nur eine Verherrlichung des Südens, »die aufs äußerste getriebenen Halluzinationen« einer »kulturellen Psychose«.

Allerdings befaßt sich Faulkner fast ausschließlich mit der Welt des Südens; allerdings ist ihm der Konflikt zwischen Vergangenheit und Gegenwart ein ständiges Anliegen; allerdings steht der Bürgerkrieg als eine Art Folie ständig hinter seinem Werk; und allerdings enthält – jedenfalls meiner Meinung nach – Faulkners Werk die unausgesprochene Voraussetzung, daß die Waffen des Nordens gleichsam die Schnittlinie der modernen Welt darstellten. Aber all das zugegeben, so möchte ich doch den Ton nicht auf Begriffe wie Norden und Süden legen, sondern auf Begriffe, in denen es um das unserer Welt Gemeinsame geht.

Die von Faulkner geschaffene Legende ist nicht nur eine Legende des Südens, sondern die eines allgemeinen Zustands und Problems. Die moderne Welt befindet sich in einer Verwirrung der Moralbegriffe. Sie leidet unter einem Mangel an Selbstzucht, an Bindungen, an Gemeinsamkeit der Werte, an einem Sinn für das, was man als Sendung bezeichnen darf. Wir brauchen uns nicht an Faulkner zu wenden, um das herauszubekommen – oder die Entdeckung zu machen, daß es eine Welt ist, in der Selbstinteresse, Ausbeutertum, Erfolg Maßstäbe für das Verhalten liefern. Ein Yankee war es, der zuerst auf die feile Göttin des Erfolgs hinwies. Es ist eine Welt, in der der einzelne seine Beziehung zur Welt verloren hat, die Welt des Machtstaates, in dem der Mensch zu einer Ziffer wird. Es ist eine Welt, in der der Mensch das Opfer der Abstraktion und Mechanisierung wird oder jedenfalls in seltenen Augenblicken spürt, daß er es wird. Voller Heimweh kann sie auf verschiedenartige Welten der Vergangenheit zurückschauen: auf Dantes Welt der Synthese des katholischen Weltbildes, auf Shakespeares Welt der energiegeladenen Renaissance oder auf die Welt unserer Großväter, die von Shiloh und Gettysburg lebten; und sie kann den Verlust der überlieferten Werte empfinden und über ihre eigene Ziellosigkeit und das Fragmentarische ihres Daseins verzweifeln. Jede dieser älteren Welten war, so scheint es nun, eine Welt, in der, wie eine der Romangestalten Faulkners es darlegt, es den Menschen »noch gegeben war, einmal ganz zu leben oder einmal ganz zu sterben, anstatt daß sie in ihrem Wesen zersetzte und da- und dorthin verstreute Kreaturen waren, die, blindlings aus einem Sack geschüttelt, sich dann zusammenfanden« – eine Welt, in der die Menschen, »jeder als ein Ganzes«, in ihrem Wesen schlichter und einheitlicher waren.

An diesem Punkt müssen wir einhalten, um einen Einwand in Erwägung zu ziehen. Man könnte sagen, und zwar mit triftigem

Grunde, daß es niemals ein goldenes Zeitalter gegeben habe, in dem der Mensch schlicht und in sich geschlossen war. Geben wir das zu. Aber wir müssen auch zugeben, daß sogar mit diesem realistischen Vorbehalt sich die Auffassung des Menschen hinsichtlich seiner eigenen Rolle und Stellung von Zeit zu Zeit gewandelt hat. Es ist unhistorisch gedacht, wenn man die Geschichte auf irgendein totes Niveau zurückführt, und die bloße Tatsache, daß der Mensch in der modernen Welt sich über seine Rolle und Stellung Gedanken macht, ist als solche bedeutsam.

Wiederum könnte man einwenden, und zwar aus durchaus triftigem Grunde, daß jede alte Gesellschaftsordnung, die die Bedürfnisse des Menschen befriedigt hätte, überlebt haben würde; daß es sentimental ist, anzunehmen, eine ältere Gesellschaftsordnung werde von außen durch gewisse verruchte Menschen oder Mächte beseitigt. Wenn aber dieser Einwurf sich gegen Faulkner richtet, so beruht er auf der Mißdeutung seines Werkes. Die alte Ordnung, so gibt er deutlich zu verstehen, befriedigte *nicht* die Bedürfnisse der Menschen, schuf *keine* Gerechtigkeit, und deswegen lag ›ein Fluch‹ auf ihr und trug sie die Keime ihres eigenen Unterganges in sich. Aber das Entscheidende ist dies: die alte Gesellschaftsordnung, sogar mit ihrem schlechten Gewissen und ihrer Ratlosigkeit, sogar wenn sie es nicht fertigbrachte, nach ihrem Ideal zu leben, hegte doch die Vorstellung von Gerechtigkeit. Sogar wenn ein Fluch über ihr lag, so ermöglichte die alte Ordnung im Gegensatz zu der neuen (insoweit die neue Ordnung dem Wesen und Treiben der Snopes gleichgesetzt wird) dem an die Überlieferung glaubenden Menschen, sich selbst als menschlich zu bezeichnen, indem sie, wenn auch noch so mißverstandene, Verhaltensmaßregeln und Vorstellungen von Tugend herausstellte; indem sie, wenn auch noch so willkürliche, Verpflichtungen geltend machte; indem sie das vielfache Risiko der Menschlichkeit auf sich nahm. Aber die Sinnesweise der Snopes hat den Begriff der Tugend, ja schon die bloße Möglichkeit, an ihm festzuhalten, sinnlos gemacht. Es ist das nicht eine Frage einer bestimmten Idee und ihrer Deutung. Es handelt sich einfach darum, daß keine Idee der Tugend vorstellbar ist in der Welt, in der der praktizierte Erfolg den entscheidenden Wertmaßstab darstellt.

In der Welt der Überlieferung hatte es eine Vorstellung von

der Wahrheit gegeben, selbst wenn der Mensch im Fluß der Dinge nicht gewillt sein mochte, seine Wahrheit genau zu bestimmen und zu verwirklichen. Nehmen wir z. B. eine Stelle aus *Der Bär*:

»Nun ja«, sagte er. »Hör zu«, und er las noch einmal, aber nur eine Strophe diesmal, und schloß das Buch und legte es auf den Tisch.

»Sie kann nicht welken, wenn dir auch dein Glück versagt ist«, sagte McCaslin: »Auf ewig wirst du lieben, und sie bleibt ewig schön.«

»Er spricht von einem Mädchen«, sagte er.

»Er mußte von irgend etwas sprechen«, sagte McCaslin. Dann sagte er: »Er redete von der Wahrheit. Die Wahrheit ist einzig. Sie ändert sich nicht. Sie bezieht sich auf alle Dinge, die das Herz angehen – Ehre und Stolz und Mitleid und Gerechtigkeit und Mut und Liebe. Verstehst du jetzt?«

Das, worauf es ankommt, ist also, daß der Begriff der Wahrheit immer gegenwärtig ist – jener Wahrheit, die alle Dinge umfaßt, die das Herz berühren und des Menschen Bemühung bezeichnen, sich über den bloß mechanischen Fortgang des Lebens zu erheben.

Wenn man behauptet, wie man es bisweilen tut, Faulkner »schaue zu sehr in die Vergangenheit«, so liegt die Antwort, glaube ich, in dem soeben erörterten Begriff. Die ›Wahrheit‹ gehört weder der Vergangenheit noch der Zukunft an. Oder besser: sie gehört beiden an. Der beständige ethische Mittelpunkt von Faulkners Werk muß in der Verherrlichung menschlicher Bemühung und menschlicher Ausdauer gefunden werden, die nicht auf irgendeine Zeit beschränkt sind. Allerdings enthält Faulkners Werk einen heftigen Angriff auf alles Moderne, aber die Werte, denen seine Bewunderung gilt, wurden tatsächlich in unserer Zeit entdeckt. Entscheidend ist, daß sie am häufigsten bei Menschen entdeckt werden, die außerhalb des Stromes der herrschenden Welt stehen – jener »lauten Welt«, wie sie in *Schall und Wahn* bezeichnet wird. Faulkners Welt ist voller ›guter‹ Menschen – Byron Bunch, Lucas Beauchamp, Dilsey, Ike McCaslin, Onkel Gavin, Benbow, der Friedensrichter in *Das Dorf*, Ratliff im selben Buch, Hightower in *Licht im August* – wir könnten eine eindrucksvolle Liste aufstellen, bei Faulkner vermutlich eine längere Liste als bei jedem anderen modernen Schriftsteller. »Überall gibt es gute Menschen, zu allen Zeiten«, sagt Ike McCaslin in *Herbst im Delta*.

Es ist letzthin nicht wichtig, ob die überlieferte Ordnung (sei es der Südstaaten oder anderer Gebiete), wie sie Faulkner darstellt, sich genau in die Darstellung einfügt, die die kritische Methodik der Geschichtsschreibung uns liefert. Geben wir zu, daß Faulkner die Sache vereinfacht. Entscheidend bleibt, daß seine Darstellung einer der Überlieferung verpflichteten Gesellschaftsordnung eine symbolische Funktion hat im Gegensatz zu der der modernen Welt, die er uns vorführt. Auf solche Weise schafft er seinen Werten Verkörperung – gibt er uns seine ›Wahrheit‹.

Als ich von dem Verhältnis der Vergangenheit zur Gegenwart sprach, erwähnte ich den Fluch, der durch die Sklaverei über der Gegenwart, jedenfalls der Gegenwart der Südstaaten, liegt. Aber, wie ich schon sagte, auch Faulkner geht es letztlich nicht um den Süden, sondern um eine umfassende philosophische Weltanschauung. Nur daß die Sklaverei gerade den besonderen Fluch der Südstaaten ausmacht. Um zu seiner weiter ausgreifenden philosophischen Weltanschauung zu kommen, können wir am besten von dem ausgehen, was er unter Natur versteht.

Einerseits gehört nämlich zu den eindrucksvollsten Wesenszügen von Faulkners Lebenswerk die höchst lebendige Art, wie er die Natur als Hintergrund des Geschehens in den Blick bringt. Sie wird aufs genaueste beobachtet, so genau wie bei Thoreau: aber die Beobachtung liefert nur den Stoff, aus dem Faulkner die für ihn so kennzeichnenden Wirkungen gewinnt. Auf die Atmosphäre kommt es ihm an, auf die Durchdringung mit Gefühl, auf das symbolische Gewicht. Die Natur liefert ihm so etwas wie eine Folie – sei es lyrischer Schönheit wie in der Episode mit der Kuh im Roman *Das Dorf*; oder heimatlichen Zaubers wie in der Gerichtsszene, die in ebendiesem Buch auf die Episode mit den gesprenkelten Pferden folgt; oder schließlich düsterer, brütender Kraft wie in den Flußepisoden aus *Wilde Palmen* – eine Folie für die Taten und Leidenschaften der Menschen.

Und doch ist Natur mehr als eine bloße Folie. Es besteht eine wechselseitige Beziehung zwischen dem Menschen und der Natur, etwas, was nicht gar zu fern der bei Wordsworth waltenden Gemeinschaft steht. Zu dieser Gemeinschaft, dieser wechselseitigen Beziehung kommt es jedenfalls in gewissen Augenblicken. Die unzerstörbare Schönheit, weit über des Menschen Gebrechlichkeit hinaus, wird spürbar. »Gott schuf den Menschen«, sagt Ike McCaslin in *Herbst im Delta*, »und schuf die Welt für ihn, damit er darin lebe, und ich denke, Er schuf die Welt so, daß Er in ihr hätte leben mögen, wäre Er ein Mensch gewesen.«

Ein Idealfall vorausgesetzt: wäre der Mensch wie Gott, wie Ike McCaslin es geltend macht, so würde die Haltung des Menschen der Natur gegenüber eine Haltung reiner Betrachtung, reiner Teilhabe an den großen Gestalten und Erscheinungen der Natur, reiner Gemeinschaft sein. Die dieser Gemeinschaft entsprechende Haltung ist Liebe, denn für Ike McCaslin, der genauso ein Wortführer Faulkners ist wie jede andere seiner Gestalten, ist der Augenblick der Liebe von gleicher Art wie die göttliche Liebe. Aber da der Mensch »nicht ganz Gott selbst war«, da er in der Welt des Fleisches lebt, muß er ein Jäger, ein Nutznießer und Schänder sein. Um auf McCaslins Worte zurückzukommen: Gott »hat sie beide hier angesiedelt: den Menschen und das Wild, das er verfolgen und töten möchte, und sah es doch voraus. Ich glaube, Er sagte: ›So sei es.‹ Ich denke mir, Er sah sogar das Ende voraus. Aber Er sagte: ›Ich werde ihm seine Chance geben. Ich werde ihm eine Warnung und ein Wissen um das, was geschehen wird, geben, zugleich mit dem Verlangen, zu jagen, und der Macht, zu erschlagen. Die Wälder und die Felder, die er verwüstet, und das Wild, das er erlegt, werden die Folge und das Kennzeichen seines Verbrechens und seiner Schuld und sie werden seine Strafe sein.‹«

Der Lage des Menschen haftet somit ein Makel an, eine Art Erbsünde gleichsam – die Sünde der Nutznießung, der Ausbeutung, der Schändung. Damit wird die Sklaverei nur zu einer von den vielen und ständigen Ausprägungen der Erbsünde. Aber es ist möglich – und notwendig, wenn der Mensch bestrebt sein soll, menschlich zu sein –, durch die Liebe ein gewisses Maß an Erlösung zu erlangen. In *Der Bär* z. B. ist das große legendäre Tier, das Jahr um Jahr zu Tode gejagt wird, auch ein Gegenstand der Liebe und Verehrung und das Symbol der Tugend; und die Tierjagd in *Herbst im Delta* ist für den alten Ike

McCaslin ein Ritus der Erneuerung. Diejenigen, welche das rechte Verhältnis zur Natur zu gewinnen gelernt haben – »den Stolz und die Demut«, die Ike als Knabe von Sam Fathers, der halb Neger, halb Indianer ist, erlernt (es hat seinen tiefen Sinn, daß er sie von einem Ausgestoßenen erlernt) –, werden denen gegenübergestellt, die sie nicht gelernt haben. In *Der Bär* redet General Compson auf Cass McCaslin ein, um den Wunsch des Knaben Ike McCaslin zu unterstützen, der noch eine Woche länger in den Wäldern bleiben möchte.

»Sie stehen schön breitbeinig da, den einen Fuß in einer Farm und den anderen in einer Bank; aber Sie haben noch nicht mal sich einen festen Halt verschaffen können, wo dieser Bub hier schon lange ein alter Mann war, ehe ihr verdammten Sartoris und Edmonds Farmen und Banken erfunden habt, bloß um nur ja nicht zu merken, was der Junge hier von Geburt an wußte und vielleicht auch fürchtete, aber ohne Angst zu haben, der zehn Meilen nach dem Kompaß laufen konnte, weil er den Bären sehn wollte, wo keiner von uns ihm so nahe kam, um ihm eine Kugel zu geben, und sah sich den Bären an und kam die zehn Meilen im Dunkeln zurück, nur nach dem Kompaß; und weiß Gott, das ist das ganze Warum und Wieso der Farmen und Banken.«

Den Sartoris und Edmonds haftet, wie General Compson meint, infolge ihrer Farmen und Banken etwas wie ein Makel an; sie haben sich selbst von der grundlegenden Wahrheit, die bereits der junge Ike spürt, abgesondert. Aber der wirkliche Makel ist der der schieren Ausbeuter, der Apostel abstrakter Grundsätze, derer, die der Natur und darum auch anderen Menschen gegenüber die falsche Haltung einnehmen.

Wir haben dafür eine hübsche Fabel zu Beginn des Romans *Die Freistatt*: in dem Gegensatz zwischen Benbow, dem Mann der Tradition, und Popeye, dem Symbol des modernen Unwesens. Während Benbow, an der Quelle kauernd, durch Popeyes Drohung festgehalten wird, hört er einen Carolina-Zaunkönig singen, und sogar unter diesen Umständen versucht er, sich den ortsüblichen Namen in Erinnerung zu rufen. Und er sagt zu Popeye: »Und natürlich wissen Sie nicht, wie er heißt. Vermutlich erkennen Sie überhaupt keinen Vogel, wenn er nicht in einem Käfig in einer Hotelhalle singt oder vier Dollar auf einer

Schallplatte kostet.« Popeye, wie wir uns erinnern, spuckt in die Quelle (er haßt die Natur und muß sie beschmutzen), fürchtet sich, durch die Wälder zu gehen (»Durch all die Bäume da?« fragt er, als Benbow ihm einen abkürzenden Pfad zeigt), und als eine Eule hinter ihnen durch die Dämmerung huscht, krallt er sich fast mit hysterischer Angst an Benbows Mantel fest. »Es ist doch nur eine Eule«, erklärte ihm Benbow. »Es ist nichts weiter als eine Eule.«

Die reinen Ausbeuter aber verfallen einem Widersinn. Obwohl sie sich den Besitz und Gebrauch eines Dinges verschaffen können, so haben sie es doch niemals wirklich. Wie Popeye sind sie impotent. Flem Snopes zum Beispiel, die im Mittelpunkt stehende Gestalt und der Bösewicht des Romans *Das Dorf*, der in das friedliche Land ›Frenchman's Bend‹ die Mentalität des Ausbeuters bringt, heiratet schließlich Eula Varner, die so etwas wie eine Göttin der Fruchtbarkeit oder Göttin der Erde ist; aber daß er sie besitzt, ist ein Wort ohne Sinn, denn sie spricht von ihm niemals anders als von »diesem Mann« – sie nennt ihn nicht einmal bei Namen –; und er hatte sie nur bekommen, nachdem sie sich aus freien Stücken einem der heißblütigen Knaben der Nachbarschaft hingegeben hatte. Tatsächlich kann in einem gewissen Sinne niemals etwas ›Eigentum werden‹. Ike McCaslin in *Der Bär* sagt von den Ländereien, die an ihn gekommen sind:

»Es kam Vater und Onkel Buddy gar nicht zu, es mir zu vermachen, daß ich's verwerfe, weil es Großvater gar nicht zukam, es ihnen zu vermachen, daß sie's mir vermachten, daß ich's verwerfe, denn es kam dem alten Ikkemotubbe niemals zu, es dem Großvater zum Vererben und Verwerfen zu verkaufen. Denn es kam niemals Ikkemotubbes Vatersvätern zu, es Ikkemotubbe zu vererben, daß er's dem Großvater oder überhaupt jemandem verkaufte, denn in dem Augenblick, als Ikkemotubbe herausfand, gewahr wurde, daß er's für Geld verkaufen konnte, in diesem Augenblick war es für immer vorbei damit, daß es je sein gewesen wäre, von Vater zu Vater zu Vater, und der Mann, der es kaufte, hat gar nichts gekauft.«

Mit anderen Worten: die Wirklichkeit kann man nicht kaufen. Man kann sie sich nur durch Liebe zu eigen machen.

Die richtige Haltung der Natur und dem Menschen gegenüber ist die Liebe. Und Liebe ist das Gegenteil der Gier nach Macht über die Natur oder über andere Menschen; denn Gott gab die Erde dem Menschen, so lesen wir in *Der Bär*, nicht, »damit er für sich selbst und seine Nachkommen, Generation um Generation, einen unverletzlichen Rechtstitel auf die Rechtecke und Quadrate der Erde behalte, sondern die Erde in wechselseitigem Besitz und unberührt in der auf Gemeinschaft gestellten Bruderschaft erhalte, und Er (Gott) verlangte kein anderes Entgelt dafür als Mitleid und Demut und Geduld und Ausdauer und den Schweiß des Angesichts um des Brotes willen«. Das Versagen dieses Mitleids gereicht der Erde zum Fluch und bringt Verderben. Denn die Schändung der Natur und die Schändung des Menschen finden immer ihre Rache. Bloße Ausbeutung ohne Liebe wird immer gerächt, weil die Haltung, aus der heraus das Verbrechen begangen wird, schon als solche zu ihrer eigenen Bestrafung führt, so daß der Mensch sich schließlich selbst bestraft. Im Geiste solcher Erwägungen können wir die letzte Seite von *Herbst im Delta* lesen:

»Dies Land, das der Mensch in zwei Generationen entsumpft und entblößt und entwässert hat, so daß Weiße Plantagen besitzen und jeden Abend nach Memphis fahren können und Schwarze Plantagen besitzen und im Negerabteil nach Chicago fahren, um dort in Millionärsvillen am Lakeshore-Drive zu wohnen, wo weiße Männer Farmen pachten und wie Nigger leben und Nigger an Aktien reich werden und wie Tiere leben, wo Baumwolle gepflanzt wird und mannshoch wächst, sogar in den Ritzen der Gehsteige, und Wucher und Verpfändung und Bankrott und maßloser Reichtum, von Chinesen und Afrikanern und Ariern und Juden, und das alles brütet und laicht untereinander, bis kein Mensch mehr Zeit hat hindurchzufinden oder sich darum zu kümmern ... Kein Wunder, daß die zerstörten Wälder, die ich einmal gekannt habe, nicht nach Vergeltung schreien! dachte er: die Leute selbst, die sie zerstört haben, werden die Vergeltung vollenden.«

Obwohl der Ton hier auf dem rechten Verhältnis zur Natur und auf der Gemeinschaft mit der Natur liegt, besagt die Haltung der Natur gegenüber in Faulkners Werk nicht, daß man sich der Natur ganz anheimgeben dürfe. In Faulkners Mythologie hat der Mensch »Oberlehnsschaft über die Erde«, er ist nicht von der Erde, und die menschlichen Tugenden sind es, die zählen –: »Mitleid und Demut und Ausdauer«. Selbst wenn wir an den Grenzfall des Idioten Snopes und seiner Hörigkeit der Kuh gegenüber in dem Roman *Das Dorf* denken (eine Szene, deren Aufgabe im Gesamtgefüge des Buches es ist, zu zeigen, daß sogar der perverse Idiot Flem überlegen ist), eine Szene, in der das Menschliche dem bloß Natürlichen so nahe wie nur irgend möglich kommt, finden wir, daß diese Szene die am reinsten lyrische in Faulkners Gesamtwerk ist: sogar noch der Idiot ist menschlich und nicht tierisch, denn nur menschliches Verlangen und nicht tierisches muß sich in das Gewand der Dichtung kleiden. Ich glaube, daß George Marion O'Donnell recht hat, wenn er auf den Gegensatz von Humanismus und Naturalismus in Faulkners Werk hinweist, und immer und immer wieder finden wir, daß es bei ihm in einer Erzählung oder einem Roman vor allem um das Bemühen des Menschen geht, aus dem mechanischen Kreislauf des Erlebens auf der bloßen Ebene des ›Natürlichen‹ auszubrechen – »nicht gerade nur zu essen und sich zu entleeren und warm zu schlafen«, wie Charlotte Rittenmeyer in *Wilde Palmen* sagt, »so daß wir aufstehen und essen und uns entleeren können, um wieder warm zu schlafen«, oder nicht gerade darum, Weizen anzubauen, um Neger zu kaufen, um Weizen anzubauen, um Neger zu kaufen, wie es an einer anderen Stelle heißt. Sogar wenn eine seiner Gestalten in dem eisernen Ring irgendeines Zwanges eines mechanischen Prozesses gefangen scheint, kann solches Bestreben noch spürbar werden. Und in Quentins Versuch in *Schall und Wahn*, seine Schwester Caddy zu überreden, sie, die von einem der Knaben aus der Stadt Jefferson schwanger geht, solle eingestehen, sie habe mit ihm selbst Inzest getrieben, finden wir unter anderem den Gedanken, daß ›das Grauenhafte‹ des Verbrechens und die ›lautere Flamme‹ der Schuld der Sinnlosigkeit der ›lauten Welt‹ vorzuziehen sein würden. In Quentins Haltung steht mehr auf dem Spiel als der Snobismus eines Compson, der den Inzest der Vorstellung vorziehen würde, seine Schwester habe sich mit einem der ungebildeten Knaben aus der Stadt abgegeben.

Und das führt uns zu der Klassen- und Rassenfrage. Über diesen Punkt besteht ein hartnäckiges Mißverständnis, die Vorstellung nämlich, Faulkners ›Snopesismus‹ sei ein Stück Snobismus. Allerdings sind die Snopes arme Weiße, Abkömmlinge der Buschläufer (derer, die im Bürgerkrieg keine Partei ergriffen, sondern sich die Sache zunutze machten), aber jeder sorgfältige Leser sollte sich klarmachen, daß ein Snopes nicht einem armen Weißen gleichzusetzen ist. So ist zum Beispiel das Buch, in dem es am meisten um die armen Weißen geht, *Als ich im Sterben lag*, voller Mitgefühl und Poesie. Hier finden sich hunderterlei Einzelzüge wie etwa dieser in Cashs Selbstgespräch über das Grammophon:

»Ich sage mir – 's ist man nur gut, daß wir nicht eins von dem Zeug da ergattert haben. Ich sage mir, ich würde überhaupt nix mehr recht fertigbringen vor lauter Zuhören diesem Ding da. Ich weiß nicht, ob nicht 'n bißchen Musik so ziemlich das Netteste ist, was man so haben kann. Scheint mir, wenn man so bei Nacht todmüde in seine Bleibe kommt, so gibt's nichts, was einen so in Ruhe wiegen könnte, wie daß man ein bißchen Musik vorgespielt bekommt und sich dabei ausruht.«

Oder wie der lange Addie Bundren gewidmete Abschnitt, ein Abschnitt voller Beredsamkeit wie in diesem Absatz:

»Und dann starb er. Er wußte nicht, daß er tot war. Ich möchte bei ihm liegen im Dunkeln und hören, wie das dunkle Land von Gottes Liebe und Seiner Schönheit und Seiner Sünde spricht; hören die dunkle Stimmlosigkeit, in der die Worte die Taten sind und die anderen Worte, die nicht Taten, die nur die Risse in den Minderwertigkeitsgefühlen der Leute sind, auf uns herabkommen wie die Schreie von Gänsen aus der wilden Finsternis in den alten schrecklichen Nächten, nach den Taten tastend wie Waisen, die man auf zwei Gesichter in einer Menschenmenge hinweist und denen man sagt: Das ist euer Vater, eure Mutter.«

Das ganze Buch *Als ich im Sterben lag* beruht auf dem heroischen Bemühen der Familie Bundren, das der toten Mutter gegebene Versprechen zu erfüllen, ihre Leiche nach Jefferson zu bringen; und die Tatsache, daß Anse Bundren, gleich nachdem dieser anstrengende Auftrag durchgeführt worden ist, sich ein neues Weib nimmt, »die Frau, die wie eine Ente aussieht«, macht den Heroismus dieses Unternehmens nicht hinfällig oder den

Hauch von Poesie, in die es getaucht ist. Ein Kritiker sagt uns, daß, »was das Drama der Bundrens hätte sein sollen, so schließlich zu einer Art brutaler Farce wird« und daß wir »außerstande sind, die Tragödie als solche zu empfinden, weil der Autor sich dagegen sträubte, die Tragik der Bundrens herauszustellen, wie er das bei den Compsons tat«. Ich würde eher sagen, die Bundrens kommen ein wenig besser weg als die einer späteren Zeit angehörigen Compsons, die greinende, sich ständig selbst etwas vormachende Mutter, die auf Männer versessene Caddy, der unscheinbare Quentin und die übrigen, einschließlich des grundgemeinen Jason. Die Bundrens sind wenigstens jenes heroischen Bemühens fähig. Und zum Schluß wird es deutlich, daß sogar ein Bursche wie Anse Bundren, von einer Idee ergriffen, wo es um Versprechungen oder das Gesetz der Ehre geht, sich über das ihm sonst eigene Niveau zu erheben vermag; am Schluß des Romans sinkt Anse auf sein altes Niveau zurück, aber erst nachdem das, was ihn im Gefühl seiner Verpflichtung stützte, hinfällig geworden ist. Und wir entsinnen uns, daß Wash Jones sich zu einer Art dunklen Traumes hat aufschwingen können, wie seine Anhänglichkeit an Sutpen bezeugt, und daß er schließlich, bei dem Mord an Sutpen, sich eines würdigen und männlichen Verhaltens fähig zeigt.

Der endgültige Beweis, daß die Snopes nicht mit den ›armen Weißen‹ gleichzusetzen sind, erfolgt in dem Roman *Das Dorf*. Die entscheidende Stelle dieses Buches ist der Angriff, den die Familie Snopes auf eine Gemeinschaft einfacher, schwer arbeitender kleiner Farmer unternimmt. Und wenn die Korruption des Snopes-Wesens in die Gemeinschaft eindringt, so ist hier doch keiner, nicht einmal Flem Snopes, den man dem Jason in *Schall und Wahn* vergleichen könnte, dem Mitglied der Compson-Familie, das sich die Grundsätze der Snopes ganz zu eigen gemacht hat.

Was den ›armen Weißen‹ angeht, so gab es in gewissen Leserkreisen ein schwerwiegendes Mißverständnis hinsichtlich der Rolle, die der Neger in Faulkners Werk spielt. In einem der Bücher Faulkners heißt es, jedes weiße Kind sei schon bei seiner Geburt an ein schwarzes Kreuz geschlagen, und Äußerungen wie diese haben zu der Vorstellung geführt, Faulkner ›hasse‹ die Neger – oder jedenfalls alle Neger außer den schwarzen Dienern, für die er eine Vorliebe hegt. So z. B. hören wir Maxwell

Geismar ausrufen, was für eine »sonderbare Verkehrung des Tatbestandes« es sei, den Neger, der die »tragische Folge« sei, als die »üble Ursache« des Scheiterns der alten Gesellschaftsordnung im Süden herauszustellen. Aber all das heißt den Text mißdeuten. Die Sklaverei, und nicht etwa der Neger, wird ganz offensichtlich als der Fluch hingestellt; und der Neger ist das schwarze Kreuz, insofern er die Verkörperung des Fluches, die leibhafte Erinnerung an die Schuld, ja die Inkarnation dieses Problems ist. Das schwarze Kreuz ist somit das Gewicht der Schuld des weißen Mannes – jenes weißen Mannes, der nunmehr Salben und Heiltränke verkauft, um »die Hautfarbe der Neger zu bleichen und ihr Haar zu glätten, damit sie eben der Rasse, die seit zweihundert Jahren sie in Knechtschaft gehalten hatte und von der für weitere hundert Jahre nicht einmal ein blutiger Bürgerkrieg sie vollkommen befreit haben würde, gleichen möchten«. Der Fluch wirkt noch fort, und das Verbrechen wird immer noch begangen.

Tatsächlich ist die Rolle des Negers in Faulkners Romanen und Erzählungen ständig und ausnahmslos eine von Pathos oder Heroismus erfüllte. Da ist Dilsey, unter deren Namen in der Genealogie der Compson-Familie Faulkner schreibt: »Sie hielten durch«, und deren Rolle in *Schall und Wahn* darin besteht, der eigentliche ethische Mittelpunkt des Buches, das Gefäß der Tugend und des Mitleids zu sein. Dann ist da der Neger in *Rote Blätter,* der von den Indianern gehaltene Sklave, den man dann bis zur Erschöpfung jagt, um ihn bei dem Leichenbegängnis des Führers zu töten. Als man ihn eingeholt hat, sagt einer der Indianer zu ihm: »Du bist gut gelaufen. Du brauchst dich nicht zu schämen«; und als er nun inmitten der Indianer dahinschreitet, ist er »der Schlankste dort, mit seinem stolzen, verschwiegenen, schmutzbedeckten Haupt sie alle überragend«. Und der alte Sam Fathers ist die Quelle jener Weisheit, der Ike McCaslin, Faulkners Philosoph, schließlich teilhaft wird, und so etwas wie das Sammelbecken all der für Faulkner entscheidenden Tugenden – »ein alter Mann, Sohn eines Negersklaven und eines indianischen Königs, Erbe einerseits der langen Geschichte eines Volkes, das Demut durch Leiden und Stolz durch die Ausdauer, die das Leiden überlebte, gelernt hatte, und andererseits der Geschichte eines Volkes, das sogar noch länger im Lande heimisch war als das erste, das aber nun dort nur in der einsamen brüderlichen Gemeinschaft eines alten und kinderlosen Negers fremden Blutes und des unbändigen und unbesiegbaren Geistes eines alten Bären lebte«.

Sogar Christmas in *Licht im August* stellt eine Mischung von Pathos und Heroismus dar. Mit seinem Mischblut ist er die verlorene, leidende, ausdauernde Kreatur, und sogar der Mord, den er am Ende begeht, ist ein tastender Versuch, seine Männlichkeit zu bezeugen, ein Versuch, den eisernen Ring des mechanischen Ablaufs zu durchbrechen; denn die Frau, die er getötet, ist zu einem Sinnbild des Schreckens jenes Menschentums geworden, das die Attribute des Menschlichen aufgegeben hat.

Oder nehmen wir als grundsätzliche Äußerung eine Stelle aus der Erzählung *Der Bär:*

»Denn sie werden ausdauern. Sie sind besser als wir. Stärker als wir. Wenn sie Laster haben, so haben sie's den Weißen nachgeäfft, oder die Weißen und die Knechtschaft haben sie ihnen beigebracht: Leichtsinn und Maßlosigkeit und die Kunst, sich zu drücken – nicht Faulheit: sich zu drücken vor dem, was der Weiße ihnen auflud, das nicht zu ihrer Erhöhung diente und nicht einmal zu ihrem Wohlergehen, sondern nur deinem eigenen –« und McCaslin:

»Nur zu. Fahre nur fort: Zügellose Geschlechtsgier. Gewalttätigkeit. Unbeständigkeit und Mangel an Hemmungen. Unfähigkeit, zwischen Mein und Dein zu unterscheiden –« und er:

»Wie sollen sie unterscheiden, wenn sie zweihundert Jahre lang nicht einmal wußten, was Besitz ist?« und McCaslin:

»Na schön. Fahr fort. Und ihre Tugenden –« und er:

»Ja. Ihre eigenen Tugenden. Ausdauer –« und McCaslin:

»Die haben auch Maultiere« – und er:

»– und Mitgefühl und Duldsamkeit und Nachsicht und Treue und Liebe zu Kindern –« und McCaslin:

»Das haben auch Hunde.« Und er:

»– ob es ihre eigenen sind oder nicht, ob schwarze oder weiße Kinder. Und mehr noch: was sie nicht nur von den Weißen nicht erhielten, sondern nicht einmal trotz den Weißen, weil sie's nämlich von den freien Vorvätern her besaßen, die schon vor längerer Zeit frei gewesen sind als wir, die wir überhaupt nie frei waren . . .«

Aber wie Faulkner den Neger sieht, das wird am deutlichsten und gewinnt am besten dramatische Gestalt in *Griff in den Staub*. Lucas Beauchamp, der steifnackige und hochnäsige alte Neger, wird angeklagt und scheinbar überführt, er habe einen Weißen durch einen Schuß in den Rücken getötet; und er wird in das Gefängnis von Jefferson geworfen mit der Drohung, man werde ihn lynchen. Zu diesem Lynchen kommt es nicht, und Lucas' Unschuld wird durch einen Knaben und eine alte Dame bestätigt. Aber zweierlei ist in diesem Buch entscheidend: zunächst ist es die Rolle, die Lucas als Held, als ein Brennpunkt der Würde und Unantastbarkeit spielt. Und dann ist es die ganz ausführliche und umfassende Darlegung, die uns aus dem Munde Gavins erreicht, des Rechtsanwalts und Onkels des Knaben, der Lucas rettet. Um Gavin zu zitieren:

»... das Postulat, daß Sambo ein menschliches Wesen ist, das in einem freien Land lebt und daher frei sein muß. Nichts anderes verteidigen wir in Tat und Wahrheit: das Vorrecht, ihn selbst in Freiheit zu setzen, was wir aus dem Grunde tun müssen, weil niemand anders dazu imstande ist, seit der Norden es vor nunmehr einem Jahrhundert dauernd versucht und seit nun fünfundsiebzig Jahren zugegeben hat, daß es ihm nicht gelungen ist. Es wird also an uns sein. Bald wird dies keine Schrecken mehr haben. Es dürfte schon heute keine haben. Es hätte sie nie haben dürfen. Trotzdem war dem am letzten Samstag so und wird es wohl noch hie und da so sein, vielleicht noch einmal, vielleicht noch zweimal. Dann aber nicht mehr; es wird damit zu Ende sein; die Beschämung darüber wird gewiß noch vorhanden sein, doch die ganze Geschichte der Unsterblichkeit des Menschen liegt beschlossen in dem Leiden, das er überstanden hat, in seinem strebenden Bemühen zu den Sternen empor auf der Stufenleiter seiner Bußeleistungen. Eines Tages wird Lucas Beauchamp einen Weißen hinterrücks niederschießen können, ohne sich der Bestrafung durch Lynchstrick oder Gas mehr auszusetzen als ein Weißer; bald wird er sein Wahlrecht ausüben, wann und wo immer das ein Weißer tun kann, und seine Kinder überall in dieselbe Schule schicken können, in die die der Weißen gehen, wird er überall und ebenso reisen können wie jeder Weiße. Aber auf nächsten Dienstag wird das nicht der Fall sein ...«

Dies ist nicht die ganze hier einschlägige Stelle oder auch nur ihr Kern, aber es verlohnt, darüber nachzusinnen. Der Beweggrund, der hinter der Vorstellung, man müsse sich gegen den Norden ›verteidigen‹, steht, ist nicht nur Groll über leichtfertiges Pharisäertum. Es ist etwas anderes, ja tatsächlich zweierlei anderes. Zunächst die Erkenntnis, daß Gesetzgebung als solche niemals eine wirklich grundlegende Frage löst. Gesetzgebung kann nur der Reflex einer bereits erreichten Lösung sein. Und dann ist dies Problem schließlich eine Frage des Verstehens und in gewisser Hinsicht der Umkehr: der Umkehr und, wie aus dieser Stelle hervorgeht, der Buße. Das besagt, das wirkliche Problem ist ein geistiges und moralisches. Die Geschichte, um die es sich in *Griff in den Staub* handelt, ist in einer Hinsicht die der Erziehung des Knaben; und was dieser lernt, ist ein Wissen um Menschlichkeit. Dies läßt sich an zwei parallelen Episoden deutlich aufweisen. Eines Tages sieht er Lucas auf der Straße, und Lucas geht hinter ihm her, ohne ihn zu erkennen. Später geht es ihm auf, daß Lucas sich über den Tod seines Weibes grämte. Und dann sieht er in dem Friedhof, wo der Leichnam eines Gowrie ausgegraben worden war, den alten Stub Gowrie, den Vater des Mannes, den Lucas angeblich getötet hatte, und es geht ihm auf, daß dieses Haupt der zänkischen, gemeinen, gesetzlosen Gowrie-Sippschaft gleichfalls tiefes Leid empfand. Daß er so das Leid als das gemeinsame Band zwischen den Menschen erkennt, darin besteht seine Erziehung.

Das ist die zentrale Tatsache in Faulkners Lebenswerk, die Erkenntnis eines gemeinsamen Bandes zwischen den Menschen, eine tiefe Achtung vor dem Menschlichen. In einer Hinsicht gibt es in seinem Werke keine Schurken außer denen, die die menschlichen Bande verleugnen. Sogar einige Mitglieder der Snopes-Familie sind schließlich durchaus menschlich: so der Sohn des Scheunenbrandstifters in der Erzählung *Scheunenbrand* oder Mink in *Das Dorf*. Genauso steht es um die Gowries in *Griff in den Staub*: die Gowries scheinen der Feind, die schieren Schurken zu sein; aber am Ende sieht man den reinen Gram auf dem Antlitz des alten Stub, und schließlich ist auch er doch durchaus menschlich.

Wenn Achtung vor dem Menschlichen den zentralen Tatbestand in Faulkners Werk darstellt, so gewinnt dieser Tatbestand dadurch an Bedeutung, daß er die Schwierigkeit solcher Achtung vor dem Menschlichen erkennt und ihr dramatische Gestalt verleiht. Alles wendet sich gegen sie, der wilde Egoismus, die blanke Gier, Beschränktheit und Anmaßung, bisweilen sogar gewisse Tugenden, die Mißdeutung unserer Geschichte und Überlieferung, unsere Erziehung, unsere zwiespältige Treue. Hier aber hat das große Drama seinen Ursprung, diese unaufhörliche Geschichte. Sein Haß gegen alles moderne Unwesen – und wir müssen dieses Wort zitieren, um ihm seinen besonderen Sinn zu geben – erwächst daraus, daß er in ihr den Feind alles Menschlichen, eine Abstraktion, etwas Mechanisches, eine verantwortungslose Macht, die Ziffer im Hauptbuch, die Kurve auf einer graphischen Darstellung erblickt.

Und dieser Hinweis auf das moderne Unwesen führt uns wieder zu der Frage nach der Vergangenheit und der Gegenwart. Wie aber steht es um die Zukunft? Gerät Faulkner in eine Sackgasse, wenn er Werte der Überlieferung der inhaltlosen Gegenwart gegenüberstellt, und läßt er es dabei bewenden? Nein, das tut er nicht; aber er hält keine leichtfertigen Lösungen bereit für des Menschen »strebendes Bemühen zu den Sternen empor auf der Stufenleiter seiner Bußeleistungen«. Und dennoch vermittelt er uns ein Gefühl für die Zukunft, wenngleich für eine Zukunft voller Kampf, bei dem es darum geht, jener in *Der Bär* aufgewiesenen Wahrheit zur Wirklichkeit zu verhelfen. Wir sollten daran denken, daß der alte Ike McCaslin am Ende von *Herbst im Delta* General Compsons Jagdhorn dem Mulattenmädchen gibt, das von seinem jungen Verwandten verlassen worden war, mit den Worten: »Wir werden warten müssen.« Und *Schall und Wahn*, der Roman, der Faulkners Gegenstück zu T. S. Eliots ›Das Wüste Land‹ ist, endet mit Ostern und mit der Verheißung der Auferstehung.

Aus: Selected Essays, *© 1951 by Random House, Inc., New York. Deutsch:* Ausgewählte Essays, *übersetzt von Hans Hennecke, Sigbert Mohn Verlag, Gütersloh, 1961.*

Frank O'Connor
Über Joyce und Faulkner

Nehmen Sie Faulkner. Faulkner möchte ernst sein, geradezu todernst möchte er sein, er probiert alle möglichen Kniffe aus, technische Kniffe, die ihm gar nicht liegen und für die er sich im Grunde auch kaum interessiert, und so kommt dann das Bombastische in manche seiner Passagen. Tja, er ist aber eigentlich nicht pompös, sondern naiv. Und er steckt voller Humor. Und was für ein Humorist er ist! Da kann ihm keiner das Wasser reichen; wahrhaftig, seine Tugend ist die Unbefangenheit. Joyce war nicht unbefangen. Das war ein Universitätsmensch. Ihr Interview mit Faulkner *(In diesem Band. A. d. Hrsg.)* erinnerte mich stark an das, was Robert Greene über Shakespeare sagte. Alle Akademien der damaligen Zeit hielten Shakespeare für ungebildet und meinten, er wäre ziemlich primitiv. Er hätte keine Erziehung mitbekommen und vom Schreiben – da verstünde er doch eigentlich nicht viel. Und ich sehe Faulkner in genau derselben Lage: er verhält sich zu Joyce, wie Shakespeare sich zu Ben Jonson verhält. Ben Jonson war auf der Universität gewesen, Ben Jonson konnte Griechisch und Latein, und Faulkner kam nie der Gedanke, er könnte größer sein als Joyce, wie eben Shakespeare nie daran dachte, er könnte etwa Ben Jonson übertreffen. Sehen Sie sich nur mal an, wie er Ben Jonson in ›Was Ihr wollt‹ nachzuahmen sucht. Ein typisches Stück in der Art von Ben Jonson. Dauernd tut Shakespeare da sein Bestes, um ganz Ben Jonson zu sein, und was erreicht er damit? Doch nur so etwas wie eine gläserne Sprödigkeit! Als er unter Ben Jonsons Einfluß stand, von dieser Zeit spreche ich – es muß um die Zeit gewesen sein, als ›Julius Cäsar‹ aufgeführt wurde –, witzelte Jonson irgendwo, Shakespeare wäre so ungebildet, daß er nicht einmal wüßte, daß Böhmen nicht am Meer liegt. Und er erwähnt, wie er sich mit den Schauspielern über Shakespeares schreckliche Schnitzer unterhalten habe. Er zitiert aus ›Julius Cäsar‹: Cäsar tut niemals etwas Unrechtes, es sei denn, er täte es mit gutem Recht (Caesar doth never wrong, but with just cause), und er gibt dazu den Kommentar: »Ich sagte den Schauspielern, dies sei ein widersinniger Vers.« Shakespeare nahm ihn wieder raus aus dem ›Julius Cäsar‹; er steht dort nicht mehr. Als natürlich schreibender Autor muß Faulkner sich so sehen, wie er ist; er sollte endlich einsehen, daß die einfachen Leute in Mississippi verdammt viel mehr von Literatur verstehen als die Professoren in Cambridge.

Aus einem Interview mit Frank O'Connor, in: Writers at Work – *The Paris Review Interviews, Edited and with an Introduction by Malcolm Cowley, The Viking Press, Inc., New York 1958, © 1957, 1958 by The Paris Review. Deutsch:* Wie sie schreiben, *übersetzt von Wilhelm Borgers und Günther Steinbrinker, Sigbert Mohn Verlag, Gütersloh, o. J. Überschrift vom Hrsg.*

Günter Blöcker
William Faulkner

Die einzige Art, dem Abgrund zu entrinnen, ist die, ihn zu betrachten, zu messen, auszuloten und hinabzusteigen.
Cesare Pavese, ›Das Handwerk des Lebens‹

Im Jahre 1929, in der literarischen Zeitrechnung also ziemlich genau zehn Jahre, nachdem der zweite Teil der Proustschen ›Recherche‹ den Goncourt-Preis erhalten hatte und Fragmente des ›Ulysses‹ in der amerikanischen Zeitschrift ›Little Review‹ erstmals einem breiteren Publikum zugänglich gemacht waren, demselben Jahr, in welchem auch Hemingways ›A Farewell to Arms‹ und Thomas Wolfes ›Look Homeward, Angel‹ erschienen, veröffentlichte William Faulkner seinen Roman *The Sound and the Fury*. Es war ein Ereignis, das, wie die meisten wirklich entscheidenden Dinge, wenig Lärm machte und das infolgedessen erst langsam in seiner Bedeutung erkannt wurde. Diese lag und liegt darin, daß mit Faulkners Roman auf höchster Stufe bewiesen wurde, daß Proust und Joyce weder Endstationen sind, über die man keinesfalls hinauskommt, noch Sackgassen, aus denen man sich am besten vorsichtig wieder auf die alten Positionen zurückzieht.

Faulkner hatte vorher schon Verse und einige Romane verfaßt, aber mit *The Sound and the Fury* beginnt er eine Angelegenheit des Jahrhunderts zu werden. Hier tut er den Schritt über Proust und Joyce hinaus, indem er zum ersten Male die besondere Art seines Zeiterlebnisses verwirklicht und seinen Begriff der mythischen Zeit gründet. Das heißt: er rekonstruiert die verlorene Zeit nicht mühselig, um sie zu halten und zu verewigen, wie Proust es tut, der sie auf französisch-vernünftige Art zu überlisten sucht; er konstituiert sie auch nicht neu in einem gewaltigen Willensakt wie Joyce, der das intellektuelle Bewußtsein erweitert und bis an die Zerreißgrenze dehnt – sondern er zertrümmert sie, er setzt sie außer Kraft. Wir erleben das in einer symbolischen Szene, als Quentin Compson seiner Uhr die Zeiger abdreht. Die Willkür des Zifferblatts ist damit gebrochen, das Ticken des Uhrwerks freilich geht weiter. Die Zeit verrinnt nach wie vor, doch sie zwingt den Menschen nicht mehr, sein Bewußtsein der Tyrannei mechanischer Zeiger zu unterwerfen. Ganz frei ist er allerdings erst dann, wenn auch das zierliche Ticken der Rädchen aufhört, die der Mensch zu seiner eigenen Unfreiheit ersonnen hat. Erst dann haben wir Zugang zur eigentlichen Zeit. Denn, so läßt Faulkner uns wissen, »Uhren schlagen die Zeit tot. Die Zeit ist tot, solange sie von den kleinen Rädern weggetickt wird. Erst wenn die Uhr stehenbleibt, wird die Zeit lebendig.«

Von hier aus erschließt sich Faulkners Werk: es spielt in einer Zeit ohne Uhren, in der wahren, nicht der erfundenen Zeit. Daher der radikale Verzicht auf erzählerische Chronologie, daher das Mischen der Bewußtseinsströme, das Zerfetzen und Ineinanderschieben der Denkprozesse, daher auch die scheinbare Formlosigkeit seiner Romane, dieses Dickicht der Sätze, diese Wortgebirge, dieses uferlose Bett, durch das sich der Ur-Strom seines Erzählens wälzt. Faulkners Menschen leben in archaischer Zeit, im Uranfänglichen; sie leben – da Zurück immer auch Hinab bedeutet – im rhythmischen Raum. Da aber das Mythische, weil es weit vor dem verändernden Zugriff der menschlichen Willkür liegt, identisch ist mit dem Wahren, wird der Dichter ohne Zeit zum Dichter des Seins. Er allein hat Zutritt zu den Gründen, wo das Unverfälschte liegt, aber auch das Ungesonderte, das Vor-Individuelle. Hiermit hängt die vermeintliche Gesichtslosigkeit vieler Figuren bei Faulkner zusammen. In den mannigfachen Familienchroniken, in denen er in immer neuen Ausläufen und Variationen die Geschichte des Südens der Vereinigten Staaten erzählt, ist es nicht selten so, daß einzelne Personen – zunächst jedenfalls – nicht eigentlich individuell in Erscheinung treten, nicht als charakterlich und physiognomisch klar präzisierte Einzelwesen, sondern als Stimmen, als tönender Grundstoff. Es ist wie ein gewaltiges Raunen, ein Ur-Gestöhn, ein elementares Lallen, in welchem sich das Menschliche, vor seiner Formwerdung, im buchstäblichen Sinne verlautbart. Auch hierfür ist der Roman *The Sound and the Fury* das erste und zugleich äußerste Beispiel. Indem Faulkner, zu Beginn, die Ereignisse aus der Sicht eines Schwachsinnigen darstellt – Benjamin Compson eröffnet den finsteren Reigen der inneren Monologe, die uns in mächtigen Serpentinen durch die Landschaft dieses

Romans führen –, zeigt er, worauf es ihm ankommt: den menschlichen Urstoff aufzusuchen, das Sein vor der Gestaltwerdung. Er habe es, erklärt er später, für wirkungsvoller gehalten, die Geschichte zunächst von jemandem erzählen zu lassen, der »nur weiß, *was* sich ereignet, aber nicht, *warum*«. Wirkungsvoller ist es in der Tat, weil es uns tiefer und überraschender in Faulkners Begriff vom Menschen einführt. Denn das Wimmern, Schmatzen und Brüllen des harmlosen, gutartigen Idioten gibt dem Buch nicht nur seine schaurige Grundmusik, sondern auch seinen läuternden Sinn. Es ist die Klage der unerweckten Kreatur über sich selbst und die mißratene Welt. Der eingeborenen Verderbtheit des menschlichen Stoffes (die ›Compsonsche Gemeinheit‹!), dem Fluch des Seins, der Urschuld des Existierens wird die dumpfe Ahnung ungehobener, unausgeschöpfter Liebeskräfte entgegengestellt.

Faulkner hat mit seinen Zeitgenossen und unmittelbaren Vorgängern gemeinsam, daß er den Raum des Individuellen (nicht freilich des Menschlichen überhaupt!) für ausgemessen, abgeschritten, für erschöpft hält und damit auch den konventionellen Zeitbegriff, den das individuelle Bewußtsein setzt. Dieses doppelte Ungenügen ist in erstaunlicher Übereinstimmung und Gleichzeitigkeit überall da festzustellen, wo in unserem Jahrhundert große Literatur gemacht wird. Was Faulkner von Proust, Joyce, Virginia Woolf, Thomas Mann, Ezra Pound, T. S. Eliot unterscheidet, ist, daß er mit dem Zeitbegriff nicht experimentiert. Er erkennt ihn nicht an, Zeit im herkömmlichen Sinne existiert für ihn nicht. Während bei jenen anderen doch immer das Bewußtsein und ein wenig auch die Koketterie des Wagnisses bleibt, hat Faulkner die Unbedenklichkeit und die Größe der Naivität. Er schaltet mit höchster Unbefangenheit in einer selbstgeschaffenen Dimension. Das gilt nicht nur für seinen Zeitbegriff, es gilt für seine Art zu schreiben überhaupt. Während der moderne Erzähler sonst meist ebensosehr Theoretiker wie Praktiker seines Handwerks ist, arbeitet Faulkner intuitiv, er läßt seinen elementaren Kunstverstand walten. Äußerungen wie Gides »Was dieser Roman werden soll? Eine Straßenkreuzung, ein Treffpunkt von Problemen« (über die ›Falschmünzer‹) oder Virginia Woolfs »Ich möchte einen Roman schreiben, der aus Versen und Dialogen besteht wie ein Drama. Ich möchte mit allen Formen experimentieren und sie für den Roman erschließen« wären bei Faulkner schwer denkbar. Ein Schriftsteller, der an Technischem interessiert sei, solle lieber Chirurgie erlernen oder das Maurerhandwerk, erklärt er brüsk in einem Interview. Faulkner hat nie mit der Romanform experimentiert, er hat sich über sie hinweggesetzt. Er bezwingt durch Kraft, durch Potenz, durch das wilde Ungetüm seiner Visionen. In diesem Sinne ist er das eigentlich männliche Talent der modernen Literatur. Der leidend-genießerischen Kunstübung Prousts, der wühlenden Intellektualität von Joyce, dem bürgerlichen Kunstsinn Thomas Manns, den konstruktiven Formgebärden Ezra Pounds setzt er das Wilde als schöpferische Macht entgegen. Der mythische Raum muß für ihn nicht, wie bei Eliot, Broch oder Thomas Mann, erst durch Bildungsanstrengungen aufgeschlüsselt werden – Faulkner ist in ihm zu Hause. Die elementare Zone braucht sich ihm nicht erst zu öffnen – er gehört ihr an. Seine Kraft liegt jenseits aller kargen Vernünftigkeit, sein Maß ist das Übermaß, seine Klarheit das Unausdeutbare. Er ist der Riese im Zwergenstaat der heutigen Romanliteratur, ein Magier, ein Medizinmann, ein Mythenbildner unserer Epoche. Bei ihm sind Träumen und Dichten noch eins. Die Erlösung, die er uns gewährt, liegt nicht in der Herstellung allegorischer Abziehbilder, sondern darin, daß er uns mitträumen läßt, wild und hingerissen, verzweifelt und mitleidsvoll, von Grauen geschüttelt und von Hoffnung beseligt.

Auch formal hat dieser unbändige Erzähler sein eigenes Maß. Die epische Plastik wird überwuchert von worttrunkener Lyrik. Alfred Kazin sagt, Faulkner habe versucht, das Unaussprechliche auszusprechen: »Er hat etwas unternommen, was dem Roman – seinem Wesen nach – inkongruent ist und nur durch eine intensive mystische Poesie erreicht werden kann, in der Gefühlssensationen wie tropische Blumen wuchern, sich öffnen und schließen.« Das trifft gewiß zu. Aber es wäre zu engherzig, wollte man in diesem Vorgang nur eine unzulässige Vermischung der Gattungen sehen. Es gibt eine dichterische Faust, vor der kein Formschema besteht. Ein Dichter solcher Art ist Faulkner. Ihm die ohnehin behelfsmäßigen, nämlich zum Zwecke der Verständigung erfundenen literarischen Kategorien aufzwingen zu wollen, erscheint wenig sinnvoll. Man sollte es hier mit Karl Voßler halten, der literarhistorische Begriffe nur als ›empirische Gebilde‹ gelten ließ und den Kritiker ermutigte, eine Kunstleistung nur nach der ungestörten Vollendung ihres Antriebs, nur nach ihrer Treue zu sich zu beurteilen. »Mir scheint«, bemerkt Voßler, »daß die Kunstwissenschaft dem alten schulgerechten Dogmatismus der festen Formgattungen nur dann entgehen kann, wenn sie Epik, Dramatik und Lyrik aufhört als ästhetische Begriffe zu denken und sie mit Entschlossenheit in die Gebiete der Soziologie und Psychologie verweist. Der Umstand, daß diese Begriffe aus der Dichtung abstrahiert wurden, beweist keineswegs, daß sie zur Dichtung auch gehören . . . Jedes Kunstwerk hat in der Eingebung, aus der es hervorgeht, nicht in der Gattung, zu der es rechnet, seine eigene Norm.« Es stünde besser um unser Verständnis der neueren Literatur, wenn dieser Grundsatz Allgemeingut wäre. Doch offenbar ist es einfacher, ein neues Kunstwerk an Normen zu messen, die man aus der Betrachtung vergangener, durch Gewohnheit geheiligter Werke gezogen hat, als nach dem Gesetz, das ihm innewohnt und das ihm allerdings erst abgelauscht werden muß.

Auf Faulkner bezogen heißt dies: das Mythische schafft sich seine eigene Kategorie, es schafft sich seine eigene Sprache, ja, es ist eine eigene Sprache. Für sie gibt es kein Innen und Außen, kein Hier und kein Gegenüber, sondern nur ein Ganzes. Sie bringt das wilde Urgestein der Menschheit zum Klingen. Das ist der Sinn des ausschweifenden, gewalttätigen Lyrismus bei Faulkner. Die mythische Anschauungsweise läßt keine Sonderungen zu. Abbild und Vision fließen ineinander, Phantastisches und Reales vermengen sich, das Abstrakte nährt sich vom Blute der Dinge, die Sinne verbrüdern sich zu gemeinsamer Welteroberung, die Gegenstände erhalten Persönlichkeit. Ein Eisenbahnzug jagt klagend wie ein Trauergeist durch die einsame Landschaft; die Erinnerung wird zu einem friedeerfüllten Korridor, der von freundlichen Stimmen und namenlosen Gesichtern bevölkert ist; und von dem Geschmack und Duft des Vergebens heißt es, daß er nicht vom Gaumen des Gewissens verschwinden dürfe. Das Maultiergespann, auf das Lena Grove, die große Einfältige in ›Light in August‹ (1932), am Straßenrand wartet, bewegt sich, auf Traumhufen dahinstapfend, in einer Wolke von Schlaftrunkenheit vorwärts; sein langsames Näherrücken verwebt sich mit den Träumereien der schwangeren Frau, die auf immer den gleichen langsamen Maultierwagen (»ewige räderknarrende, ohrenschlappende Wiederkehr«) durch zwei Staaten zieht, um in unerschütterlicher Gläubigkeit nach dem Vater ihres Kindes zu suchen. Ihre ganze Existenz ist Sehnsucht, Verlangen, Hoffnung, und so bemächtigt sie sich begierig des spröden, unwirklichen Geräusches, das dem in quälender Langsamkeit nachfolgenden Fuhrwerk vorauseilt: »Das Geräusch, aus einem vagen Irgendwoher jenseits aller Entfernung dringend, trifft schließlich das Ohr träge und furchtbar, ein sinn- und bedeutungsloser Schall, als wäre das da auf der Straße ein Geist, der eine halbe Meile vor dem eigenen Leibe einherreist.«

Das ist weder die Sprache des Lyrikers noch des Erzählers, es ist eine totale Sprache, die sich des Marks der Wirklichkeit bemächtigt. Es ist die Sprache des kompletten, des eigentlichen Realismus, der die ganze Wirklichkeit umfaßt und nicht wie jener schulmäßige Realismus, an dessen Irrtümern wir noch immer schwer zu tragen haben, die ›reale‹, die sinnlich faßbare Oberfläche der Dinge mit den Dingen selbst verwechselt. Das zähe Fortleben dieses Unbegriffs macht es nötig, daß man die großen Neuerer gegen die Verdächtigungen derer in Schutz nehmen muß, die meinen, daß der Verzicht auf herkömmliche Mittel die Unfähigkeit einschließe, sich ihrer zu bedienen. Wie Picasso, wo es am Platze ist, auch in der Art Lenbachs malen kann (das Porträt der Mutter!), so kann auch Faulkner im konventionellen Sinne ›erzählen‹ – nur unvergleichlich viel besser als die eingefleischten Realisten. In *The Sound and the Fury* hat Faulkner das mit einem in der Tat an Picasso gemahnenden Überraschungsgriff besonders drastisch demonstriert. Wenn es dort zunächst schien, als sei der Autor gesonnen, das erzählerische Gesetz der Beschreibung und der geprägten Charaktere prinzipiell durch das des tönenden Grundstoffes und der Musik des Unterbewußten zu ersetzen, so widerruft er sich im letzten Kapitel auf das verblüffendste. Viermal hebt die Erzählung wie in gewaltiger Anstrengung an. Doch erst beim vierten Male schaltet der Erzähler selbst sich ein, um die Geschichte, die sich bis dahin aus der Innenschau ihrer Akteure darstellte, von sich aus zu rekapitulieren: die Technik der inneren Monologe wird durch präzisen Außen-Realismus abgelöst. Mit souveräner Beiläufigkeit liefert der Autor die stoffliche Hülle der Dinge gleichsam nach. Die landläufige Realität glüht unversehens in Farben auf, wie sie der bloße Abschilderer der Natur niemals treffen könnte, weil er immer nur die kleinere Hälfte der Welt sieht. Ein blühender Birnbaum, ein schwarzes Treppenhaus mit Lichteinfall, eine unförmige alte Negerin, die eine Wärmflasche in der Hand hält, »wie man ein totes Huhn am Halse packt« – wie das lebt und wie das, indem es geschildert wird, auch schon über die bloße Beschreibung hinaus zum Ausdruck geworden ist! Die alte Mrs. Compson, deren kalte, selbstsüchtige Wehleidigkeit wie eine peinigende Melodie durch das Buch gegangen war, steht nun auch in unverwechselbarer Körperlichkeit vor uns, mit »schlohweißem Haar und verschwollenen, verwirrten Augen«; oder ihr Sohn Jason: »Kalt und bissig, mit dichtem braunem Haar, das sich zu beiden Seiten der Stirn zu eigenwilligen Hörnern lockte wie bei einem Schankkellner im Witzblatt«; und endlich der schwachsinnige Riese Ben: »Er schien aus einer Substanz geformt zu sein, deren einzelne Teile weder miteinander noch mit ihrem Gerüst zusammenhingen.«

Faulkner hat in allzu großer Bescheidenheit die besondere Technik dieses Romans als Folge eines Versagens hingestellt. Er habe die Geschichte immer von neuem und immer von einem anderen Standpunkt aus zu erzählen versucht, weil er meinte, sie noch nicht richtig erzählt zu haben. In Wahrheit ist er auf diese Art zu einer Ausschöpfung der Wirklichkeit gelangt, zu einem Total-Realismus, wie es ihn bis dahin selbst bei Joyce nicht gegeben hatte. Auch das realistische Schlußkapitel, das – nach des Dichters unzufriedenem Selbstkommentar – dazu dienen sollte, die »Lücken auszufüllen«, ist keineswegs künstlerische Resignation. Seine Bestimmung ist, den ganzen Alptraum, den Höllensturz des Buches einzufangen und ihn noch einmal im Anschaulichen zu spiegeln. Noch ein zweitesmal müssen wir – nun sehenden Auges – durch den Abgrund, den wir bisher nur ertastet hatten. In dieser doppelten Höllenfahrt liegt die Quintessenz nicht nur dieses Buches, sondern des Faulknerschen Erzählens überhaupt, nämlich: daß wir des Schreckens nicht Herr werden, indem wir ihm ausweichen, sondern nur, indem wir durch ihn hindurchgehen.

Damit berühren wir einen der heikelsten Punkte in der Beurteilung William Faulkners. Ein französischer Kritiker, offenbar engagierter Anhänger der heute so beliebten Wohlfahrts-Ästhetik, hat im Hinblick auf Faulkner geäußert: »Es ist gut, aber wozu ist es gut?« Ganz ähnlich hat Jean-Paul Sartre in einem aufschlußreichen (über Sartre aufschlußreichen) Essay zu beweisen versucht, daß Faulkner die Vorstellung der Zukunft fehle, daß seine Kunst eine Kunst der Verzweiflung sei, die das Vergehen einer altersschwachen Welt zeige. Hier wird mit einer fremden Sprache gesprochen, die ihren Gegenstand nicht erreicht. Der mythische Anspruch braucht den Begriff der Zukunft nicht zu betonen, weil er ihn – ebenso wie den der Vergangenheit und der Gegenwart – einschließt. Der mythische Anspruch braucht auch den Begriff der Nützlichkeit nicht eigens zu berücksichtigen, weil er es mit Ur-Tatsachen, mit Schicksal zu tun hat, und weil jede Begegnung mit dem Schicksal den Empfänglichen mit einer reinigenden, erweckenden Kraft berührt, die oberhalb aller Nützlichkeiten steht. Diese Eigenschaft teilen Faulkners Romane mit der griechischen Tragödie.

Es ist – und darin liegt eine der Ursachen für solche schiefen Urteile – ein wenig viel von Faulkner als dem ›Epiker des Südens‹ gesprochen worden, womit der Süden der Vereinigten Staaten, die Gebiete südlich der sogenannten Mason-Dixie-Linie gemeint sind. Faulkner stammt aus Mississippi, und dort, in einem sagenhaften Landstrich, der die mythische Chiffre ›Yoknapatawpha‹ trägt und dessen fiktive Kreishauptstadt ›Jefferson‹ heißt, spielen die meisten seiner Romane. Das schwierige, nicht allein moralisch zu beurteilende Problem der Sklaverei; der Bürgerkrieg von 1861, der einen guten Vorwand (die Sklavenbefreiung) für eine schlechte Sache (die Ausbeutung des dank eben jener Sklaverei wohlhabenden Südens) benutzte; das Unrecht, das dieser Krieg im Namen des Rechts stiftete, und seine wirtschaftlich wie moralisch katastrophalen Folgen für den gedemütigten Süden; die seelischen Verletzungen, die sich für den Southerner aus der Unvereinbarkeit seines Schuldgefühls mit dem Gefühl erlittenen Unrechts ergaben, und die daraus folgende widerspruchsvolle Einstellung zum Negerproblem: der Neger als Mensch zweiter Klasse, zugleich aber als heimlich beneideter und gefürchteter Träger überlegener biologischer Kräfte – alles das gibt dem Werk Faulkners ohne Frage seine stofflichen, seelischen und ideellen Antriebe. Was war und was ist – der Süden mag es nicht auseinanderhalten, es gefällt ihm, in einem seelischen Zwischenreich dahinzudämmern. Hier, wo der Bürgerkrieg noch ein Stück unverarbeiteter Wirklichkeit ist, das, einen Rattenschwanz von Neurosen zeugend, in die Gegenwart hineinragt, konnte seine Zeitkonzeption ebenso gedeihen wie seine Apotheose des Negers. »Die Folgenden waren keine Compsons. Sie waren schwarz«, heißt es in der Einführung zu *The Sound and the Fury;* und der Dichter schließt seine Beschreibung der Schwarzen mit den lapidaren Worten: »Sie dauerten.« Alles dieses ist der Süden, gewiß – aber was besagt das schon? Wenn Faulkner wirklich nur die tragische Fabel der Südstaaten, wenn er wirklich nur die vielzitierte Saga vom Fluch des Südens geschrieben hätte – würde er dann eine so weltweite Erschütterung erzielt haben? Faulkners ›Provinzialismus‹ ist, wie der Tolstois, universell. In einen geographisch begrenzten Ausschnitt der Wirklichkeit hat er die ganze Fülle der Existenz getragen. Indem er nichts als die Geschichte seiner Heimat zu erzählen scheint, erzählt er die Geschichte der Welt.

Auch hier stoßen wir wieder auf das mythische Bewußtsein als die Lösung dieses künstlerischen Paradoxons. Die Gegenwärtigkeit aller Dinge und aller Zeiten in jedem Augenblick und an jedem Ort macht es möglich, daß sich die Leidensgeschichte Christi als ewige Passion in der Geschichte eines namenlosen französischen Korporals wiederholt (in *A Fable*, 1954) und daß die Geschichte der McCaslins (in *Go down, Moses*) zur Menschheitsgeschichte schlechthin wird. Jede Phase dieser Familiengeschichte ist Folge, Abbild und Wiederkehr ihres schuldhaften Anfangs, nämlich des Inzests, den der Stammvater Carother McCaslin mit seiner farbigen Tochter begangen hat. Dieser Sündenfall aber ist Folge, Abbild und Wiederkehr jenes anderen größeren Sündenfalls, den das Land in der Rassenfrage getan hat, und dieser wiederum des allerersten, des biblischen Sündenfalls. Man sieht, auch hier gibt es kein individuell begrenztes Schicksal, sondern – was mehr ist – die Teilhabe jedes einzelnen am Schicksal aller bis tief hinab in die Brunnenschächte der Zeit. Eben das ist mythisches Bewußtsein, ist gelebter Mythos, archaische Gegenwart. Der Mensch wird nicht bloß für einzelne, von ihm selbst begangene Taten, sondern von seinen Anfängen her verantwortlich gemacht – er wird zur mythischen Rechenschaft gezogen. Deshalb der immer wieder erneute Hinabstieg in die Finsternis des Uranfänglichen, ins Grauen, das der Beginn alles menschlichen Erinnerns ist und damit auch der Beginn jeder Läuterung. Das ist der gleiche Geist, der – nun als direkter Appell – aus der von vielen als Überraschung empfundenen Rede spricht, die Faulkner Ende 1950 bei der Entgegennahme des Nobelpreises gehalten hat. Wenn er in dieser Rede sagte, ohne die »alten Erkenntnisse und Wahrheiten des Herzens, die für die ganze Welt gelten: Liebe, Ehre, Erbarmen, Stolz, Mitgefühl und Opferbereitschaft«, verdiene auch die kleinste Erzählung verworfen und vergessen zu werden, sie allein seien es, die die Verzweiflung und den Schweiß des Schriftstellers lohnten – dann steht das durchaus nicht im Widerspruch zu den finsteren Gesichten seiner Epik. Niemand weigert sich entschiedener, an den Untergang des Menschen und der Menschheit zu glauben, als dieser vermeintliche Dichter des Schreckens. Je mehr ein Dichter seinen Geschöpfen (und seinen Lesern!) zumutet, desto positiver ist seine Einstellung zu ihnen. Man kann das Chaos nicht hinwegargumentieren, man muß sich ihm stellen. Auch hier haben wir Joseph Conrads Moral des Standhaltens und Überdauerns. Bei Conrad hat sie den Charakter seemännisch-soldatischer Pflichterfüllung, bei Faulkner erhält sie das Pathos der Beschwörung. Faulkner entwaffnet den Schrecken, indem er ihn zum Bilde zwingt. Seine Visionen sind Gebärden der Abwehr, er sucht das Entsetzliche durch das Entsetzen zu bannen. Seine Dichtung – und zu dieser Gewißheit trägt die denkwürdige Nobelpreis-Rede bei – ist keine Dichtung des Schreckens, sondern im Gegenteil: der Humanität in allem Schrecken.

Aus: Die neuen Wirklichkeiten, *Argon Verlag GmbH., Berlin, 1957.*

Siegfried Lenz
Faulkners Gedächtnis

Faulkners Genie ist für mich gleichbedeutend mit seinem Gedächtnis, oder doch mit seinen erinnernden Fähigkeiten, die ihn zum Gedächtnis des Südens werden ließen. Was immer der Süden der Vereinigten Staaten war, was sich in ihm ereignete, welche Schufte und Chevaliers er hervorbrachte: Faulkners ruheloses, vorstellendes Gedächtnis fing alles ein, bewahrte es und brachte es an den Tag. Einige Leute in Oxford, Mississippi – das er in seinen Büchern ›Jefferson‹ nannte – weisen nicht ohne Stolz darauf hin, daß in Faulkners Haus die Möglichkeit und das Verhängnis des Südens aufbewahrt wurden, gesammelt von einer unvergleichlichen Einbildungskraft. Sie wissen, daß hier nahezu alle Zeugnisse der Achtbarkeit und Schande, der Vernichtung und Unsterblichkeit aufgehoben wurden, die den Süden menschlich existent machten. Es hat mitunter den Anschein, als ob der Süden Faulkner hervorbrachte, um sich selbst kennenzulernen und zu begreifen – in seiner Herkunft, seiner Gier, seiner Zukunft.

Welch eine Tiefe des Gedächtnisses, und welch eine Weite! Jeder Name, der bei Faulkner auftaucht, verbindet sich sofort mit dem Schicksal seiner Herkunft: Quentin und Compson, die Snopes und die Sartoris, Sutpens und McCaslins – einmal mit Namen versehen, werden sie ihrem Autor nie mehr entkommen und nie mehr ihr Schicksal loswerden. Diesem unbarmherzigen Gedächtnis scheint nichts zu entfallen: kein einziger Name, kein entlegenes Ereignis, keine Auflehnung, keine Gewalttat, kein Schuß, kein Scheitern und kein Irrtum: alles, was sich ›begeben‹ hat, bleibt bestehen; und eines Tages erfolgt die entscheidende Anspielung, von der jedes Verständnis abhängt. Wahrscheinlich mußte Faulkner so zurückgezogen leben, einfach um die Entwicklungen in seinem Universum aufmerksam durch Jahrzehnte begleiten zu können. Er hat Lafayette County, sein legendäres Yoknapatawpha, in der Tat zum zweitenmal bevölkert, ein selbstbewußter Rivale Gottes, dem nichts verborgen blieb.

In welcher Weise Faulkner in seinem Universum von eigenen Gnaden lebte, das haben die Studenten der Universität von

Virginia erfahren, die ihn zu einer Reihe von Gesprächen eingeladen hatten. Dieses Gedächtnis, diese bedrängende Nähe zu allem und jedem, muß in der Tat Beunruhigung hinterlassen haben: seine Erinnerung war unerschöpflich. In seiner Erinnerung war alles gegenwärtig.

Man fragte ihn etwa, welch eine Bedeutung der Zweig Eisenkraut habe, der – in *Die Unbesiegten* – zum Schluß auf Bayards Kopfkissen liegt; er antwortet so prompt, als ob er das gerade eben geschrieben habe und nicht über zwanzig Jahre vorher. Man fragte ihn, warum Benjy und Quentin zumeist ohne Subjekt und Prädikat redeten – Faulkner antwortete, indem er das Verhältnis Quentins zur Grammatik beschrieb, so genau, als demonstriere er es am Objekt. Man fragte ihn nach den Eigentümlichkeiten des Jagdhundes in *Der Bär*, und Faulkners Gedächtnis antwortete darauf sogar mit der Gewichtsangabe des Hundes. Die geheimsten Beziehungen zwischen Personen; die zartesten Symbole; die geringfügige Besonderheit eines Charakters: selbst nach vierzig Jahren wußte Faulkner, was sie besagten und wozu sie dienten.

Da der Mensch für ihn »die Summe seiner Vergangenheit« ist, muß die Vergangenheit unbarmherzig erinnert werden; nur so können wir den Menschen verstehen.

Es liegt auf der Hand, daß dies scharfe, imaginative Gedächtnis Faulkners für ihn selbst nicht ohne Folgen bleiben konnte. Sein Gedächtnis bedeutete Kennerschaft, und diese Kennerschaft vielleicht war die Ursache seiner außerordentlichen Reserviertheit. Die Leute in Oxford, Mississippi, nennen die Reserviertheit übereinstimmend als sein auffälligstes Kennzeichen, und viele andere können das beglaubigen: der junge Schriftsteller kann es, der von Faulkner während eines halbstündigen Besuches zwei lakonische Antworten erhielt, und schließlich sogar Präsident Kennedy, dessen Dinner-Einladung ins Weiße Haus William Faulkner mit den Worten kommentierte: »Es scheint ein reichlich langer Weg, um essen zu gehen.« In ähnlicher Weise war er auch sehr zurückhaltend gegenüber dem Wunsch, seine Bücher zu signieren.

Faulkner wurde in einem einfachen Fichtenholz-Sarg begraben, wie er es sich gewünscht hatte; er ruht auf dem St.-Peters-Friedhof in Oxford, Mississippi, einer Stadt, in der nicht lange nach seinem Tod die Rassenkämpfe aufflammten – gerade so, als habe der Süden, auf einmal gedächtnislos geworden, alle Lehren aus der Vergangenheit vergessen.

Aus: Beziehungen, *Ansichten und Bekenntnisse zur Literatur,* © *1970 by Hoffmann und Campe Verlag, Hamburg. Erstdruck 1963.*

William Faulkner

Rede zur Verleihung des Nobelpreises

Ich habe das Gefühl, daß dieser Preis nicht mir gilt, einem Menschen, sondern meinem Werk – einem Lebenswerk aus Schmerz und Mühsal menschlichen Geistes; getan nicht für Ruhm und erst recht nicht für Geld, sondern um aus dem Stoff menschlichen Geistes etwas zu schaffen, das vorher nicht war. So habe ich diesen Preis nur zu treuen Händen genommen. Es wird nicht schwer sein, die damit verbundene Summe im Sinne des Stifters zu verwenden. Aber dasselbe möchte ich auch mit dem Lob tun, indem ich diesen Augenblick als Podest benutze, um zu den jungen Menschen zu sprechen, die sich jetzt derselben mühevollen Arbeit widmen, und unter denen bereits der ist, der eines Tages da stehen wird, wo ich stehe.

Unsere Tragödie heute ist eine allgemeine und weltumfassende physische Angst, die nun schon so lange auf uns lastet, daß wir sie zu ertragen gelernt haben. Alle geistigen Fragen sind verdrängt von der Frage: Wann werde ich in die Luft gesprengt? Deshalb hat der junge Mensch, der heute schreibt, das Problem vergessen, das allein für gutes Schreiben bürgt, das allein Schmerz und Mühsal des Schreibens wert ist: das menschliche Herz im Widerstreit mit sich selbst.

Das muß er wieder lernen. Er muß sich lehren, daß Angst das Erbärmlichste ist. Und wenn er das begriffen hat, muß er die Angst für immer vergessen, und in seinem Werk wird nur Platz sein für die alten, überall gültigen Wahrheiten und Wirklichkeiten des menschlichen Herzens, ohne die jede Geschichte totgeboren ist: Liebe und Ehre und Mitleid und Stolz und Erbarmen und Opfer. Und solang er das nicht tut, lastet ein Fluch auf seiner Arbeit. Er schreibt nicht von Liebe, sondern von Lust; von Niederlagen, bei denen niemand etwas von Wert verliert; von Siegen ohne Hoffnung; und, was das schlimmste ist, ohne Mitleid und Erbarmen. Er trifft nicht den Nerv der Welt, er hinterläßt keine Narben. Er schreibt nicht mit dem Herzen, sondern mit den Drüsen.

Solang er das nicht wieder lernt, wird er schreiben als Mensch unter Menschen, deren Untergang er zusieht. Ich weigere mich, den Untergang der Menschen hinzunehmen. Es ist einfach zu sagen, der Mensch sei unsterblich, einfach weil er überleben wird: daß, wenn der letzte Gongschlag des Jüngsten Gerichts ertönt, um am letzten sinn- und zeitlos im letzten ersterbenden Abendrot ragenden Felsen zu zerschellen, daß selbst dann noch ein Ton zu hören sein wird: der seiner unermüdlichen Stimme, die immer noch spricht. Ich weigere mich, das hinzunehmen. Ich glaube, der Mensch wird nicht nur überleben, er wird siegen. Er ist unsterblich, nicht weil er allein unter den Geschöpfen eine unermüdliche Stimme hat, sondern weil er eine Seele, einen Geist hat, fähig zu Mitleid und Opfer und Ausdauer. Es ist Aufgabe des Dichters, des Schriftstellers, über diese Dinge zu schreiben. Es ist sein Privileg, dem Menschen beim Ausharren zu helfen, indem er ihm das Herz erhebt, ihn erinnert an Mut und Ehre und Hoffnung und Stolz und Erbarmen und Mitleid und Opfer – an den Ruhm seiner Vergangenheit. Die Stimme des Dichters ist nicht nur ein Zeugnis vom Menschen, sie kann auch eine der Stützen und Pfeiler sein, die ihm helfen auszuharren und zu siegen.

Gehalten am 10. Dezember 1950 in Stockholm. Aus: Essays, Speeches and Public Letters, *Edited by James B. Meriwether,* *Deutsch von Wulf Teichmann und Walter Hertenstein.*

Über einzelne Werke von William Faulkner

»Manche Menschen haben eine gewisse Freude daran, im Werk eines Autors nach Gründen, Symbolen und Parallelen zu suchen. Höchstwahrscheinlich ist in seinem Werk dies zwar auch alles enthalten, doch der Autor ist viel zu beschäftigt, Menschen im Konflikt mit sich selbst, mit ihren Mitmenschen und ihrer Umgebung darzustellen, um darüber nachzusinnen, ob er sich wiederholt oder Symbole gebraucht oder nicht ...
Für manche Menschen kann es auch durchaus lohnend sein, nach diesen Symbolen zu suchen. Es ist eine Beschäftigung, die ihnen Freude macht, sie empfinden dabei das gleiche Vergnügen, wie wenn sie irgendein Buch nur zur Unterhaltung läsen.«

William Faulkner

William Faulkner
Über Kritik

Walt Whitman bemerkte – irgendwo zwischen Wortschwall und Gemeinplatz –, daß große Dichter ein Publikum von Niveau voraussetzen. Wenn Walt Whitman dies erkannt hat, so müßte es heute allgemein klar sein, zu einer Zeit, da das Radio uns informiert und hochgestochene, sogenannte Intellektuellen-Magazine diese Information noch verbessern wollen; vom persönlichen Kontakt in Vorlesungen ganz zu schweigen. Und doch, was haben Zeitschriften und Dozenten getan, um uns zu einem besseren Publikum oder besseren Dichtern heranzubilden? Nehmen diese Sibyllen den Neophyten freundlich bei der Hand und lehren ihn die Grundbegriffe des Geschmacks? Sie versuchen ja nicht einmal, ihm Verehrung für ihre Mysterien einzupflanzen (und berauben so die Kritik sogar ihres emotionellen Gehalts – und wie sonst soll man eine Herde leiten, wenn nicht mit ihren Gefühlen? Hat es je einen rational denkenden Mob gegeben?). Und so gibt es weder Tradition noch *Esprit de Corps:* Alles, was nötig ist, um in die Reihen der Kritiker aufgenommen zu werden, ist eine Schreibmaschine.

Sie versuchen nicht einmal, seinen Ansichten Form zu geben. Zugegeben, es ist kaum der Mühe wert, die Ansichten anderer zu formen, hingegen ist es ein amüsanter Zeitvertreib, ihn – natürlich zu seinem Besten – an der Nase herumzuführen. Wie ein Taschenspieler versucht der Kritiker herauszukriegen, wieviel er dem Publikum zeigen kann, ohne daß es ihm auf die Schliche kommt – die Hand ist schneller als das Auge. Für ihn ist das Werk, das er rezensiert, ein Instrument, auf dem seine Schlauheit schwierige Arpeggios spielt. Das erscheint mir so unreif-überheblich und dumm: als würde ein Trompeter akrobatische Passagen blasen bis die Band sich einfindet. Nur mit dem Unterschied, daß der Trompeter nach einer Weile von seiner Virtuosität genug hat. Der Kritiker aber – es ist kaum zu glauben – ist in seine eigene Musik verliebt. Liest er etwa mit Gefallen, was die Kollegen schreiben? Ebensogut könnte man sich vorstellen, daß Barbiere einander zum Spaß rasieren.

Der Kritiker macht nicht nur sein Publikum, sondern auch sich selber blind für das Wesentliche. Er betreibt geistiges Schauturnen: er wird zur Reinkarnation des unvergeßlichen Schaubuden-Anreißers, der nicht mit dem, *was* er sagt, sondern *wie* er es sagt, die Tölpel in Bann schlägt, sie mit dem Feuerwerk seiner Verführungskünste blendend. Wer kennt nicht folgende Unterhaltung:

»Haben Sie den neuen ... (nach Belieben einzusetzen) schon gelesen? Jones Brown ist wieder sehr gut, er ... äh, wie hieß das Buch doch gleich? Ein Roman, glaub ich ... liegt mir auf der Zunge ... von Soundso. Ist ja egal, Jones nennt ihn einen ästhetischen Pfadfinder. Sehr treffend. Das müssen Sie lesen.«

»Das will ich tun. Brown ist immer sehr gut. Erinnern Sie sich, wie er von irgendwem sagte: ›Ein Papagei, der nicht fliegen kann und der nie gelernt hat zu fluchen‹.«

Fragt man ihn aber nach dem Namen des Autors oder dem des Buchs, oder wovon es handle, vermag er es nicht zu sagen! Entweder hat er das Buch nicht gelesen, oder es hat ihn nicht weiter berührt und er hat die Kritik von Brown abgewartet, um sich eine Meinung zu bilden. Und Brown hat überhaupt keine Meinung geäußert. Brown hat vielleicht selber keine.

Wieviel besser macht man das doch in England als in Amerika! Natürlich gibt es in Amerika Kritiker, die ebenso vernünftig und tolerant sind und über brauchbares geistiges Rüstzeug verfügen, aber bis auf wenige Ausnahmen haben sie kein Ansehen: die tonangebenden Magazine ignorieren sie; oder sie finden die Bedingungen unerträglich, ignorieren ihrerseits die Magazine und leben im Ausland. In einer Nummer der ›Saturday Review‹ bespricht Gerald Gould ›The Hidden Player‹ von Alfred Noyes:

»Die Leute reden nicht so ... Es genügt nicht, nur die Umgangssprache der Leute zu notieren, das wirkt langweilig ... Das tödliche Detail führt nirgends hin.« Hier haben wir das Wesentliche der Kritik: treffend, klar und bündig – dem gibt es nichts hinzuzufügen. Es ist eine Kritik, die nicht nur das Publikum, sondern auch der Autor mit Gewinn liest. Doch welcher Starkritiker würde es dabei bewenden lassen? Welcher von unseren Literaturpäpsten ließe sich die Gelegenheit entgehen, von Noyes als einem ästhetischen Pfandfinder zu reden, oder etwas ähnlich Irrelevantes und Infantiles von sich zu geben? Wie viele Leser könnten dann das Buch noch unvoreingenommen in die Hand nehmen, ohne sich eines unbehaglichen Gefühls von Gönnerhaftigkeit und Mitleid erwehren zu müssen ... nicht dem Buch gegenüber, sondern Mr. Noyes. Einer unter Hundert. Und welchem Schriftsteller, mit seinem Zwang zu leiden, getrieben von seinem Drang, Papier zu bekritzeln, einem Drang, der ihn quält wie eine Viehbremse, wäre damit geholfen, daß man ihn einen ästhetischen Pfadfinder nennt? Keinem einzigen.

Vernunft, das ist das Wort. Leben und leben lassen; kritisieren mit Sinn für Kriterien, nicht Geschwätz. Die englische Kritik beurteilt das Buch, die amerikanische verurteilt den Autor. Der amerikanische Rezensent dreht dem Leserpublikum einen mißgestalteten Possenreißer an, in dessen Schatten die Titel vieler ungelesener Bücher schwach auszumachen sind. Wenn es zwei Gewerbe gibt, die von Berufsneid frei sein sollten, dann die Prostitution und die Literatur.

So wie die Dinge liegen, wird Wettstreit zu Halsabschneiderei. Der Schriftsteller kann sich mit dem Kritiker nicht messen, er ist zu sehr mit Schreiben beschäftigt und seiner Natur nach für einen Zweikampf nicht geeignet. Selbst wenn er Zeit hätte und entsprechend gewappnet wäre – unfair wäre es dennoch. Der Kritiker, ist er einmal vom Publikum akzeptiert, wird als unfehlbar betrachtet; und sein Kontakt mit ihm ist so direkt, daß er immer das letzte Wort behält. Und für den Amerikaner hat das letzte Wort Gewicht, bildet den Höhepunkt. Wahnscheinlich, weil es ihm Gelegenheit gibt, selber zu Wort zu kommen.

On Criticism *aus:* Early Prose and Poetry, *Edited by Carvel Collins, An Atlantic Monthly Press Book, 1962, Little, Brown and Company, Boston – Toronto. Erstdruck 1925 im ›Double Dealer‹, Vol. VII. Deutsch von Walter Hertenstein.*

Ein verlorenes und wiedergefundenes Faulkner-Manuskript

Über ›Schall und Wahn‹

James B. Meriwether

In der Jährlichen Handelsliste der Verleger [Publishers' Trade List Annual] von 1933 machte der damals vergleichsweise junge Verlag Random House »zögernd die Vorankündigung«, daß er »im Herbst 1933 eine begrenzte Neuauflage« von William Faulkners *The Sound and the Fury* herausbringen wolle. Die Grabhorn Press sei als Druckerei vorgesehen, und erscheinen solle das Buch in einer Auflage von 500 Exemplaren, die der Autor signieren wolle; auch eine Einführung würde er beisteuern, hieß es.

Rückblickend können wir heute sagen, daß dies ein Projekt von außerordentlicher literarischer Tragweite gewesen wäre. Erstmals 1929 erschienen, war der Roman bei der Kritik ein Erfolg gewesen, obwohl er nicht so gedruckt worden war, wie Faulkner es gewünscht hatte: mit verschiedenen Farben, die die Zeitensprünge im ersten Teil markieren sollten. In typographischer Hinsicht hätte die Grabhorn Press den ursprünglichen Intentionen des Autors weitgehend entgegenkommen können; und Faulkners Einführung, ein Dokument von einzigartiger kritischer und biographischer Bedeutung, würde sich günstig auf den Ruf ausgewirkt haben, in dem Faulkner in Amerika bereits stand, galt er doch als ein Autor, der *Sanctuary* nur geschrieben hatte, um zu Geld zu kommen – ein Ruf, gegen den Faulkner selber nichts unternahm, den er, vor allem wohl aus Indifferenz und Verachtung, sogar noch bewußt zu fördern schien, wenn er mit der Öffentlichkeit in Berührung kam. Aber erst wurde das Projekt aufgeschoben und dann, offenbar ein Opfer der Wirtschaftskrise, fallengelassen.

Es ist zwar traurig, daß damals die Chance, einen unter Aufsicht des Autors hergestellten Grabhorn-Press-Text von *Schall und Wahn* zu bekommen, verpaßt worden ist, aber wir können froh sein, daß Faulkners Einführung erhalten blieb und nun nach fast vierzig Jahren zum erstenmal zur Veröffentlichung gelangt.

Daß diese Einführung existierte – oder wenigstens vier von deren ursprünglich fünf Seiten –, war der Forschung seit 1957 bekannt. In diesem Jahr hatte Faulkner seine Papiere der Princetoner Universitätsbibliothek übergeben und mich mit der Aufgabe betraut, sie zu ordnen und zu katalogisieren. Ich wußte damals nicht, wie ich diesen Text beschreiben sollte, denn es fehlte die erste Seite und damit der Titel, den Faulkner ihm gegeben hatte – falls er ihm einen gegeben hatte. Die übrigen vier Seiten (mit 2, 3 und 4 numeriert – die letzte hat keine Seitenzahl) handelten von der Arbeit an Faulkners ersten sieben Romanen, besonders an *The Sound and the Fury*, und offensichtlich waren sie irgendwann zwischen Oktober 1932 (dem Erscheinungsdatum von *Light in August*, Faulkners siebentem Roman) und dem Herbst 1934 (als er an *Pylon* arbeitete, seinem achten) geschrieben worden. Für die Faulkner-Ausstellung, die ich später im Jahre 1957 in der Bibliothek vorbereitete, zitierte ich aus dem Typoskript einfach als aus »einer unveröffentlichten Anmerkung zu *The Sound and the Fury*«.

Weiteres Forschen ergab, daß es sich mit hinlänglicher Sicherheit um die Einführung handeln mußte – oder um einen Entwurf dazu –, die Faulkner für jenes gescheiterte Projekt von 1933 geschrieben hatte, und als solche bezeichnete ich den Text in der Handliste der Faulkner-Manuskripte, die ich 1961 veröffentlichte; und im folgenden Jahr, als ich eine Ausgabe von *The Sound and the Fury* besprach, berichtete ich etwas eingehender von dieser Einführung. Aber es sollte noch zehn Jahre dauern, bis die fehlende erste Seite in einem Kasten gefunden wurde, der in einem Besenschrank in Rowanoak lag, Faulkners Haus in Oxford, Mississippi. Faulkner hatte ihn offenbar vergessen, denn er erwähnte ihn mit keinem Wort, als wir zwischen 1957 und 1959 in Princeton bei mehreren Gelegenheiten über seine Manuskripte und Typoskripte sprachen (die heute die Universität von Virginia hat).

Die Niederschrift der Einführung war irgendwann im Sommer 1933 fertig. Ende Juni jenes Jahres kam Faulkner in einem Brief an seinen Agenten Ben Wasson auf das Projekt zu sprechen; er fragte ihn: »Was will er [Bennett Cerf vom Verlag Random House] denn in der Einführung haben? Ich könnte sofort anfangen.« (Im selben Brief gibt Faulkner die Geburt seiner

Tochter Jill bekannt; seine erste Tochter, diejenige, die er am Schluß seiner Einführung erwähnt, starb wenige Tage nach ihrer Geburt im Januar 1931.) In einem anderen Brief an Wasson, wahrscheinlich nur wenige Wochen später geschrieben, sagte Faulkner: »Das Beigefügte erklärt sich selbst. Ich habe ziemlich daran gefeilt, fast wie an einem Gedicht, und ich glaube, jetzt steht die Sache. Schau mal, was Bennet *(sich)* dazu sagt, und laß es mich wissen.« Demnach scheint es fast sicher, daß Faulkner die Einführung irgendwann im Spätsommer 1933 schrieb und einschickte.

Als Random House Anfang 1946 Pläne zu machen begann, *The Sound an the Fury* in der Modern Library-Reihe des Verlags neu herauszubringen, wurde Faulkner gebeten, eine Einführung zu schreiben, aber er lehnte ab. »Ich weiß nicht, wie man Einführungen schreibt«, teilte er Malcolm Cowley bald darauf brieflich mit. »Ich erinnere mich nicht, je eine gesehen zu haben, außer der, die ich vor etwa 10 Jahren für B. Cerf schrieb, als er vorhatte, TSAF neu zu drucken, und es dann nicht tat, oder vergaß oder sonst was.« Kurz darauf, in einem anderen Brief an Cowley, wiederholte er seine Abneigung gegenüber dem Projekt: »Ich kann keine Einführung schreiben; hoffentlich ist meine alte von früher bei Random House so verschütt gegangen, daß man sie nie wiederfindet.«

Sie tauchte jedoch wieder auf. Am 22. Mai schrieb Robert Linscott, ein Random House-Lektor, an Faulkner, daß die Einführung gefunden worden sei, man wolle sie dem Band in der neuen Modern Library-Reihe voranstellen, und er hoffe auf Faulkners Zustimmung. Es scheint, daß Linscott die Einführung zusammen mit seinem Brief an Faulkner zurückgeschickt hat, und offensichtlich war Faulkner gegen eine Veröffentlichung, denn im folgenden Dezember erschien das Buch ohne die Einführung. Und 1964, als Random House eine Neuauflage von *The Sound and the Fury* plante, war in den Ordnern des Verlags keine Spur mehr von dem Text zu finden. Wenn Linscott, was wahrscheinlich ist, das 1946 gefundene Exemplar an Faulkner zurückschickte, kann es sein, daß es Faulkner verloren ging oder daß er es vernichtete; oder, wenn die Fassung, die wir hier veröffentlichen, tatsächlich die ist, die er Random House vorlegte und die ihm 1946 zurückgeschickt wurde, dann muß die erste

Seite des Textes von den übrigen vier Seiten entfernt worden sein, als er ihn wieder zu seinen Papieren zurücklegte.

Obgleich es unmöglich ist, mit Sicherheit zu sagen, wie genau Faulkner sich 1946 noch an den Text erinnerte, dürfen wir annehmen, daß sein Widerwille gegen eine damals erstmalige Veröffentlichung heute nicht sein letztes Wort dazu wäre. Die Einführung von 1933 ist eine einzigartige Offenbarung des Autors. Fast als wollte er den irreführend kaltschnäuzigen Ton, den er 1932 in der Einführung zu *Sanctuary* angeschlagen hatte, wieder gutmachen, gestattete Faulkner sich in der Einführung zu *The Sound and the Fury* Dinge zu sagen, die er meines Wissens nie zuvor gesagt hatte und die er öffentlich nie wieder sagen würde. Wenn auch nicht alle ›Fakten‹ darin wörtlich zu nehmen sind – *Sartoris* wurde beispielsweise nicht drei, sondern ein Jahr nach der ersten Ablehnung zum Druck angenommen –, so steht doch fest, daß der Text seinem wesentlichen Gehalt nach wahr ist. Bei vielen Gelegenheiten hat Faulkner in späteren Jahren keinen Zweifel daran gelassen, daß *The Sound an the Fury* seinem Herzen am nächsten stand; aber es ist diese Einführung, für die er die Worte fand, warum.

William Faulkner

Ich schrieb dieses Buch und lernte lesen. Durch *Soldier's Pay* hatte ich ein bißchen über das Schreiben gelernt – wie man an Sprache, an Wörter herangeht: nicht so sehr mit dem Ernst, mit dem ein Essayist es tut, sondern mit einer Art vorsichtigem Respekt, wie man an Dynamit herangeht; oder sogar mit Freude, wie man sich Frauen nähert: insgeheim vielleicht mit denselben leichtsinnigen Absichten. Aber als ich *The Sound and the Fury* abgeschlossen hatte, entdeckte ich, daß es tatsächlich etwas gibt, dem das abgegriffene Wort Kunst nicht nur beigelegt werden kann, sondern muß. Ich entdeckte, daß alles, was ich je gelesen hatte, durch mich hindurchgegangen war, angefangen von Henry James über Henty bis zu Mordberichten in Zeitungen; alles hatte ich – anders als eine Motte oder Ziege es getan hätte – unterschiedslos in mich aufgenommen und verdaut. Ohne das Bedürfnis zu haben, ein weiteres Buch aufzuschlagen, und in einer

Reihe spät nachhallender Erschütterungen wie bei einem Sommergewitter, entdeckte ich nach *The Sound and the Fury* die Flauberts und Dostojewskis und Conrads, deren Bücher ich zehn Jahre zuvor gelesen hatte. Mit *The Sound and the Fury* lernte ich lesen und aufhören zu lesen, denn seither habe ich nichts mehr gelesen.

Ich scheine auch nichts mehr gelernt zu haben seither. Während ich *Sanctuary* schrieb, den Roman, der *The Sound and the Fury* vorausging, war der Teil von mir, der schreibend lernte – was wahrscheinlich die stärkste Kraft ist, die einen Schriftsteller dazu treibt, die Mühsal des Erfindens auf sich zu nehmen und die Plagerei, fünfundsiebzig- oder hunderttausend Wörter zu Papier zu bringen –, abwesend, denn immer noch hallte die Lektüre in mir nach, die ich vor ganzen zehn und mehr Jahren verschlungen hatte. Das einzige, was ich beim Schreiben von *Sanctuary* lernte, war, daß etwas fehlte; etwas, das *The Sound and the Fury* mir gab und was mir bei *Sanctuary* versagt blieb. Als ich *As I Lay Dying* begann, hatte ich entdeckt, was es war, und ich wußte, daß es in diesem Fall wiederum fehlen würde, weil dies ein vorher durchdachtes Buch werden sollte. Ganz bewußt ging ich daran, eine tour de force zu schreiben. Bevor ich je die Feder dem Papier näherte und das erste Wort niederschrieb, wußte ich, was das letzte Wort sei, und ziemlich genau, wo der letzte Punkt gesetzt werden würde. Bevor ich anfing, sagte ich mir, ich schreibe jetzt ein Buch, mit dem ich, wenn's sein muß, stehe oder falle; ich schreibe, als würde ich danach nie mehr mit Tinte in Berührung kommen. Als ich die Arbeit abgeschlossen hatte, stellte sich wie erwartet kalte Befriedigung ein, aber es fehlte, wie ebenfalls erwartet, jene andere Empfindung, die mir durch *The Sound and the Fury* zuteil geworden war: dieses ganz bestimmte, körperliche und dennoch nur verschwommen beschreibbare Gefühl; diese Ekstase, dieses frohe, ungeduldige, zuversichtliche Glauben an die Überraschung, die unverletzt und unfehlbar von dem noch unbeschmierten Blatt Papier unter meinen Händen festgehalten wurde und darauf wartete, freigelassen zu werden. Bei *As I Lay Dying* war das nicht da. Ich sagte: Es ist so, weil ich zu viel über dieses Buch wußte, bevor ich anfing, es zu schreiben. Ich sagte: Höchstwahrscheinlich werde ich nie wieder so viel über ein Buch wissen müssen, bevor ich anfange, es zu schreiben, und das nächstemal wird es wiederkommen. Ich wartete fast zwei Jahre, dann begann ich *Light in August*, und alles, was ich darüber wußte, war eine junge Frau, schwanger, die auf einer Landstraße geht, die sie nicht kennt. Ich dachte, jetzt werde ich es zurückerobern, denn ich weiß über dieses Buch nicht mehr als ich damals über *The Sound and the Fury* wußte, als ich mich vor die erste leere Seite setzte.

Es kam nicht wieder. Der Stapel der beschriebenen Seiten wuchs. Die Geschichte ging ganz gut voran. Jeden Morgen setzte ich mich ohne Widerwillen an den Schreibtisch, aber immer ohne jene Zuversicht und Freude, die allein mir das Schreiben zu einem Vergnügen machen konnten. Das Buch war fast fertig, ehe ich mich mit der Tatsache abfand, daß das Gefühl sich nicht einstellen würde, denn bevor jedes Wort hingeschrieben war, wußte ich schon, was die Leute tun würden, denn nun wählte ich gezielt unter möglichen und wahrscheinlichen Verhaltensweisen aus und wog und maß jede Entscheidung an der Wertskala der Jameses und Conrads und Balzacs. Ich wußte, daß ich zuviel gelesen hatte, daß ich das Stadium erreicht hatte, das jeder junge Schriftsteller durchmachen muß, das Stadium, in dem er glaubt, daß er zuviel über sein Geschäft gelernt hat. Ich bekam ein Exemplar des gedruckten Buches und merkte, daß ich nicht einmal wissen wollte, wie der Umschlag aussah, den Smith dafür gemacht hatte, ich meinte ihn im Geiste zu sehen wie die anderen Buchumschläge, die der Reihe nach rechts neben *The Sound and the Fury* auf einem Brett standen und mir ihre Rücken mit den Titeln zukehrten, über die mein Blick mit einer so müden Aufmerksamkeit glitt, daß es fast schon Ekel war, und jeder Titel, der dann noch folgte, wurde mit weniger und weniger Aufmerksamkeit registriert, bis schließlich die Aufmerksamkeit selber zu sagen schien: Gottseidank, daß ich nie wieder eins von diesen Büchern aufschlagen muß. Ich glaubte damals zu wissen, warum ich jene erste Ekstase nicht wieder zurückgewonnen hatte; und daß ich sie nie wieder zurückgewinnen würde; daß alle Romane, die ich künftig schreiben würde, ohne Widerwillen, aber auch ohne freudige Erwartung geschrieben werden würden: daß ich in *The Sound and the Fury* vielleicht schon das einzige zu Literatur gemacht hatte, was mich je tief bewegen würde: Caddy, die den Birnbaum hinaufklettert, um durch das Fenster die Trauernden zu sehen, die ihre Großmutter beweinen, während Quentin und Jason und Benjy und die Neger unten stehen und zum schmuddeligen Hosenboden ihres Schlüpfers aufblicken.

Dies ist der einzige von sieben Romanen, den ich ohne jedes begleitende Gefühl von Druck oder Anstrengung, ohne jedes Nachgefühl von Erschöpfung oder Erleichterung oder Widerwillen geschrieben habe. Als ich anfing, hatte ich überhaupt keinen Plan. Ich schrieb nicht einmal ein Buch. An Bücher, Veröffentlichung dachte ich nur im umgekehrten Sinne: Ich sagte mir, Verleger, denen es gefällt oder mißfällt, sollen meine Sorge nicht sein. Vier Jahre zuvor hatte ich *Soldier's Pay* geschrieben. Das Schreiben hat nicht lange gedauert, und das Buch wurde schnell veröffentlicht und brachte mir etwa fünfhundert Dollar ein. Ich sagte mir: Romane schreiben ist leicht. Viel verdienst du nicht damit, aber es ist leicht. Ich schrieb *Mosquitoes*. Das Schreiben fiel nicht ganz so leicht, und das Buch wurde nicht ganz so schnell veröffentlicht und brachte mir etwa vierhundert Dollar. Ich sagte mir: Offenbar gehört mehr dazu, Romane zu schreiben, Romancier zu sein, als ich dachte. Ich schrieb *Sartoris*. Dazu brauchte ich viel länger, und der Verleger lehnte sofort ab. Aber mit hartnäckiger und schwindender Hoffnung ging ich drei Jahre damit hausieren, vielleicht um die Zeit zu rechtfertigen, die das Schreiben mich gekostet hatte. Diese Hoffnung starb langsam, auch wenn es überhaupt nicht weh tat. Eines Tages kam es mir so vor, als hätte ich eine Tür zwischen mir und allen Verlegeradressen und Bücherlisten zugemacht. Ich sagte mir: Jetzt kann ich schreiben. Jetzt kann ich mir eine Vase machen, wie der alte Römer sie neben seinem Bett stehen hatte: mit einem von seinen Küssen langsam abgenutzten Rand. Und so machte ich mich, der ich nie eine Schwester hatte und dem das Schicksal eine Tochter im zartesten Alter raubte, daran, mir ein schönes und tragisches kleines Mädchen zu erschaffen.

Faulkner, Lost and Found *aus: ›The New York Times Book Review‹, November 5, 1972. Deutsch von Wulf Teichmann.*

Jean-Paul Sartre
Die Zeitlichkeit bei William Faulkner. Nach seinem Roman ›Schall und Wahn‹

Wenn man *Schall und Wahn* liest, ist man zunächst durch die seltsame Technik verblüfft. Warum hat Faulkner die zeitliche Folge seiner Geschichte zerschlagen und die Bruchstücke durcheinandergeworfen? Warum erhalten wir den ersten Einblick in diese Romanwelt gerade durch das Bewußtsein eines Schwachsinnigen? Der Leser will feste Anhaltspunkte suchen und für sich selbst die chronologische Reihenfolge wiederherstellen: »Jason und Caroline Compson haben drei Söhne und eine Tochter gehabt. Die Tochter Caddy hat sich Dalton Ames hingegeben, der sie geschwängert hat; gezwungen, rasch einen Ehemann zu suchen ...« Hier hält der Leser inne, denn er bemerkt, daß Faulkner eine andere Geschichte erzählt: er hat nicht zuerst eine geordnete Handlung ersonnen, um sie dann wie ein Spiel Karten durcheinanderzumischen; er konnte eben nicht anders erzählen, als er es getan hat. Im klassischen Roman schürzt sich die Handlung zu einem Knoten: etwa die Ermordung des alten Karamasov, oder die Begegnung Edouards und Bernards in den ›Falschmünzern‹. In *Schall und Wahn* sucht man vergeblich nach einem solchen Knoten. Ist es die Entmannung Benjys, das unselige Liebesabenteuer Caddys, der Selbstmord Quentins oder Jasons Haß gegen seine Nichte? Hinter jeder Episode werden, sobald man es näher betrachtet, andere Episoden, alle anderen Episoden sichtbar. Es geschieht nichts Neues, die Geschichte entwickelt sich nicht: vielmehr findet man sie – mehr oder weniger entwickelt – hinter jedem Wort als lästige, obszöne Gegenwärtigkeit. Es wäre falsch, diese Ausgefallenheiten nur für eine virtuose Spielerei zu halten; die Technik eines Romans weist stets auf die Metaphysik des Romanciers hin. Aufgabe des Kritikers ist es, sich zuerst über die Metaphysik Klarheit zu verschaffen, ehe er die Technik beurteilt. Faulkners Metaphysik nun, das ist sofort ersichtlich, ist eine Metaphysik der Zeit.

Das Unglück des Menschen ist seine Gebundenheit an die Zeit. »Ein Mensch ist die Summe seiner Mißgeschicke. Man sollte eigentlich meinen, eines Tages bekomme das Mißgeschick es satt, aber dann ist die Zeit dein Mißgeschick.« Das ist das eigentliche Thema des Romans. Und wenn die Technik, die Faulkner hier anwendet, zunächst eine Verneinung der Zeitlichkeit zu sein scheint, dann deshalb, weil wir Zeitlichkeit mit chronologischer Reihenfolge verwechseln. Es war ja der Mensch, der Kalender und Uhren erfunden hat: »Das dauernde Nachsinnen über den Stand von mechanischen Zeigern auf einem willkürlichen Zifferblatt sei ein Symptom tätigen Bewußtseins. Eine Ausscheidung wie Schwitzen.« Um zur wirklichen Zeit zu gelangen, muß man sich von diesem erfundenen Maß, das gar nichts mißt, freimachen: »Die Zeit ist tot, solange sie von kleinen Rädern weggetickt wird; nur wenn die Uhr stehenbleibt, wird die Zeit lebendig.« Wenn Quentin seine Uhr zerschlägt, ist das also eine Handlung von symbolischer Bedeutung: er macht uns die Zeit ohne Uhr zugänglich. Uhrenlos ist auch die Zeit Benjys, des Schwachsinnigen, der die Uhr nicht kennt.

Damit enthüllt sich uns die Gegenwart. Nicht jene vollkommene Grenze, deren Platz zwischen Vergangenheit und Zukunft genau festgelegt ist; die Gegenwart bei Faulkner ist ihrem Wesen nach etwas Katastrophenhaftes, ein Geschehen, das über uns kommt wie ein Räuber, gewaltig, unausdenkbar, das über uns kommt und wieder verschwindet. Jenseits dieser Gegenwart gibt es nichts, da die Zukunft nicht existiert. Die Gegenwart taucht plötzlich auf, man weiß nicht woher, und vertreibt eine andere Gegenwart; sie ist eine ewig neu begonnene Summe. »Und ... und ... und dann.« Wie Dos Passos, doch viel unauffälliger, macht Faulkner aus seinem Bericht eine bloße Aufzählung: auch die Handlungen, sogar in der Sicht der Handelnden selbst, zerspringen und zersplittern, sobald sie in die Gegenwart eindringen: »Ich ging zur Kommode und nahm die Uhr, die noch mit dem Zifferblatt nach unten lag. Ich zerschlug das Uhrglas an der Ecke der Kommode, sammelte in der Hand die Splitter und legte sie in den Aschenbecher, dann drehte ich die Zeiger ab und legte sie in den Aschenbecher. Die Uhr tickte weiter.« Das zweite Merkmal dieser Gegenwart ist ihr *Versinken*. In Ermangelung eines besseren gebrauche ich diesen Ausdruck, um die regungslose Bewegung dieses unförmigen Ungeheuers zu kennzeichnen. Bei Faulkner gibt es niemals ein Fortschreiten, nichts, was aus der Zukunft kommt. Die Gegenwart ist zunächst nicht eine künftige Möglichkeit gewesen, etwa derart, daß mein Freund erscheint, nachdem er zunächst der war, *den ich erwarte.* Nein: gegenwärtig sein, heißt ohne Ursache plötzlich dasein und wieder versinken. Dieses Versinken ist nichts Abstraktes: Faulkner entdeckt es in den Dingen selbst und versucht, es uns fühlbar zu machen. »Der Zug bog um eine Kurve, die Lokomotive schnaufte mit schweren, kurzatmigen Stößen, und zwei glitten außer Sicht – samt ihrem Air armseliger und zeitloser Geduld und unbeirrbarer Gelassenheit . . .« Und ferner: »Die Hufe vor dem nachdrängenden Buggy zierlich geschwind wie die Hände einer Stickerin, *sie bewegten sich, immer kleiner werdend, auf der Stelle,* wie ein Schauspieler auf einer Drehbühne, der rasch hinter der Szene verschwindet (Hervorhebung von mir).« Es scheint, als gewahre Faulkner tief innen in den Dingen eine gefrorene Bewegung, als werde er gestreift von erstarrten Strömen, die verblassen, zurückweichen und versinken, ohne sich zu bewegen.

Dennoch kann diese flüchtige und undenkbare Bewegungslosigkeit festgehalten und gedacht werden. Quentin kann sagen: ich habe meine Uhr zerschlagen. Doch wenn er das sagt, ist seine Handlung bereits *vergangen.* Das Vergangene läßt sich benennen und berichten, es läßt sich – bis zu einem gewissen Grade – begrifflich festhalten oder gefühlsmäßig erkennen. Wir haben schon anläßlich von *Sartoris* festgestellt, daß Faulkner die Ereignisse immer erst zeigt, wenn sie bereits geschehen sind. In *Schall und Wahn* geschieht alles hinter den Kulissen: nichts ereignet sich, alles hat sich bereits ereignet. Jetzt verstehen wir auch die seltsame Äußerung eines seiner Helden: »Ich war. Ich bin nicht.« In diesem Sinne kann Faulkner dann auch aus dem Menschen ein Ganzes ohne Zukunft machen: »eine Summe seiner klimatischen Erfahrungen«, »eine Summe seines Unglücks«, »eine Summe dessen, was man hat«: man erkennt jeweils nur einen Zug, da die Gegenwart nichts ist als ein gesetzloses Raunen, eine vergangene Zukunft. Man könnte Faulkners Blick auf die Welt vergleichen mit dem eines Menschen, der mit dem Rücken zur Fahrtrichtung in einem offenen Auto sitzt. Ständig tauchen rechts und links formlose Schatten auf, ein Flimmern, ein gedämpftes Zittern, Lichttupfen, die erst später, im Zurückweichen, zu Bäumen, Menschen und Autos werden. Die Vergangenheit bekommt dadurch etwas Surreales: ihre Umrisse sind klar, scharf und unbeweglich; die Gegenwart, unbestimmt und flüchtig, kann sich daneben nur schwer behaupten; sie ist voller Löcher, und durch diese Löcher dringt das Vergangene ein, starr, unbewegt und schweigend wie Richter oder Blicke. Faulkners Monologe erinnern an Flugreisen, bei denen man durch viele Luftlöcher kommt; jedesmal ›fällt‹ das Bewußtsein des Helden ›in die Vergangenheit‹ und erhebt sich wieder, um aufs neue zurückzufallen. Die Gegenwart ist nicht, sie wird; alles ist *gewesen.* In *Sartoris* wurde das Vergangene als »die Geschichten« bezeichnet, weil es sich um erfundene Familienerinnerungen handelte, weil Faulkner seine besondere Technik noch nicht gefunden hatte. In *Schall und Wahn* ist er individueller und unbestimmter. Aber seine Besessenheit ist so stark, daß er manchmal die Gegenwart völlig verschleiert, und die Gegenwart verläuft dann, wie ein unterirdischer Fluß, im Dunkeln und taucht erst wieder auf, wenn sie selbst vergangen ist. Als Quentin Blaid beschimpft (vgl. den Dialog mit Blaid, der in den Dialog mit Ames eingeschoben ist: »haben Sie jemals eine Schwester gehabt«), wird er sich dessen gar nicht bewußt, denn er durchlebt hier noch einmal seinen Streit mit Dalton Ames. Und als Blaid ihn ins Gesicht schlägt, wird auch dieser Schlag überdeckt und verhüllt durch den Schlag, den er damals von Ames erhielt. Shreve wird dann später *erzählen*, wie Blaid Quentin geschlagen hat: er wird die Szene erzählen, weil sie Geschichte geworden ist – als sie sich aber gegenwärtig ereignete, war sie nichts als ein flüchtiges Vorübergleiten hinter einem Schleier. Man hat mir einmal von einem alten Lehrer erzählt, der geistesschwach geworden und dessen Gedächtnis stehengeblieben war wie eine zersprungene Uhr: sie zeigte immerfort vierzig Jahre an. Er war mittlerweile sechzig Jahre alt geworden, war sich dessen aber nicht bewußt; seine letzte Erinnerung war ein Schulhof und sein täglicher Rundgang darauf. So sah er seine Gegenwart immer im Lichte dieser letzten Vergangenheit und wanderte um seinen Tisch herum in der Meinung, er beaufsichtige Schüler während der Pause. Genauso sind auch die Gestalten Faulkners. Ja, schlimmer noch: ihre Vergangenheit, die an sich etwas Geordnetes ist, ordnet sich bei ihnen nicht in chronologischer Folge ein, sondern in einer gefühlsbestimmten

Gruppierung. Um ein paar zentrale Themen (Caddys Schwangerschaft, Benjys Entmannung, Quentins Selbstmord) kreisen unzählige stumme Massen. Daher diese Absurdität der Chronologie, der »runden, dummen Sicherheit der Uhr«: die Ordnung der Vergangenheit ist die Ordnung des Herzens. Es wäre falsch, zu glauben, daß die Gegenwart, wenn sie vergeht, zu der Erinnerung wird, die uns am nächsten liegt. Die Verwandlung, die sie durchmacht, kann sie auf den Grund unseres Gedächtnisses absinken lassen, kann sie aber auch an der Oberfläche lassen; einzig die ihr eigene Dichte und ihre dramatische Bedeutung für unser Leben entscheiden über ihre Position.

So ist also die Zeit bei Faulkner. Scheint sie uns nicht auf irgendeine Weise bekannt? Diese Gegenwart, die sich nicht in Worte fassen läßt, die überall leck geschlagen ist, dieses unvermittelte Hereinbrechen des Vergangenen, diese Ordnung des Gefühls, die der Ordnung der Vernunft und des Willens zuwiderläuft, eine Ordnung, die zwar chronologisch ist, aber die Realität verfehlt, diese ungeheuerlichen und unzusammenhängenden Erinnerungen, die uns verfolgen, dieses Aussetzen des Herzens . . ., finden wir in all dem nicht die verlorene und wiedergewonnene Zeit Marcel Prousts wieder? Ich bin mir der Unterschiede durchaus bewußt: ich weiß zum Beispiel, daß für Proust das Heil in der Zeit selbst liegt, in dem unversehrten Wiederauftauchen der Vergangenheit. Für Faulkner dagegen ist – unglücklicherweise – die Vergangenheit nie verloren, sie ist immer da, sie ist eine Zwangsvorstellung. Man entkommt der zeitlichen Welt nur durch mystische Ekstasen. Ein Mystiker ist ja immer ein Mensch, der etwas vergessen will: sein Ich oder, allgemeiner gesagt, die Sprache oder die bildlichen Vorstellungen. Für Faulkner dagegen gilt es, die Zeit zu vergessen: »Quentin, ich gebe dir das Mausoleum allen Hoffens und Wünschens; es ist geradezu grausam wahrscheinlich, daß du sie dazu verwendest, um das *reductio ad absurdum* aller menschlichen Erfahrung zu erlangen, das deinen persönlichen Bedürfnissen nicht mehr zugute kommen dürfte als den seinen oder denen seines Vaters. Ich gebe sie dir, nicht damit du dich der Zeit erinnerst, *sondern* daß du sie hin und wieder einen Augenblick lang vergessen und nicht deinen ganzen Atem daran verschwenden mögest, sie zu besiegen. Denn keine Schlacht wird jemals gewonnen. Sie wird nicht einmal geschlagen. Das Schlachtfeld enthüllt dem Menschen lediglich seine eigene Dummheit und Verzweiflung, und Sieg ist nur eine Illusion von Philosophen und Toren.« Gerade weil er die Zeit vergessen hat, findet der gehetzte Neger in *Licht im August* plötzlich sein eigenartiges und grausames Glück. »Erst wenn wir begriffen haben, daß nichts uns helfen kann – Religion, Stolz oder was es auch immer sein mag –, erst wenn wir dies begriffen haben, bedürfen wir keiner Hilfe mehr.« Doch für Faulkner wie für Proust ist die Zeit in erster Linie *das Trennende*. Erinnern wir uns nur an die Bestürzung der Helden Prousts, die nicht mehr zu ihrer vergangenen Liebe zurückkönnen, an die Liebenden in ›Tage der Freuden‹, die sich an ihre Leidenschaft klammern, weil sie fürchten, daß sie vergeht, und weil sie wissen, daß sie vergeht: dieselbe Angst findet man auch bei Faulkner: »Man kann etwas so Grauenhaftes nicht tun, man kann nichts wahrhaft Grauenhaftes tun, man kann sich nicht einmal morgen an etwas erinnern, was heute grauenhaft schien.« Und: »Es ist schwerlich denkbar, daß eine Liebe oder ein Kummer so etwas wie ein planlos erworbener Pfandbrief ist, der nolens volens verfällt und ohne vorherige Mitteilung gekündigt wird, um durch irgendein Papier ersetzt zu werden, das die Götter gerade in dieser Zeit auf den Markt werfen.« Eigentlich *hätte* die Romantechnik Faulkners auch die Technik Prousts *sein müssen*, denn sie war das logische Endergebnis seiner Metaphysik. Nur ist eben Faulkner ein Verlorener, und gerade weil er sich verloren fühlt, wagt er, seine Gedanken zu Ende zu denken. Proust dagegen ist Klassiker und Franzose: ein Franzose mag zwar vorübergehend abirren, am Ende findet er sich aber immer wieder. Sprachgewandtheit, Vorliebe für klare Gedankengänge und Intellektualismus haben Proust veranlaßt, wenigstens scheinbar die zeitliche Reihenfolge beizubehalten.

Der tiefere Grund für diese Ähnlichkeit ist in einer sehr weit verbreiteten literarischen Erscheinung zu suchen: die Mehrzahl der bedeutenden zeitgenössischen Autoren wie Proust, Joyce, Dos Passos, Faulkner, Gide, Virginia Woolf haben, jeder auf seine Art, versucht, die Zeit zu verstümmeln. Die einen haben sie der Vergangenheit und der Zukunft beraubt, um sie auf die bloße Intuition des Augenblicks zu beschränken; andere – wie Dos Passos – machen aus ihr ein totes, abgeschlossenes Gedächtnis. Proust und Faulkner wieder haben sie einfach geköpft, sie haben ihr die Zukunft genommen, d. h. die Dimension des Handelns und der Freiheit. Die Helden Prousts unternehmen nie etwas: sie sehen zwar etwas voraus, aber ihre Vorausblicke bleiben an ihnen haften und können sich nicht wie eine Brücke über die Gegenwart hinaus spannen; es sind Träumereien, die von der Wirklichkeit in die Flucht geschlagen werden. Wenn Albertine auftritt, dann ist es nicht die Frau, die man erwartet hat, und die Erwartung war nichts weiter als eine kleine, nur auf den Augenblick beschränkte Erregung ohne weitere Nachwirkung. Die Helden Faulkners dagegen sehen nie etwas voraus; rückwärts gewandt, werden sie vom Auto davongetragen. Der bevorstehende Selbstmord, der seinen düsteren Schatten über Quentins letzten Tag wirft, ist keine menschliche Möglichkeit; nicht eine Sekunde lang erwägt Quentin, sich *nicht* umzubringen. Dieser Selbstmord ist eine unbewegliche Mauer, eine *Sache*, der sich Quentin rückwärts gehend nähert und die er sich weder vorstellen will noch kann: »Du scheinst es nur als eine Art Erlebnis zu betrachten, das über Nacht dein Haar bleichen wird und das sozusagen dein Äußeres überhaupt nicht verändert.« Dieser Selbstmord ist kein *Vorhaben*, sondern ein Schicksal; indem er den Charakter des Möglichen verliert, hört er auf, in der Zukunft zu existieren: er ist bereits gegenwärtig, und Faulkners ganze Kunst zielt darauf ab, uns einzureden, daß Quentins Selbstgespräche und sein letzter Spaziergang *bereits* sein Selbstmord *sind*. So erklärt sich, glaube ich, auch das merkwürdige Paradox, daß Quentin seinen letzten Tag in der Vergangenheit denkt wie ein Mensch, der sich erinnert. Wer aber erinnert sich denn hier, da doch die letzten Gedanken des Helden fast mit dem Ende seines Gedächtnisses und mit seinem Tod zusammenfallen? Die Antwort lautet: es kommt eben darauf an, daß der Autor geschickt die Gegenwart wählt, von der aus er die Vergangenheit berichtet. Und Faulkner hat hier als Gegenwart den unendlich kurzen Augenblick des Todes gewählt, wie Salacrou in ›Die unerbittliche Sekunde‹. Wenn daher Quentin die letzten Erinnerungen an sich vorüberziehen läßt (»Durch die Wand hörte ich die Sprungfedern von Shreves Bett und dann das

Schlurfen seiner Pantoffeln auf dem Fußboden. Ich stand auf ...«), dann *ist er bereits tot.* Soviel Kunst und, offen gestanden, soviel Unaufrichtigkeit, mit dem einzigen Ziel, die Vorstellung von der Zukunft, die dem Autor fehlt, zu umgehen! Und nun läßt sich alles erklären, vor allem die Irrationalität der Zeit: da die Gegenwart nichts Erwartetes ist, kann diese noch formlose Gegenwart nur durch eine Überfülle von Erinnerungen Gestalt werden. Jetzt versteht man auch, daß die Dauer »das eigentliche Unglück des Menschen« ausmacht: wenn die Zukunft Realität besitzt, dann führt uns die Zeit von der Vergangenheit weg und *bringt* uns der Zukunft *näher*; wenn man aber die Zukunft ausschaltet, dann ist die Zeit nur noch das Trennende, nur noch das, was die Gegenwart von sich selbst trennt: »Du kannst den Gedanken nicht ertragen, daß es dir eines Tages nicht mehr weh tut.« Der Mensch verbringt sein Leben damit, gegen die Zeit anzukämpfen, und die Zeit frißt am Menschen wie eine Säure, entreißt ihn sich selbst und hindert ihn, das Menschliche zu verwirklichen. Alles ist absurd: »Das Leben ist ein Märchen, erzählt von einem Narren, voll Schall und Wahn, bedeutend – nichts.« (›Macbeth‹; V, 5.)

Aber ist die Zeit des Menschen wirklich ohne Zukunft? Gewiß, die Zeit eines Nagels, einer Erdscholle, eines Atoms ist eine immerwährende Gegenwart. Aber ist denn der Mensch ein denkender Nagel? Wenn man ihn allerdings in die allumfassende Zeit des Weltalls, der Spiralnebel und Planeten, der Erdfaltungen und der Tierarten taucht wie in ein Schwefelsäurebad, dann müssen wir dem zustimmen. Nur müßte ein Bewußtsein, das so von einem Augenblick zum andern geworfen wird, *zuerst* Bewußtsein und *dann* erst Zeit sein: glaubt man denn, daß ihm die Zeit von außen her zukommen kann? Das Bewußtsein kann nur »in der Zeit sein«, wenn es durch eben die Bewegung, die es zum Bewußtsein macht, Zeit wird; es muß sich, wie Heidegger sagt, »verzeitlichen«. Man darf also den Menschen nicht bei jeder Gegenwärtigkeit festhalten und ihn bestimmen wollen als »die Summe dessen, was er hat«: liegt es doch in der Natur des Bewußtseins, daß es über sich hinausgreift in die Zukunft; man kann es als das, was es ist, nur verstehen durch das, was es sein wird; es wird in seinem augenblicklichen Sein bestimmt durch die ihm innewohnenden Möglichkeiten: Heidegger nennt das

»die schweigsame Kraft des Möglichen«. Den Menschen Faulkners, dieses der Möglichkeiten beraubte Geschöpf, das seine Erklärung findet allein durch das, was es war, diesen Menschen werden wir in uns selbst nicht wiederfinden. Versuchen wir nur einmal, unser Bewußtsein zu ergründen, und wir werden feststellen, daß es innerlich hohl ist und daß wir darin nichts als Zukunft finden. Ich meine damit noch nicht einmal Pläne und Erwartungen: schon eine bloße Bewegung, deren wir zufällig gewahr werden, hat nur dann Sinn für uns, wenn wir ihre Vollendung, unabhängig von ihr und von uns selbst, im Nochnicht vorhaben. Selbst eine Tasse, deren Boden wir nicht sehen – den wir aber sehen könnten, und zwar am Ende einer noch nicht ausgeführten Bewegung –, selbst ein weißes Blatt, dessen Rückseite uns verborgen ist (das wir jedoch ohne weiteres umwenden könnten), und überhaupt alle festen Körper, die uns umgeben, entfalten ihre unmittelbarsten, intensivsten Eigenschaften in der Zukunft. Der Mensch ist keineswegs die Summe dessen, was er hat, sondern die Gesamtheit dessen, was er noch nicht hat, dessen, was er haben könnte. Und wenn wir uns so mitten im Zukünftigen bewegen, wird dann nicht die ungestalte Brutalität der Gegenwart gemildert? Ein Geschehen überfällt uns nicht wie ein Dieb, da es ja seiner Natur nach eine gewesene Zukunft ist. Und die Vergangenheit selbst – ist es nicht die Aufgabe des Historikers, der sie erklären will, daß er zuerst nach ihrer Zukunft forscht? Die Absurdität, die Faulkner in einem Menschenleben findet, hat er, wie ich fürchte, selbst hineingelegt. Nicht daß es nicht absurd wäre; aber es gibt noch eine andere Absurdität.

Wie kommt es, daß Faulkner und so viele andere Autoren gerade diese Absurdität gewählt haben, die doch so wenig romangemäß und so wenig wahr ist? Ich glaube, wir müssen den Grund dafür in den sozialen Verhältnissen unseres gegenwärtigen Lebens suchen. Faulkners Verzweiflung scheint mir älter zu sein als seine Metaphysik: für ihn, wie für uns alle, ist die Zukunft verbaut. Alles, was wir sehen, alles, was wir erleben, verleitet uns zu sagen: »Das kann nicht von Dauer sein!« Und doch ist eine Veränderung nur denkbar in der Form einer Katastrophe. Wir leben in der Zeit der unmöglichen Revolutionen, und Faulkner wendet seine außergewöhnliche Kunst daran, diese Welt, die an Altersschwäche stirbt, und unser Zugrundegehen zu beschreiben. Ich liebe seine Kunst, aber ich glaube nicht an seine Metaphysik: auch seine verbaute Zukunft ist immer noch eine Zukunft: »Selbst wenn die menschliche Realität nichts mehr ›vor‹ sich hat, selbst wenn sie ›ihre Rechnung abgeschlossen‹ hat, ist ihr Wesen immer noch durch diese ›Vorwegnahme ihrer selbst‹ bestimmt. Der Verlust jeder Hoffnung zum Beispiel entreißt die menschliche Realität nicht ihren Möglichkeiten, er ist einfach ›eine *Seins-Weise* eben gegen diese Möglichkeiten‹« (Heidegger, ›Sein und Zeit‹).

Ingeborg Bachmann
Über ›Schall und Wahn‹

Namensverweigerung, Namensironisierung, Namensspiel mit und ohne Bedeutung, die Erschütterung des Namens: das sind die Möglichkeiten – aber es gibt noch eine radikalere. Als wäre es zu primitiv, eine Person durch einen Namen kenntlich zu machen, stürzt William Faulkner seine Leser in seinem wahrscheinlich wichtigsten Werk *Schall und Wahn* in Verzweiflung. Ich glaube fast, es wird kaum jemand gelingen, sich je ganz und gar zurechtzufinden in dem Gewebe des Buchs, und zwar nicht so sehr, weil die Behandlung der Zeit durch William Faulkner dies erschwert – in dem Buch wird zwischen drei Zeiten andauernd hin- und hergesprungen, es können wenige Sätze sich auf das Jahr 1928, die nächsten wieder auf das Jahr 1910 beziehen. Nicht hier liegt die eigentliche Schwierigkeit, weil wir mit Texten, die die chronologische Zeit nicht mehr zum Muster haben, längst vertraut sind, sondern weil wir völlig im Stich gelassen werden beim Griff nach den Namen. Selbst in den Text verstrickt, fühlt man sich wie in einen Spürhund verwandelt, der alle Augenblicke die Spur verliert, weil ihm wieder ein anderer Geruch in die Nase gekommen ist. Da gibt es zweimal den Namen Caddy, einmal mit y geschrieben, einmal mit ie*; zweimal den Namen Jason, zweimal den Namen Quentin, einmal als männlichen, einmal als weiblichen Vornamen. Aber es hilft uns auch kaum, dies zu begreifen, denn wir sollen die Figuren ja gar nicht an ihren Namen erkennen. Die Namen muten wie Fallen an. Sondern erkennen sollen wir sie an etwas ganz anderem. An einem Flor, der jede Person umgibt, an einer in sehr zarten Stimmungen bezeichneten Konstellation, in der sie stehen. Sie wird ausgedrückt in kleinen Zitaten, auf die wir achten sollen, und bei jedem Wiederauftreten der Person, sei es Quentin-er oder Quentin-sie und in welcher Zeit immer – als Kind, als Student, als junges Mädchen –, wird dieses Zitat mitgegeben vom Autor. Wichtiger, als auf den Namen zu achten, ist es, auf

* ›Caddie‹ ist kein Name, sondern das englische Wort für den Golfjungen, der die Schläger trägt. (A. d. Hrsg.)

den Zusammenhang zu achten, in dem der Name genannt wird. Er kann im Kontext stehen mit einer Blume, einem Geißblatt, einer verkauften Wiese, einer Vermählungsanzeige. Wir entdecken plötzlich, daß wir nur so an Boden gewinnen, daß die Personen uns sonst für immer verborgen blieben. Und sie wollen sich verbergen, denn da ist ein Grund, ein Rätsel, das die Namen scheu macht. Es ist einmal etwas geschehen, Blutschande, und die Schuldigen wollen nicht genannt sein – das Kind aus der Beziehung soll nicht genannt sein. Das Geschehnis wird öfters beschworen und sogleich wieder vertuscht, und die Namen werden beschworen und vertuscht.

Wenn wir zum erstenmal davon hören, heißt es: ». . . Wolfsmilch. Ich sagte, Ich habe Blutschande begangen, Vater, sagte ich. Rosen.«

Das nächste Mal tritt dieser Satz im Zusammenhang mit einem Namen auf, mit dem wir zuerst nichts anzufangen wissen, der aber dann immer wieder beschworen wird, bis wir seine Wichtigkeit erfassen. »Ich habe Blutschande begangen sagte ich Vater ich war es nicht Dalton Ames. Und als er sie Dalton Ames. Dalton Ames.« (Es folgt ein Zwischensatz, der zu einer anderen Zeitperiode gehört, dann wird nochmals dieser Name genannt, dreimal.) »Dalton Ames. Dalton Ames. Dalton Ames.«

Die Rosen treten immer wieder als Zitat auf. Eine Blume oft im Zusammenhang mit dem Irren Benjamin; direkt mit dem vertuschten Vorfall jedoch immer Geißblattduft.

Er, Quentin, erzählt: ». . . sie hielt meinen Kopf gegen ihre feuchte feste Brust ich hörte wie ihr Herz jetzt gleichmäßig und langsam schlug und nicht mehr hämmerte und das Wasser gurgelte im Dunkel unter den Weiden und Wellen von Geißblattduft stiegen auf . . .«

Etwas später: »das verdammte Geißblatt hört das denn gar nicht mehr auf.«

Etwas später: »der Geißblattduft triefte und triefte . . .«

Dinge, die mit einer Situation oder einem Menschen verbunden waren, bleiben es und kreisen die jeweiligen Personen besser ein als der Name. Dinge bezeugen die Anwesenheit der Person, oder Erinnerung an Dinge.

Die Methode Faulkners ist eigentlich die: uns abzubringen von den Namen, um uns umweglos, erklärungslos in die Wirklichkeit zu stoßen. Nicht er, der Autor, maßt sich die Namen an, nicht er führt sie uns vor und beugt Verwechslungen vor. Sondern nur die Figuren untereinander kennen sich, nennen sich und andere beim Namen, und wir müssen zusehen – wie in der Wirklichkeit –, wie weit wir vordringen und was wir in Beziehung zu setzen vermögen zwischen Menschen, die uns niemand vorformt, präpariert und etikettiert zum größeren Verständnis.

Aus: ›Frankfurter Vorlesungen‹, IV, Der Umgang mit Namen, *in:* Ingeborg Bachmann, Werke, 4. Band, *R. Piper & Co. Verlag, München 1978*

André Malraux
Vorwort zu ›Die Freistatt‹

Faulkner weiß genau, daß es Detektive eigentlich gar nicht gibt; er weiß, daß die Polizei nicht auf Psychologie und Scharfsinn angewiesen ist, sondern auf die Denunziation, und daß es durchaus nicht Moustachu und Tapinois sind, die bescheidenen Denker des Quai des Orfèvres, die den flüchtigen Mörder hinter Gitter bringen, sondern die Polizisten der Garnis; denn man braucht ja in der Tat nur die Memoiren der Polizeichefs zu lesen, um zu sehen, daß psychologische Inspiration nicht gerade zu den starken Seiten dieser Herrschaften gehört und daß eine Polizei ›gut‹ erst dann ist, wenn sie es wirklich verstanden hat, ihre Spitzel zu organisieren. Faulkner weiß auch, daß der Gangster in erster Linie Alkoholhändler ist. Atmosphärisch ist *Die Freistatt* also ein Kriminalroman ohne ›Kriminaler‹, ein Gangsterroman mit schmutzigen, manchmal feigen, ohnmächtigen Gangstern. Aber auf diese Weise gewinnt der Autor eine Wildheit, die vom Milieu gerechtfertigt ist, und die Möglichkeit, ohne auch nur im geringsten den Bereich des Wahrscheinlichen zu verlassen, Notzucht, Lynchjustiz, Mord und alle erdenkliche Brutalität akzeptabel zu machen, die die Handlungsverwicklung auf dem ganzen Buch lasten läßt.

Ohne Zweifel ist es ein Irrtum, in der technischen Verwicklung, der Suche nach dem Verbrecher, das Wesentliche des Kriminalromans zu sehen. Für sich genommen, käme dieser Verwicklung kein höherer Rang zu als dem Schachspiel – künstlerisch wäre er gleich Null. Ihre Bedeutung besteht vielmehr darin, daß sie das wirksamste Mittel ist, einen ethischen oder poetischen Sachverhalt in seiner ganzen Intensität zu übersetzen. Ihren Wert macht das aus, was sie multipliziert.

Was multipliziert sie hier? Eine ungleiche Welt, mächtig, wild persönlich, gelegentlich nicht ohne Vulgarität. Eine Welt, worin der Mensch nur als Zertretener existiert. Es gibt keinen spezifisch Faulknerschen ›Menschen‹, weder in wertmäßiger noch gar in psychologischer Hinsicht, trotz der inneren Monologe seiner ersten Bücher. Aber es gibt bei ihm stets ein einzigartiges Schicksal, das hoch aufgerichtet hinter all den verschiedenen und ähnlichen Wesen steht wie der Tod hinter einem Krankensaal für Unheilbare. Eine lastende Bedrückung reibt, unablässig verletzend, seine Gestalten auf, ohne daß einer von ihnen Linderung gelänge; sie bleibt hinter ihnen, immer und immer gleich, und befiehlt ihnen, statt sich von ihnen befehlen zu lassen.

Eine solche Welt ist langezeit Geschichtenstoff gewesen; und selbst wenn das Echo in Amerika uns nicht bereitwillig wiederholte, daß der Alkohol zur persönlichen Geschichte von Herrn Faulkner gehört, die Übereinstimmung zwischen seiner Welt und der Edgar Poes oder Hoffmanns wäre evident. Ähnlich das psychoanalytische Material, Haß, Pferde, Särge, ähnlich die Bedrückungen. Was Faulkner von Poe trennt, ist die Auffassung vom Kunstwerk, ist, exakter gesagt, die Tatsache, daß es für Poe ein Kunstwerk gab und daß dieses den Vorrang hatte vor dem Ausdruckswillen – ohne Zweifel ist es dies, was ihn einstweilen am meisten von uns trennt. Er schuf Objekte. Die Erzählung, einmal beendet, nahm für ihn das unabhängige und begrenzte Eigenleben des Bildes auf der Staffelei an.

Ich sehe im Schwächerwerden der Bedeutung, die man den Objekten beimißt, das Hauptelement der Verwandlung unserer Kunst. In der Malerei ist es offensichtlich, daß ein Bild von Picasso immer weniger als Gemälde erscheint und immer mehr als Markstein einer Entdeckung, als Wegzeichen für den Pfad eines verkrampften Genies. In der Literatur ist die Herrschaft des Romans bezeichnend, denn von allen Kunstformen (und ich vergesse durchaus auch nicht die der Musik) stellt der Roman die am wenigsten reglementierbare dar: in ihm findet sich der Bereich des Willens wie nirgends sonst begrenzt. Wie sehr die ›Brüder Karamasov‹ und die ›Verlorenen Illusionen‹ Dostojewski und Balzac beherrschen, kann man übrigens sofort sehen, wenn man diese Bücher nach den so gelähmten schönen Romanen Flauberts liest. Und das Wesentliche ist nicht, daß der Künstler beherrscht wird, sondern daß er seit fünfzig Jahren mehr und mehr das wählt, was ihn beherrscht, und daß er dementsprechend die Mittel seiner Kunst einsetzt. Gewisse große Romane waren für ihren Autor zuerst die Erschaffung der einzigen Sache, die ihn zu unterjochen vermochte. Und wie Lawrence sich in die Sexualität hüllte, so flüchtete sich denn Faulkner in das Unabänderliche.

Eine taube, zuweilen hochtrabend epische Macht schaltet sich bei ihm ein, sobald es ihm gelingt, einer seiner Gestalten und dem Unabänderlichen die Stirn zu bieten. Und vielleicht ist das Unabänderliche sein einziges wahres Thema, und vielleicht handelt es sich für ihn niemals um etwas anderes, als es dahin zu bringen, den Menschen zu erdrücken. Ich wäre nicht im mindesten erstaunt, wenn ich erführe, daß er seine Szenen oft erdacht hat, noch bevor er seine Gestalten imaginierte: daß das Werk für ihn keine Geschichte war, deren Ablauf tragische Situationen zeitigt, sondern daß es vielmehr, ganz im Gegenteil, aus dem Drama geboren wurde, aus dem Gegensatz oder der Erdrückung unbekannter Gestalten, und daß die Phantasie nur dazu diente, Gestalten logisch in diese zuvor konzipierte Situation einzuführen. So quillt, sei's aus voll nachempfundener Sklavenohnmacht (das junge Mädchen im Haus der Gangster), sei's aus dem unabänderlichen Absurden heraus (die Vergewaltigung mit dem Maiskolben, der verbrannte Unschuldige, Popeye auf der Flucht, doch stupide verurteilt für ein Delikt, das er nicht begangen hat; in *Als ich im Sterben lag* der Bauer, der sein krankes Knie in Zement legt, der herrliche Monolog des Hasses), bei Faulkner die gespannte Exaltation, die seine Kraft ausmacht, und es ist die Widersinnigkeit, die seinen fast komischen Nebengestalten (etwa der Bordellmutter mit ihren Hunden) eine Intensität verleiht, vergleichbar der von Schdschedrin. Ich würde nicht sagen, von Dickens; denn selbst diese Gestalten noch umwebt die Empfindung, die den eigentümlichen Wert von Faulkners Werk ausmacht: der Haß. Es handelt sich hier nicht um den Kampf gegen die eigenen Werte, um die Passion fürs Schicksalhafte, wodurch fast alle großen Künstler, von Baudelaire bis zu Nietzsche, dem Halbblinden, der das Licht besingt, das Wesentliche ihrer selbst ausdrücken; es handelt sich um jenen psychologischen Zustand, auf dem fast die gesamte tragische Kunst beruht und der noch nie studiert worden ist, weil er nicht zur Ästhetik gehört: die Faszination. Genauso wie der Opiumsüchtige erst nach der Droge in sein Universum findet, so findet auch der tragische Künstler den Ausdruck für das seine erst in diesem ganz besonderen Zustand, dessen Andauern ein Hinweis auf die Notwendigkeit ist. Doch nicht um sich davon zu befreien, drückt der tragische Dichter aus, was ihn fasziniert (das Objekt der Faszination erscheint dann im nachfolgenden Werk), sondern um dessen Natur zu verwandeln; denn indem er ihm mit anderen Elementen Ausdruck gibt, schafft er ihm Eingang ins Universum der gestalteten und beherrschten Dinge. Er verteidigt sich gegen die Herzensangst nicht, indem er sie selbst zum Ausdruck bringt, sondern indem er etwas anderes mit ihr ausdrückt und sie so in das Universum wiedereinführt. Die tiefste Faszination, die des Künstlers, holt ihre Kraft aus dem Umstand, daß sie gleichzeitig Schrecken ist und die Möglichkeit, ihn begreifend zu gestalten.

Die Freistatt – das ist der Einbruch der griechischen Tragödie in den Kriminalroman.

Cesare Pavese
Faulkner: ein schlechter Schüler Andersons. Über ›Die Freistatt‹

Faulkners Roman *Sanctuary*, durch die französische Übersetzung und den Film auch bei uns in Mode gekommen, spielt in den Staaten Missouri und Tennessee, zunächst in einem Landhaus, wo Schmuggler Schnaps brennen und ein ungebundenes Leben führen, dann in Memphis und Jefferson, zum Teil in einem Freudenhaus, zum Teil im Gefängnis. Es wird von einer achtzehnjährigen Studentin berichtet, die von einem impotenten ›bootlegger‹ mittels eines Maiskolbens vergewaltigt wird, von der Verhaftung und dem Prozeß des an der Vergewaltigung unschuldigen Bandenchefs, der dann von der Menge gelyncht wird (Maiskolben und Benzin), und der rechtmäßigen Erhängung des nicht verdächtigen wirklichen Täters als Folge der Ermordung eines Wächters. Die Studentin Temple, die von dem impotenten Popeye in dem Landhaus, wohin sie mit dem betrunkenen Studenten Gowan geraten war, vergewaltigt worden ist, wird heimlich nach Memphis in das Bordell von Miss Reba gebracht, wo sie unter Verschluß gehalten wird. Hier wird sie von Popeye besucht, der sie mit Hilfe von Red genießt, einem jungen Kerl aus der Unterwelt, der in Popeyes Gegenwart das vollbringt, wozu dieser selbst nicht in der Lage ist. Dann wird der Bandenchef Goodwin, ein geheimnisvoller Mann von Format, im Gefängnis und vor Gericht gezeigt, wo er eines von Popeye begangenen Mordes und darauf der Vergewaltigung beschuldigt wird. Horace Benbow, ein verträumter Rechtsanwalt, übernimmt inmitten des allgemeinen Mißtrauens und kalter Ablehnung seine Verteidigung. Der Prozeß hat keinen klaren Ausgang; Goodwin jedenfalls wird nicht ohne Bezugnahme auf sein angebliches Verbrechen von der Menge gelyncht. Popeye, von dem wir inzwischen erfahren haben, daß er schon als kleiner Junge vom Blutrausch besessen war (er zerschnitt lebende Vögel und Katzen mit der Schere), wird unnötigerweise für einen banalen Mord aufgehängt. Es fehlt auch nicht an perspektivisch verkürzten Darstellungen verschiedener Milieus, denn der Roman möchte etwas von der Atmosphäre der Südstaaten wiedergeben. Wir haben eine Prise Politik (Wahlkorruption), verschiedene Familieninterieurs (Klatschsucht und Engstirnigkeit), ein Gangsterbegräbnis (Zynismus), etwas verschwommene Jugendpsychologie (zwei junge Burschen, die sich in dem Haus in Memphis einlogieren wie in einer Pension und nicht merken, was los ist) und schließlich einen wegen Mordes zum Tode verurteilten Neger, der Spirituals singt.

Ich sage das nicht, um den Roman obenhin als Dokument krankhafter Neigungen und zersetzender Tendenzen abzutun, die das empfindliche innere Gleichgewicht des Romanlesers etc. pp. bedrohen könnten, sondern um einen Begriff von dem Tenor dieses Romans zu geben. Man könnte nach unserer Inhaltsangabe allerdings meinen, daß dieser Tenor von bitterer moralischer Enttäuschung und einem nach innen gekehrten, trostlosen Puritanismus gekennzeichnet sei, ein Ausdruck des Leidens an dem tragischen Gegensatz zwischen menschlicher Bestialität und menschlicher Sühne, die beide gleich blind und ohnmächtig sind.

Indessen, William Faulkner schreibt, so sagt ein Kritiker, der die Tragweite dieses Ausdruckes wohl selbst nicht ganz ermessen hat, »wie ein Engel«. Ich verstehe darunter, daß er mit einer solchen Distanz schreibt und die Ereignisse in einen so luftleeren Raum projiziert, wie es legitimerweise eigentlich nur einem körperlosen Wesen zukäme. Auf so vielen Seiten voller Perversionen, unfaßlicher Abnormitäten, voller Sexual- und Gewaltverbrechen finden wir nicht die geringste Spur von Laszivität (was noch das geringste Übel wäre), wir finden noch nicht einmal moralische Entrüstung oder zynische Genugtuung. William Faulkner sieht die Dinge von oben, aus solcher Höhe, daß Popeyes blutbesudelter Maiskolben und die von Benbow vergessene Pfeife unterschiedslos auf der gleichen Ebene erscheinen. Da schreibt kein Mensch, sondern ein Engel, ein Engel wohlverstanden, der sich um das Wohl der Seelen nicht kümmert. Man muß daher das Buch von jedem Verdacht eines puritanischen Moralismus freisprechen. William Faulkner ist hier nicht (oder wenn er es sein möchte, so gelingt es ihm jedenfalls nicht) der nationale Vorkämpfer für hygienische Sittlichkeit, noch wirft er, wie in Nordamerika fast alle Rebellen seit dreißig Jahren, den nationalen Sittenkodex um, was wiederum auf Puritanismus hinauslaufen würde.

Es gibt in dem Roman eine einzige Gestalt, die andeutungsweise moralisiert und in gewisser Hinsicht die urteilende Person des Autors in die Handlung einführt, den Rechtsanwalt Horace Benbow. Da er einem Teil der vorangegangenen Ereignisse im Landhaus beigewohnt und dort Goodwins Begleiterin, eine seltsam unterwürfige und dabei doch starke Frau, kennengelernt hat, übernimmt er, teils aus Zuneigung zu der Frau, teils aus Gerechtigkeitsliebe, Goodwins Verteidigung. Die ganze Zeit überlegt, meditiert, forscht dieser Benbow und müht sich ab mit allen möglichen Leuten. Dabei wird das Bewußtsein eines ratlosen und verträumten Menschen sichtbar, und das gehört zu dem Verworrensten und Banalsten, was sich Faulkner je ausgedacht hat.

An einer solchen Romanfigur kann man unmittelbar den Einfluß feststellen, den Sherwood Anderson auf Faulkner ausgeübt hat. Die Südstaaten gehören nämlich ebenso wie ratlose Personen, die sich selbst analysieren, zur eigentlichen Substanz Andersons, und gewiß sind bei beiden Autoren gemeinsame Inspirationsquellen und Sympathien zu erkennen. Wenn man bedenkt, daß bei Anderson alle Gestalten introspektiv, auf ihre Art ratlos sind, sich selbst analysieren und sich selbst erzählen, so erhält man auch Klarheit über Faulkner. Er behält in gewisser Hinsicht die träumerische Stimmung steter Verzauberung, einer Zeitlupenwirklichkeit bei, wie sie Anderson in seinen Figuren durch die ständige lebendige Gegenwart eines unterbrochenen und stets kraft der Phantasie zusammenhängenden inneren Lebens erreicht. Aber die träumerische Stimmung, die ›Zeitlupenwirklichkeit‹ Faulkners entsteht nicht aus dem jeder Figur eigenen Erzähltrieb oder wenigstens aus einer geschickten Selbstanalyse mit Hilfe der Phantasie (man denke in diesem Zusammenhang an die platten und ermüdenden »inneren Monologe« des ein Jahr vor *Sanctuary* erschienenen *As I Lay Dying*), Faulkner hat vielmehr einfach Andersons Technik beibehalten, gewisse Details, die der einfachen Wirklichkeit angehören, mit dem Schimmer des Zauberhaften zu umgeben, mitten in ein tiefes Schweigen, in eine fast ans Wunderbare grenzende Spannung eine Stimme oder einen Dialog hineinplatzen zu lassen und seine Gestalten durch rhythmische Wiederholung bestimmter Gebärden oder Kennzeichen mit einem Nimbus zu umgeben.

Der ›Zeitlupe‹ Faulkners fehlt die Aussage, die sie rechtfertigen könnte, das, was bei jeder Gestalt Andersons in dem Gefallen und dem schöpferischen Bedürfnis verkörpert ist, sich selbst handeln zu sehen und von sich zu erzählen. Selten ödet das den Leser bei Anderson an, und selten wird er sich des Zeitlupentempos der Darstellung bewußt. Bei Faulkner dagegen verfällt man beständig einem Gefühl der Beklemmung, einer fast physischen Qual, wie man sie tatsächlich bei einem Zeitlupenfilm empfindet. Temples Abenteuer in dem Landhaus, die ganze erste Hälfte des Buches also, liefert das beste Beispiel für diesen asthmatischen Stil. Und in Popeye offenbart sich die Äußerlichkeit dieser Einstimmungstechnik noch besser, denn der Autor muß am Ende des Abenteuers, nachdem die ›Bestie‹ in dem schon beschriebenen ›engelhaften‹ luftleeren Raum alle ihre Schandtaten begangen hat, in einer reportageartigen Darstellung des klinischen Falles auf die furchtbare Kindheit und Jugend des Helden zurückkommen, die allein den Schlüssel für die erzählten Ereignisse liefern kann. Nach diesem Hinweis halten wir uns auch für ermächtigt, *Die Freistatt* hart aber gerecht als einen Kriminalroman mit übertriebenen Ansprüchen zu definieren.

Aus: La Letteratura Americana e Altri Saggi, © *1962 by Giulio Einaudi editore, Turin. Deutsch:* Schriften zur Literatur, *übersetzt von Erna und Erwin Koppen,* © *1967 by Claassen Verlag GmbH, Hamburg und Düsseldorf. Erstdruck in ›La Cultura‹, April 1934.*

Italo Calvino in seinem Vorwort: »... Paveses Urteil über seine Autoren wandelt: Die Gertrude Stein ausgestellte Note ›unerträglich‹ oder die Joyce entgegengebrachte Interesselosigkeit sind Meinungen, die von seinen späteren Schriften und Ansichten dementiert werden; das gleiche gilt meines Erachtens für den Faulkner-Verriß aus dem Jahre 1934.«

1942 erschien die italienische Ausgabe von Faulkners Roman The Mansion, *übersetzt von Cesare Pavese.*

Hermann Hesse
Über ›Licht im August‹

Ähnlich wie Wolfes Buch [›Schau heimwärts, Engel‹], den ich immerhin für den größeren Erzähler halte, ergreift dieser Roman durch die Kraft und Bilderfülle, durch die große Wirklichkeitsnähe und sinnliche Jugendlichkeit, mit welcher auch hier ein Stück amerikanischen Südens Stimme gewinnt; trotz der verkommenen, verbogenen, ins Öde, ja zum Teil ins Teuflische geratenen puritanischen Theologie, die hier mit hereinspukt, empfindet man die Welt dieses Buches nicht als alt oder müde, sondern durchaus als jung und werdend. Der Inhalt ist schauderhaft: das arme, glücklose Leben eines ›weißen Niggers‹ und sein schreckliches Ende. Und die ausführliche, kluge, aber nicht überlegene Psychologie des Dichters beglückt ebenfalls nicht. Dafür aber stehen in seinem Buch Bilder, stehen Gestaltungen naiver Schauenskraft, die sich recht wohl mit denen Wolfes vergleichen lassen: alle Sinne sind an ihnen beteiligt, sie strahlen tief und sättigend wie Werke eines großen Malers und stehen in ihrer zeitlos unschuldigen Schönheit in wunderlichem Widerspruch zu der vielen Klugheit und der vielen kinohaften Erzähltechnik des Autors. Diese Bilder kommen, wie manche solche Bilder etwa bei der Lagerlöf, aus einer jugendlichen und volkhaften Schauenskraft, ihretwegen wird die Erzählung uns lieb mit ihrer rauhen, kämpferischen, ganz vom Mann aus gesehenen Welt.

Aus: Schriften zur Literatur II, *Gesammelte Werke 12,* *© 1970 by Suhrkamp Verlag, Frankfurt a. M. Erstdruck 1935.*

Gottfried Benn
Über ›Licht im August‹

Wenn Sie ein interessantes Buch lesen wollen, lesen Sie, was mir Rowohlt eben schickte: *Faulkner:* ›Licht im August‹ (amerikanisch). Negerproblem. Äußerst fesselnde, fast beunruhigende Partien. Vorsichtig zu besprechen, keine unmittelbare Aufbauillusion drin!! Sagen Sie doch K. [= Wolfgang Koeppen], daß ich Sie aufmerksam gemacht habe.

Aus einem Brief vom 15. August 1935 an Frank Maraun, in: Briefe, *© 1957 Limes Verlag, Wiesbaden.*

Ich bin *entsetzt*, daß Du schreibst, ich solle Faulkner fortlassen [im Essay über Thomas Wolfe], da er bei uns nichts gilt! ... Bei uns gilt doch nur der letzte Dreck, der richtige Wurm- und Infusoriendreck; meinst Du wirklich, ich solle darauf Rücksicht nehmen? Sein Buch ist doch so großartig, das fandest Du auch. Bist du plötzlich so umgefallen?

Aus einem Brief vom 2. April 1937 an Ellinor Büller-Klinkowström, in: Den Traum alleine tragen, *Neue Texte, Briefe, Dokumente, © 1966 by Limes Verlag, Wiesbaden.*

Faulkner – ja, es ist sonderbar. Ich habe ihn außer Dir, meines Erinnerns, noch zwei Leuten zum Lesen gegeben: Herrn Oelze u. Pamel. Wed.[ekind] Beide wollten nichts von ihm wissen. Letztere schrieb sogar äußerst negativ: das alles sei ihr Hekuba, sie finde es absolut nicht interessant. Das erstaunte mich, änderte aber an meinem Urteil nichts. Etwas bedenklich wurde ich, als ich sein 2. Buch bekam, kürzlich: ›Pylon‹. Das war schwach – na. Verglichen mit den deutschen Romanen ist er immer noch Shakespeare.

Aus einem Brief vom 4. April 1937 an Ellinor Büller-Klinkowström, in: Den Traum alleine tragen.

Faulkners ›Licht im August‹ war mein letzter stärkster Eindruck vor dem Krieg.

Aus einem Brief vom 26. November 1946 an Gertrud Zenzes, in: Briefe.

Helmut Heißenbüttel

Faulkners Doppelroman. Über ›Wilde Palmen und Der Strom‹

»Nicht so, Harry. Nicht durch die Hintertür. Ich habe schon immer gesagt: einerlei, was aus uns wird, was ich tue – alles, alles, nur nicht durch die Hintertür.« Das sind Worte, die Charlotte Rittenmeyer, die Heldin des Romans *Wilde Palmen* von William Faulkner, voller Verzweiflung zu ihrem Geliebten sagt in *dem* Augenblick, in dem sie sich entschlossen hat, gegen die Welt, gegen die Sicherheit einer sogenannten bürgerlichen Existenz dem eigenen Lebensimpuls zu folgen. In diesen wenigen, banalen Worten konzentriert sich alles, was in der Geschichte, oder vielmehr in den beiden Geschichten, die Faulkner erzählt, zu Wort kommt. »Nicht durch die Hintertür – einerlei, was aus mir wird.« Das heißt, wenn noch eine Hoffnung besteht, dem Verhängnis einer überall drohenden Erstarrung zu entgehen, so kann diese Hoffnung nur im offenen und direkten Protest verwirklicht werden, nur im uneingeschränkten Versuch. Denn dieser Versuch, es zu verwirklichen, ist die einzige Gewähr und der einzige Beweis.

Es sind zwei Geschichten, die Faulkner erzählt. Die erste Geschichte handelt von Charlotte Rittenmeyer und ihrem Geliebten Harry Wilbourne, dem jungen Mediziner, der in der Askese des Berufslebens die Liebe gleichsam verpaßt hat und der nun, mit der verheirateten Frau, die er mit Wissen des Ehemannes um der Liebe, um des lebendigen Impulses willen, mit sich nimmt auf die lange Reise hoffnungslosen Glücks und verzehrender Leidenschaft bis hin in den einsamen Sommerbunglow am Stillen Ozean unter den im Regenwind klatschenden Palmen, wo Charlotte an einem von Harry vorgenommenen unsachgemäßen Eingriff stirbt. Harry, als der Schwächere, überlebt, im Gefängnis, in der mit Bewußtsein und Zustimmung aufgenommenen sozialen Verbannung.

Die zweite Geschichte, die Faulkner erzählt, beginnt in dieser sozialen Verbannung, der Zuchthausfarm des Staates Mississippi. Sie handelt von einem Sträfling, der als Neunzehnjähriger, verleitet von Kino und Kriminalromanen, und um sich mit Hilfe dieser einzig für ihn erreichbaren Leitbilder aus der Umklammerung eines vorgeformten Lebens zu befreien, einen Bahnraub veranstaltet hatte, und, dabei gefaßt, zu 15 Jahren Zuchthaus verurteilt wurde. Bei der großen Überschwemmung des Mississippi im Jahre 1927, bei der die Sträflinge zu Rettungsarbeiten verwendet werden, wird dieser Sträfling auf den Fluß und damit in eine wahre Höllenfahrt an mühsamen Abenteuern verschlagen, zusammen mit einer fremden schwangeren Frau, die unterwegs ihr Kind gebiert. Er hat die Möglichkeit, sich frei zu machen, er erkennt, daß diese Freiheit in Wahrheit keine Freiheit ist, daß er nur wieder in die Geleise dessen gerät, dem er mit seinem jugendlichen Bahnüberfall hatte entrinnen wollen. Er kehrt ins Zuchthaus zurück, wie Harry Wilbourne davon überzeugt, daß die einzige Rettung in der sozialen Verbannung zu finden ist.

Beide Geschichten sind kapitelweise ineinandergeschoben. Das Buch beginnt mit dem ersten Kapitel der *Wilden Palmen*, dann folgt das erste Kapitel des *Strom* und so fort. Jedes Kapitel steuert auf einen entscheidenden Wendepunkt zu.

Am Wendepunkt schiebt sich die nächste Geschichte ein und wird ihrerseits zum entscheidenden Wendepunkt geführt. Beide Geschichten haben inhaltlich nichts gemeinsam außer der einen Tatsache, daß sie beide in der staatlichen Zuchthausfarm am Mississippi enden.

Das Gemeinsame der Geschichten ist das Thema, das sie aufdecken. Auch dieses Thema gibt sich nicht in äußerlichen Anhaltspunkten zu erkennen. Es ist nicht die Flucht vor der Liebe, die beide Geschichten thematisch verbindet, obwohl der Autor dies in seinem Vorwort selber zu behaupten scheint. Die Liebe ist vielmehr nur der Anlaß, an dem exemplifiziert wird. »Es geht um uns«, sagt Harry Wilbourne, »um die Liebe, wenn Du so willst. Weil sie nicht dauern kann. In unserer heutigen Welt ist kein Platz für sie, nicht einmal in Utah. Man hat sie ausgeschlossen. Man hat eine lange Zeit dazu gebraucht, aber der Mensch ist nun einmal unergründlich und unerschöpflich im Erfinden, und so sind wir die Liebe losgeworden, wie wir Christus losgeworden sind. Wir haben jetzt Radio anstelle von Gottes Stimme ...« Der Wille zur Liebe, zum bedingungslosen Glück (zum Glück, das als der tiefste lebendige Impuls erkannt wird), der Charlotte und Harry von Station zu Station treibt, bedeutet nämlich die verzweifelte Flucht vor einer Welt, die ohne Gnade und Hoffnung alles ins System, ins Verfügbare umzuwandeln im Begriff ist, einer Welt, in der, wie es einmal heißt, »Routine selbst in der Sünde, Absolution selbst für den Ehebruch« herrscht. Eine Welt, von der gesagt wird: »Man wird hineingeboren in den anonymen Gänsemarsch der wimmelnden anonymen Myriaden seiner Zeit und Generation; kommt man aus dem Gleichschritt, strauchelt man, schon wird man zu Tode getrampelt.«

Dieser Welt suchen beide Parteien, Charlotte und Harry auf der einen und der Sträfling auf der anderen Seite, zu entrinnen. Immer wieder, wenn Charlotte und Harry in den Konformismus der trüben alltäglichen Gleichheit zu versinken drohen, brechen sie von neuem auf. Als durch die Schwangerschaft Charlottes endgültig die zum Schreckgespenst gewordene Bürgerlichkeit eines zukünftigen Familienlebens sie zu überholen droht, wagt Harry, von Charlotte getrieben, den letzten verzweifelten Schritt.

Er versucht, das Netz mit Gewalt zu zerreißen. Charlotte, als die absolutere, stirbt ungebrochen, unbrechbar. Harry überlebt. Dem Sträfling, seinem dumpferen Charakter entsprechend, wird die Möglichkeit zum Entkommen von außermenschlichen Kräften, von der Katastrophe zugespielt. Die Katastrophe, die gewaltsam das Ameisengebäude zerbricht, bedeutet das andere Tor in die Freiheit. Aber die Katastrophe wird eingedämmt: die letzten Möglichkeiten vegetativen Lebens, die am Rande der Katastrophe noch realisierbar scheinen, werden eingeebnet in den alles einplanenden Betrieb. Der Sträfling kehrt freiwillig in die Zwangsverbannung zurück.

Beide Parteien, Charlotte und Harry wie auch der Sträfling, scheitern. In diesem Scheitern schlägt das Thema um. Es verwandelt sich in die Frage, wie überhaupt noch ein Überleben möglich sein kann. »Du weißt doch«, sagt Harry, »der Abgrund, der dunkle Abgrund; die ganze Menschheit hat ihn überschritten und ist am Leben geblieben . . . und dennoch nutzt es Dir nichts, weil sie Dich nicht warnen, Dir nicht sagen können, was Du tun mußt, um zu überleben. Die Einsamkeit, verstehst Du. Du mußt es in der Einsamkeit tun, und Du kannst ebensoviel Einsamkeit wie Elektrizität ertragen und trotzdem am Leben bleiben.« Diese

Einsamkeit ist es, die Charlotte nicht ertragen kann und die Harry und der Sträfling einzig in der ausdrücklichen zwanghaften Unterdrückung der Strafanstalt finden. Der ausdrückliche Zwang dieser Einsamkeit läßt einzig das noch erträglich scheinen, was Harry »dieses ewige Grabwärtskriechen« nennt: »Dieses ewige, verrunzelte, verwelkte, besiegte Sich-Klammern, zwar nicht an die Niederlage, sondern einfach an die Gewohnheit; man nimmt die Niederlage hin, nur um sich weiter an die Gewohnheit klammern zu dürfen – an die keuchenden Lungen, die lästigen Gedärme, die der Freude doch nicht fähig sind.«

Dieser Doppelroman von den *Wilden Palmen* und dem *Strom* ist wohl Faulkners bitterstes und romantischstes Buch zugleich. Romantisch deshalb, weil Faulkner die Frage nach der Möglichkeit des Glücks nie so absolut und so verzweifelt aufgeworfen hat. *Die Wendemarke*, die in der Thematik am nächsten kommt, läßt immer noch Kompromisse zu. Bitter ist das Buch, weil es schließlich keinen Ausweg offenläßt. Nur in der völligen Unfreiheit ist in dieser Welt noch die Möglichkeit zur Freiheit gegeben, lautet das Fazit dieser beiden Geschichten. Alles andere ist menschenunwürdiger Vergleich, bedeutet ein Absinken ins Wesenlose, ins graue Alltägliche, ins unabsehbare Einerlei, ins Lebendigtotsein. Es fehlt ja nicht an Gegenfiguren. Da ist etwa der zweite Sträfling, der nur zum Küchendienst tauglich ist, die schemenhaften Mitgefangenen wie die profillosen Typen der Lagerleiter, da ist etwa der Mann Charlottes, der Journalist, der dem Paar in Chicago hilft, der Bergwerksleiter und der in seiner Spießigkeit erstarrte Kleinstadtarzt, der ihnen den Bungalow vermietet. Alle Figuren, obwohl sie keineswegs schematisch geschildert werden oder von der Erzählung her blaß sind, treten doch vor den Hauptfiguren zurück, erscheinen merkwürdig unscharf, sind alle irgendwie einander ähnlich in ihrer Stumpfheit und Gebrochenheit. Vor einem Teppich aus grauen, hoffnungslos festgelegten Kompromißlern, die das Rennen aufgegeben haben, bevor es anfing, heben sich die drei ab, die es gegen alle Vernunft noch einmal versuchen, verzweifelt aus dem unergründlichen Einerlei auszubrechen. Auch sie bereits zum Scheitern verdammt. Denn der verzweifelte Aufschrei Charlottes: »Dafür war es doch, dafür war doch alles, dafür haben wir doch bezahlt: daß wir zusammen sein, jede Nacht miteinander schlafen können; nicht nur um zu essen und zu trinken ...« erstickt in der noch verzweifelteren Alternative Harrys: »Vor die Wahl gestellt zwischen dem Leid und dem Nichts wähle ich das Leid.«

Alles in diesem Doppelroman ist auf die sprachliche Gebärde abgestellt. Indem erzählt wird, wird gezeigt, aufgezeigt, aufgedeckt. Auch die inneren Monologe und die Dialoge *zeigen*, sind nicht Reflexion. Alles ist in Sprache verwandeltes Bild, die Sprache zeigt, legt vor. (Leider ist das in der Übersetzung ein wenig verblaßt, weniger prägnant als im Englischen.) Wie kaum sonst bei Faulkner wird in Motivierung und Konstruktion der Handlung summarisch, ja oberflächlich verfahren. Die außersprachliche logische Konsequenz ist Nebensache. Wichtig ist allein die Folge der Bilder, die sprachlich entdeckenden, immer neu hervordrängenden Komplexe. In der Reihung dessen, was in der Lage ist aufzuzeigen, deutlich zu machen, liegt das Kompositionsprinzip. Dieses Kompositionsprinzip wäre nicht deutlich einzusehen, wenn es einsträngig verliefe. Ein einziger Handlungsablauf würde zu sehr der störenden, üblichen Romanvorstellung verfallen. Notwendigerweise mußten es daher zwei Geschichten sein, die Faulkner erzählte, und zwar nicht einfach zwei Variationen, sondern zwei Geschichten, die miteinander gehen, obwohl sie äußerlich nichts miteinander gemein zu haben scheinen. Zwei Geschichten, die in ihrem Zueinander erst die ganze Geschichte ergeben.

Der Protest, der nicht nur gesagt, sondern gezeigt wird, kann sich nur in dieser Verdoppelung von Schicksal und Geschehen davor bewahren, als bloße romantische Paraphrase abgeschoben zu werden. Erst aus dem Kontrast der durcheinander erzählten Geschichten erwächst die Basis, auf der das Gezeigte unabweisbar wird.

Erstdruck in: ›Texte und Zeichen‹, *Eine literarische Zeitschrift, Herausgegeben von Alfred Andersch. Heft 15, 1957.*

Ellery Queen
Über ›Der Springer greift an‹

Mit William Faulkners *Knight's Gambit*, sechs Geschichten über Onkel Gavin, wurde im Jahre 1949 ein gewichtiger Grundstein der Kriminalliteratur gelegt. Als wir das erstemal eine Kriminal-Geschichte über Onkel Gavin lasen, war der Familienname des Protagonisten an keiner Stelle erwähnt; und der Erzähler, Onkel Gavins junger Neffe, hatte gar keinen Namen. Das führte uns zu der Annahme, daß gewisse Affinitäten zwischen Faulkners Figuren und ähnlichen Figuren bestehen, die bereits von Melville Davisson Post erschaffen worden waren – so Onkel Abner und sein anonymer ›Watson‹-Boy. Durch spätere Geschichten Faulkners erfuhren wir jedoch, daß Onkel Gavin mit vollem Namen Gavin Stevens hieß, und sein Watson-Boy Chick Mallison.

Aber Instinkt kann untrüglich den Weg weisen, wo alle ›Fakten‹ versagen. Die Vermutung, daß die Figuren von Post und Faulkner in einer tieferen Schicht miteinander verwandt sind, erweist sich als richtig. Beide, Onkel Abner und Onkel Gavin treten mit einer Würde auf, die an Erhabenheit grenzt; beide sind erfüllt von der Passion für Gerechtigkeit; beide sprechen und denken umgeben von einer Aura der Mystik; beide sind sie bemerkenswert standfeste Männer, sowohl in moralischer, religiöser als auch in humanitärer Hinsicht; und beide sind durch und durch Amerikaner.

Gavin Stevens' Philosophie als Detektiv ist durchaus nicht hundertprozentig orthodox, dennoch würde Onkel Abner ihr aus vollem Herzen zugestimmt haben, ebenso wie jeder andere wirklich große Detektiv in der Literatur (oder im Leben). Gavin sagt: »Ich interessiere mich mehr für Gerechtigkeit und Menschen als für Wahrheit. In meinem Leben habe ich Wahrheit gesehen, die alles andere war als gerecht, und Gerechtigkeit habe ich gesehen, die Werkzeuge benutzte, die ich nicht mal mit der Feuerzange anfassen würde.« Das ist der in Harvard graduierte Phi-Beta-Kappa-Akademiker,* der mit Professoren über Einstein

* *Phi, Beta, Kappa* – *p*hilosophia *b*iou *k*ybernetes – ›Philosophie der Steuermann des Lebens‹ – eine 1776 gegründete akademische Gesellschaft amerikanischer Studenten. (A. d. Ü.)

diskutieren könnte, aber auch ganze Nachmittage unter den auf dem Lande vor Läden hockenden Männern zubringen könnte, um sich mit ihnen in ihrer Sprache zu unterhalten.

Die Veröffentlichung, die Werbung und die Kritiken, die Faulkners *Knight's Gambit* erfahren hat, haben wieder einmal einen beschämenden literarischen Snobismus offenbar gemacht. Allzu viele Verleger und Kritiker betrachten Kriminalgeschichten als illegitime Kinder der Literatur, die mit Arroganz und Verachtung zu behandeln sind. So hat beispielsweise der Verleger von *Knight's Gambit* 1949, im Hinblick darauf, daß Faulkner den Nobelpreis bekommen sollte (die offizielle Preisverleihung war erst am 10. Dezember 1950), für das Buch als des Autors »erste *detective story*« geworben. Die erste? Was war Faulkners *Intruder in the Dust* (1948) anderes als eine Kriminalgeschichte? Und warum die Anführungszeichen? – als wäre Detektiv ein schmutziges Wort. Woche für Woche brachte die ›New York Times‹ ein Inserat, in dem das Buch als ein Band Kurzgeschichten bezeichnet wurde, die einen ›Dem-Täter-auf-der-Spur-Dreh‹ haben – eine derart anmaßende Haltung, daß damit impliziert war, der Autor habe sich für eine literarische Saison zu wohltätigen Zwecken in die Slums begeben. Und in der geheiligten ›Saturday Review of Literature‹ schrieb Howard Mumford Jones ziemlich herablassend über Onkel Gavin, er sei »kaum mehr als eine andere Ausgabe des Amateurdetektivs«. Weiter sagte Mr. Jones: »In gewissem Sinne sind die Geschichten dieses Buches Kriminalgeschichten« – als würde sie das automatisch zu etwas Minderwertigem abstempeln. Er stellt Faulkners »gewaltige Fabuliergabe« nicht in Abrede, beeilt sich dann aber zu betonen, daß »gewaltige Fabuliergabe nicht gleichbedeutend ist mit Handlung« – als wäre Handlung *per se* eine verächtliche Stärke.

Die reine und einfache Wahrheit ist die, daß *Knight's Gambit* eine Sammlung von Kriminalgeschichten ist, die – weit davon entfernt, deswegen auf sie herabzublicken – nach ihren größeren Verdiensten beurteilt werden sollten. Daß ein Schriftsteller von Faulkners jetzt international anerkanntem Format Detektivgeschichten schreibt, beweist wieder einmal – sofern literarische Snobs einen solchen Beweis immer noch brauchen –, daß die Detektivgeschichte nun schon lange auf ein ehrwürdiges Alter zurückblicken kann. Die kriminologischen Grundsteine der letzten 110 Jahre wurden nicht nur von Krimi-Autoren wie Conan Doyle, Maurice Leblanc, Jacques Futrelle, R. Austin Freeman, Melville Davisson Post, H. C. Bailey, Agatha Christie, Dorothy L. Sayers, Georges Simenon, Margery Allingham, Dashiell Hammett, Raymond Chandler, John Dickson Carr und Cornell Woolrich gelegt, sondern auch von so weltberühmten Größen der Literatur wie Charles Dickens, Mark Twain, Robert Louis Stevenson, G. K. Chesterton, O. Henry und W. Somerset Maugham – ganz zu schweigen von wichtigen Beiträgen, die von Thomas Hardy, Oscar Wilde, Rudyard Kipling, H. G. Wells, John Galsworthy, Anton Čechov, Sinclair Lewis und – William Faulkner gemacht wurden.

Albert Camus
Vorwort zu ›Requiem für eine Nonne‹

Dieses Vorwort hat nicht den Zweck, dem französischen Publikum Faulkner erst vorzustellen. Malraux hat das vor zwanzig Jahren bereits auf glanzvolle Weise getan, und dank ihm hat Faulkner bei uns eine so glorreiche Aufnahme gefunden, wie sie in seinem eigenen Land ihm noch nicht zuteil geworden war. Auch M. E. Coindreaus Übertragung bedarf keiner rühmenden Erwähnung mehr. Die französischen Leser wissen, daß die heutige amerikanische Literatur keinen besseren und überzeugenderen Botschafter in Frankreich besitzt. Wenn man sich vorstellt, es hätte an Faulkner ein gleicher Verrat begangen werden können, wie er an Dostojewski von denen verübt worden ist, die sich seine Übersetzer nannten, wird man die Rolle M. E. Coindreaus noch besser würdigen können. Ein Schriftsteller weiß, was er seinen Interpreten zu verdanken hat, wenn sie so qualifiziert sind wie er. Ich persönlich will hier nur, da ich das ›Requiem für eine Nonne‹ auf die Bühne gebracht habe, allen denen, die sich für die bei jeder Bearbeitung für das Theater auftauchenden Probleme interessieren, einige Hinweise geben. Die Veröffentlichung der beiden Texte gestattet heute einen Vergleich, den ich damit erleichtern möchte.

Man wird zunächst feststellen, daß der Originaltext, der des Romans, wiewohl er in Akte aufgeteilt ist, doch neben Szenen in Dialogform auch zugleich historische und lyrische Kapitel über die Entstehung der Baulichkeiten enthält, in denen die Handlung sich abspielt. Diese Baulichkeiten sind das Gerichtsgebäude, das Kapitol als Sitz des Gouverneurs und das Gefängnis. Jede von ihnen liefert zugleich den imposanten Schauplatz für den Beginn eines jeden Aktes sowie den Rahmen für die dann folgenden Szenen. Die Dialoge des ersten Aktes finden im Wohnzimmer der jungen Stevens, jedoch nach deren Rückkehr aus dem Gerichtsgebäude, statt und beziehen sich auf das Todesurteil, das dort gefällt worden ist. Die große Szene, Temple Stevens' Geständnis, die den Kern des zweiten Aktes bildet, hat das Arbeitszimmer des Gouverneurs zum Schauplatz. Die Begegnung Temples und der verurteilten Negerin im dritten Akt vollzieht sich im Gefängnis. Faulkners Absicht liegt dabei klar zutage. Er wollte, daß das Drama der beiden Stevens sich in den Tempeln schürzt und entwirrt, die der Mensch einer Gerechtigkeit errichtet hat, die wohl schmerzvoll für ihn ist, die Faulkner jedoch nicht als menschlichen Ursprungs erachtet. In dieser Sicht kann das Gerichtsgebäude als ein Tempel, das Arbeitszimmer des Gouverneurs als ein Beichtstuhl und das Gefängnis als ein Kloster betrachtet werden, in dem die todgeweihte Negerin ihr eigenes und Temples Verbrechen sühnt. Um diese sakralen Bauten mit Leben zu erfüllen, hat Faulkner seine Zuflucht zu poetischen Reminiszenzen genommen, durch deren Heraufbeschwören die hinter ihren Mauern sich abspielenden Ereignisse in einen dichten menschlichen und historischen Untergrund eingebettet werden.

Es versteht sich von selbst, daß diese Kapitel – abgesehen von einigen Einzelheiten – auf der Bühne keine Verwendung finden konnten. Ich habe sie also fortgelassen, in dem Bewußtsein dessen, was ich verlor, aber auch in aller Ergebenheit gewillt, dem Gestalter des Bühnenbildes und dem Regisseur die Sorge dafür zu überlassen, auf diskrete Art den religiösen Charakter der Stätten, an denen die Handlung sich abspielt, dem Publikum fühlbar zu machen. Einzig die Dialogszenen konnten alsdann noch den Stoff für eine dramatische Handlung liefern. Der Leser dieses Buches wird sehr schnell merken, daß man sie nicht so, wie sie waren, in das Stück aufnehmen konnte; in vieler Hinsicht bleiben sie eben doch Szenen eines Romans. Man spürt hier an einem hervorragend dafür geeigneten Beispiel, wie verschieden der Zeitablauf (die ›Durée‹) in einem Drama und in einem Roman sein kann. Raffung, Straffung, Wechsel zwischen Erstarrung und jäher Explosion sind die Gesetze des ersteren, während freie Entwicklung und sogar eine gewisse Träumerei von dem zweiten untrennbar bleiben. Man mußte die Dialoge demgemäß neu verteilen innerhalb einer ihrem Wesen nach dramatischen Kontinuität, dank der die Handlung fortschreitet, ohne daß sie je an Spannung verliert, die die Charakterentwicklung jeder Einzelperson unterstreicht und sie ihrem Höhepunkt entgegenführt, die Motive klärt, ohne sie zu deutlich herauszustellen, und die schließlich in einem eindrucksvollen Finale alle während der Handlung nur angedeuteten oder bereits voll orchestrierten Themen noch einmal auftönen läßt. Praktisch gesehen kam das darauf heraus, daß man den Prolog im Gerichtsgebäude stofflich anreichern, die Szenen des ersten Aktes anders aufzuteilen, die Persönlichkeit Gowan Stevens', dem ich eine ganze Szene beim Gouverneur zugestanden und den ich in der letzten Szene noch einmal auf der Bühne habe erscheinen lassen, stärker betonen und die Geschichte mit den Erpresserbriefen konsequent zu Ende führen mußte. Zudem war es nötig, aus Gründen der Bühnenwirksamkeit die Szene mit dem Gefängniswärter neu zu gestalten.

Nachdem dieses neue äußere Gerüst dann aufgestellt war, blieb immer noch das schwierigste Problem zu lösen – das der Sprache. Trotz allen Anscheins ist Faulkners Stil weit davon entfernt, sich einer dramatischen Transkription zu versagen. Ich war nach der Lektüre dieses ›Requiems‹ sogar sicher, daß Faulkner, auf seine Art und gewissermaßen unbewußt, ein sehr schwieriges Problem gelöst habe, nämlich das der Rede in einem modernen Trauerspiel. Wie macht man es, Personen im modernen Straßenanzug eine Sprache sprechen zu lassen, die alltäglich genug ist, um in unsere banalen Wohnräume zu passen, und doch auch hinlänglich untrivial, um sich auf der Höhe tragischen Geschehens halten zu können? Da nun bietet uns Faulkners Stil mit seinem stockenden Atem, seinen abgerissenen, von neuem aufgegriffenen und in der Wiederholung anschwellenden Sätzen, seinen Einfügungen, Parenthesen und Kaskaden von Nebensätzen ein modernes und dabei keineswegs künstlich hergestelltes Äquivalent zu der großen ›Tirade‹ der klassischen Tragödie. Es ist ein atemloser Stil, ein Keuchen manchmal sogar wie das Stöhnen eines Kranken. Eine unaufhörlich laufende Spirale, von der sich Wörter und Sätze ablösen, führt den Sprechenden in die Schlünde der in der Vergangenheit begrabenen Leiden hinein, Temple Stevens in die köstlichen Höllen des Bordells von Memphis, das sie vergessen wollte, und Nancy Mannigoe in den blinden, unfaßbaren, von nichts wissenden Schmerz, der sie zugleich zur Heiligen und zur Mörderin macht.

Um jeden Preis müssen diese Stileffekte natürlich erhalten bleiben. Doch wenn diese stockende, die Wörter nur lose aneinanderreihende, insistierende Sprache dem Theater etwas Neues bringen kann, so doch nur, wofern man einen begrenzten Gebrauch von ihr macht. Ohne diese Sprache würde das Stück sicherlich weniger tragisch sein; doch ausschließlich verwendet würde sie das Ganze durch einen Eindruck von Monotonie zugrunderichten, der auch den gutwilligsten Zuschauer schließlich ermüden müßte, und auch die Gefahr heraufbeschwören, die Tragödie ins Melodram zu verkehren, in dessen Nähe sie sich sowieso stets bewegt. Ich mußte also diesen Stil zugleich beibehalten und daneben bewußt neutralisieren, wobei ich nicht ganz sicher bin, ob es mir gelungen ist. Folgenden Beschluß jedenfalls hatte ich gefaßt: in allen Szenen, in denen die Personen des Dramas sich nicht frei aussprechen, in denen die Handlung einer Art von offenkundigem Geheimnis verhaftet bleibt, ferner während aller Übergänge, die nur dazu dienen, eine Entwicklung herbeizuführen, neue Tatsachen aufzuzeigen oder den Rhythmus des Geschehens zu verändern, kurz überall da, wo etwas nicht unmittelbar von der betreffenden Dramengestalt respektive dem Darsteller durchlitten, sondern nur äußerlich erlebt oder vorgeführt wird, habe ich mich dafür entschieden, die Sprache Faulkners bis zu größter Direktheit zu vereinfachen und nur, um dem Gebot der Einheitlichkeit und der geschlossenen Komposition zu genügen, hier und da einen Anflug, einen Hauch Faulknerscher ›Atemlosigkeit‹ einzuschalten. In allen Partien hingegen, die mit dem nackten, unwiderstehlich nach Äußerung drängenden Leiden zu tun haben, und besonders da, wo es um Temples Bekenntnis und das Aufbegehren ihres Mannes geht, habe ich Faulkners Stil auf Französisch getreulich nachgeahmt.

Nun noch ein Wort, das zweifellos diejenigen interessieren wird, die nach dem letzten Bild, in dem Nancy ihr Glaubensbekenntnis ablegt, an mich die Frage gerichtet haben, ob ich selber übergetreten sei (man wird sich dabei sagen müssen, daß, falls ich eine griechische Tragödie auf die Bühne brächte, wohl kaum jemand sich erkundigen würde, ob ich selbst nun an Zeus glaubte*). Tatsächlich habe ich die letzte Szene beträchtlich ab-

* Der Widersinn in unserer intellektuellen Gesellschaft besteht in folgendem: sie exkommuniziert die Leute, die Christen werden. Indessen kontrolliert und denunziert sie eifersüchtig alle die, die nicht auf eine hinlänglich aufsehenerregende Weise diese häßliche Häresie abschwören: daher die Versuchung für gewisse diabolisch veranlagte Geister, sich außerhalb der Gesetze einer derart dummen Gesellschaft zu begeben und mindestens Kardinal zu werden.

geändert. Man wird aus diesem Buch ersehen, daß sie vor allem aus den großen Reden von Nancy Mannigoe und Gavin Stevens über den Glauben und Christus bestanden hat. Faulkner spricht hier seine eigenartige religiöse Überzeugung aus, die er noch einmal in *A Fable* bekennt und die weniger merkwürdig durch ihren Inhalt als durch die Symbole ist, in denen sie sich ausdrückt. Nancy entscheidet sich wie viele große Seelen vor ihr dafür, ihr Leiden und ihren eigenen Tod zu lieben, doch nach Faulkner wird sie dadurch zur Heiligen, zur Nonne, die nun auf einmal auch den Bordellen und Gefängnissen, in denen sie gelebt hat, klösterliche Weihe verleiht. Dieses wesentliche Paradoxon mußte man beibehalten. Das übrige aber, das heißt die langen Erbauungspredigten, sind Freiheiten, die man dem Romanschriftsteller zugesteht, falls er wirklich Wert darauf legt; dem Dramatiker hingegen sind sie strikt untersagt. Ich habe diese Reden also beschnitten und gerafft und mich Temples im Gegenteil bedient, um den durch Nancy illustrierten Widersinn zugleich in Frage zu stellen und noch stärker ins Licht zu rücken. Insofern muß ich mich selbst bezichtigen, Faulkners Botschaft verkürzt zu haben. Doch bin ich dabei nur den Gesetzmäßigkeiten des Dramas gefolgt und habe, glaube ich, das Wesentliche dieser Botschaft gleichwohl intakt erhalten.

Interview mit William Faulkner

»Ja, ich habe Fragen beantwortet, Fragen, die ein Priester oder Tierarzt hätte beantworten können.«

William Faulkner

»Reportern sag ich nie die Wahrheit.«

William Faulkner

Mr. Faulkner, Sie sagten doch vor einiger Zeit, daß Sie Interviews nicht mögen, stimmt das?

Ich bin gegen Interviews, weil ich ausfallend werde, sobald man mir persönliche Fragen stellt. Betreffen die Fragen nur meine Arbeit, bin ich bereit, sie zu beantworten. Betreffen sie mich persönlich, beantworte ich sie oder ich beantworte sie nicht. Durchaus möglich, daß ich auf die gleiche Frage morgen eine ganz andere Antwort geben würde.

Was würden Sie über sich selbst – den Schriftsteller William Faulkner – sagen?

Wäre ich nicht zur Welt gekommen, dann hätte eben ein anderer meine Sachen geschrieben, und das gilt genauso für Hemingway oder für Dostojewski, es gilt für uns alle. Daß es für Shakespeares Stücke drei Anwärter auf die Urheberschaft gibt, darin kann man doch nur eine Bestätigung sehen. Wichtig ist nicht, wer den ›Hamlet‹ oder den ›Sommernachtstraum‹ geschrieben hat, sondern wichtig ist nur, daß sie überhaupt geschrieben worden sind. Der Künstler selbst zählt nicht. Nur was er schafft, ist der Rede wert, denn es gibt seit eh und je nur ein und dasselbe zu berichten auf dieser Welt. Shakespeare, Balzac und Homer – sie haben über ein und dasselbe geschrieben. Hätten sie ein- oder zweitausend Jahre länger gelebt, dann wären die Verleger nie in die Verlegenheit geraten, daß sie Jagd machen müssen auf neue Autoren.

Doch selbst vorausgesetzt, daß alles schon gesagt wäre – glauben Sie nicht, daß man der Individualität des einzelnen Schriftstellers einige Bedeutung beimessen muß?

Von Bedeutung ist das einzig und allein für den Schriftsteller. Der Außenstehende sollte sich so intensiv mit nichts anderem als nur mit dem Werk befassen, daß er einfach keine Zeit mehr hat, die Personalpapiere eines Autors zu kontrollieren.

Und Ihre Zeitgenossen, wie ist's mit denen?

Wir alle konnten unseren Traum von der Vollendung nicht realisieren. Deshalb gibt es für uns nur die eine Maxime: Im Angesicht einer grandiosen Niederlage auch weiterhin das Unmögliche tun! Könnte ich mein Werk noch einmal schreiben, ich würde es besser machen, davon bin ich überzeugt; und das ist von allen Haltungen, die ein Schriftsteller einnehmen kann, die fruchtbarste. Ihn treibt einzig der Vorsatz, weiterzuarbeiten und es immer wieder zu versuchen. Jedesmal glaubt er, dieses Mal müsse es klappen, dieses Mal werde ich meinen Traum einholen. Natürlich eine Illusion, aber zugleich auch die Erklärung dafür, weshalb seine Situation so gesund ist. Brächte er es wirklich fertig, würde er also auch nur ein einziges Mal seinen Traum von der Vollendung einholen, könnte er jemals sein Ideal verwirklichen, dann bliebe ihm nur noch eines zu tun übrig, nämlich: das Messer an die Kehle zu setzen und sich in den jenseits des erreichten Gipfels liegenden Abgrund zu stürzen, also Selbstmord. Ich bin ein verpfuschtes Etwas von einem Dichter. Jeder Romancier träumt anfangs davon, Verse zu schreiben, merkt aber bald, daß er's nicht kann, und versucht sich daraufhin an der Kurzgeschichte, dem nach der Lyrik anspruchsvollsten Genre. Wenn er auch darin versagt, dann erst läßt er sich mit dem Roman ein.

Wie ist das, gibt es so etwas wie ein Rezept, mit dessen Hilfe man ein guter Romanschriftsteller werden kann?

Neunundneunzig Prozent Talent. Neunundneunzig Prozent Disziplin. Neunundneunzig Prozent Arbeit. Nie darf man sich zufriedengeben mit dem, was man erreicht hat. Keine Arbeit ist so gut, wie sie sein könnte. Der Schriftsteller muß seinen Traum stets ein wenig höher stellen, als er greifen kann. Es genügt nicht, nur seine Zeitgenossen oder Vorbilder übertreffen zu wollen! Man muß sich selbst übertreffen wollen. Der Künstler wird von Dämonen gejagt. Er weiß nicht, warum sie sich gerade ihn zum Opfer erkoren haben, und er hat auch keine Zeit, sich mit unbeantwortbaren Fragen herumzuschlagen. Er ist völlig amoralisch; jederzeit wäre er fähig, zum Räuber, Bettler oder Dieb zu werden, falls ihn das vorwärtsbrächte, einen Schritt näher heran an die Vollendung seines Werkes.

Wollen Sie damit sagen, ein Schriftsteller müsse rücksichtslos sein?

Der Schriftsteller ist nur einer Instanz Rechenschaft schuldig, und das ist sein Werk. Er wird, wenn er ein guter Schriftsteller ist, vollkommen rücksichtslos sein. Er ist von seinem Traum besessen. Dieses Trauma peinigt ihn dermaßen, daß er alles tut, um sich davon zu befreien. Er läßt nicht locker, bis er es geschafft hat. Alles geht dabei über Bord: Ehre, Stolz, Anstand, Sicherheit und Glück, alles; und zwar nur deshalb, weil sein Buch fertig werden muß. Und müßte er, der Schriftsteller, seine Mutter berauben zu diesem Zweck, nicht einen Moment würde er zögern. Keats' ›Ode an eine griechische Urne‹ – die wiegt jede Menge alter Damen auf.

Demnach würde also der Mangel an Sicherheit, Glück und Ehre eine ziemlich wichtige Rolle spielen im schöpferischen Prozeß?

Nein. Wichtig sind diese Dinge nur für den Künstler selbst, für seine innere Ruhe, für seinen Frieden. Die Kunst aber – sie will nichts zu tun haben mit Dingen wie Ruhe und Frieden.

Und wie müßte sie aussehen, die Lebenslage, die einem Künstler die besten Arbeitsbedingungen böte?

Kunst hat mit der Lebenslage nichts zu tun. Sie kümmert sich gar nicht um so was. Wenn Sie mich fragen, kann ich nur sagen, daß die beste Beschäftigung, die man mir je angeboten hat, die war, daß ich als Wirt in einem Bordell arbeiten sollte. Das wäre meiner Meinung nach ein vorzügliches Milieu für einen Künstler. Dort hat er völlige wirtschaftliche Unabhängigkeit, braucht weder zu hungern noch um seinen Job zu bangen, hat ein Dach überm Kopf, und zu tun hat er so gut wie gar nichts. Nur ein paar Beträge – die muß er verwalten, und einmal im Monat muß er dann wohl auch Bestechungsgelder an die Ortspolizei abführen. In den Morgenstunden herrscht tiefste Ruhe ringsum, genau zu der Zeit also, wo man am besten arbeiten kann. Abends ist dann wieder Betrieb, und sobald ihn die Langeweile packt, kann er ja jederzeit das Gesellschaftsspiel seines Hauses spielen. Außerdem ist er in diesem Milieu eine Respektsperson. Er hat nichts zu tun, denn die Buchführung wird von Madame höchstpersönlich besorgt. Alle Hausbewohner sind weiblichen Geschlechts, blicken zu ihm auf und nennen ihn »Sir«. Auch die Schwarzhändler aus der Nachbarschaft reden ihn mit »Sir« an. Er aber kann sich's leisten, die Polizisten zu duzen. – Das richtige Milieu für einen Künstler also – das ist eine Umgebung, die ihn in Ruhe läßt, die ihn allein läßt und ihm doch ausreichende Zerstreuungsmöglichkeiten bietet – und das alles für relativ wenig Geld. Ein ungünstiges Milieu aber bewirkt, daß sich der Künstler mit einem anormalen Blutdruck anfreunden, seine Zeit also mit Ärger und Depressionen vertun muß. Ich selbst kann von mir sagen, daß alles, was zur Produktion meines Einmannbetriebes vonnöten ist, sich mit ein paar Worten aufzählen läßt. Ich brauche Papier, Tabak, Essen und ein bißchen Whisky.

Bourbon Whisky?

Nee, so wählerisch bin ich nicht. Zwingt man mich aber schon mal, mich entweder für Scotch oder für Wasser zu entscheiden, dann tippe ich immer auf den Scotch.

Apropos ›wirtschaftliche Unabhängigkeit‹: Glauben Sie, daß sie für den Schriftsteller eine conditio sine qua non ist?

Nein. Der Schriftsteller braucht keine wirtschaftliche Unabhängigkeit. Bleistift und Papier, das ist alles, was er braucht. Geschenktes Geld allein – damit hat noch keiner ein gutes Buch zuwege gebracht. Ein guter Schriftsteller wendet sich nicht an die Caritas. Dazu ist er viel zu sehr mit seiner Arbeit beschäftigt. Seine Begabung – wenn die nicht vorn noch hinten reicht – dann betrügt er sich mit der Ausrede, er habe weder Zeit noch Geld. Gute schriftstellerische Arbeit können – wenn sie's können – auch Einbrecher, Schwarzhändler und Pferdediebe machen. Die Menschen haben eben Angst und probieren erst gar nicht aus, wieviel Härte und Armut sie ertragen können. Sie haben Angst vor einer Zerreißprobe. Den guten Schriftsteller kann nichts umwerfen. Das einzige, was ihn endgültig außer Gefecht setzt, ist der Tod. Dem echten Schriftsteller ist seine Zeit zu schade für die Spekulation auf Reichtum und Erfolg. Erfolg ist etwas Weibisches. Er benimmt sich genauso wie eine Frau: scharwenzelt man um sie herum, schon steht man unterm Pantoffel und wird plattgetreten. Deshalb zeigt man am besten die kalte Schulter, dann hat man eher die Chance zu erleben, wie der Erfolg angekrochen kommt.

Kann Filmarbeit Ihre eigentliche Arbeit beeinträchtigen?

Nichts kann einen Schriftsteller beeinträchtigen, wenn er wirklich einer ist. Ist er's aber nicht, dann ist ihm ohnehin nicht zu helfen. Für den zweitrangigen Schriftsteller gibt es ein solches Problem ja auch gar nicht, denn er hat seine Seele längst verkauft. Und für den erzielten Erlös hat er sich einen Swimmingpool anlegen lassen.

Muß ein Schriftsteller, wenn er für den Film arbeitet, Zugeständnisse machen?

Ja, da gibt's nichts anderes. Der Film ist seinem Wesen nach eine Kollektivarbeit, und jede Kollektivarbeit wird zusammengehalten vom Kompromiß. Das eben meint dieses Wort ja auch – Geben und Nehmen.

Mit welchen Schauspielern würden Sie am liebsten zusammen arbeiten?

Mit Humphrey Bogart klappte es am besten. Wir arbeiteten zusammen an ›To Have and Have not‹ [nach Ernest Hemingway] und ›The Big Sleep‹ [nach Raymond Chandler].

Würden Sie auch heute noch Filmarbeit übernehmen?

Ja, mich reizt es, einen Einfall zu einem Film über George Orwells ›1984‹ zu verwirklichen. Ich habe mir da einen Schluß ausgedacht, der eine These erhärten würde, auf der ich unablässig herumtrommele: daß der Mensch unzerstörbar ist, einfach weil er den Willen zur Freiheit hat.

Wann klappte es denn am besten mit der Filmerei?

Die besten Szenen – soweit sie mit meiner eigenen Dreharbeit zu tun hatten – kamen zustande, wenn Schauspieler und Autor das Drehbuch in die Ecke knallten und dann die Szene beim Probieren improvisierten, kurz bevor die Kamera zu surren anfing. Hätte ich die Dreharbeit nicht ernst genommen, oder wäre mir dazu keine Gelegenheit geboten worden, ich hätte aus Ehrlichkeit gegen den Film meine Finger davon gelassen, das wäre ich letzten Endes ja auch mir selber schuldig gewesen. Heute weiß ich, daß Drehbücher für mich untaugliche Objekte sind, dabei fehlt mir der atmosphärische Hochdruck, unter dem ich sonst arbeite.

Würden Sie uns einige Ihrer sagenhaften Hollywooder Erlebnisse erzählen?

Mein Vertrag mit der MGM war gerade abgelaufen, und ich wollte nichts als nach Hause. Da sagte der Regisseur, mit dem ich zusammen arbeitete: »Wenn Sie hier weitermachen wollen, sagen Sie's nur; ich sprech schon mit dem Studio über einen neuen Vertrag.« Ich bedankte mich und fuhr nach Hause. Keine sechs Monate später telefonierte ich mit meinem Freund, dem Regisseur, und fragte ihn, ob ich auf sein Angebot zurückkommen könnte. Kurz darauf erhielt ich von meinem Agenten in Hollywood einen Brief. Inhalt: ein Scheck für das Gehalt der ersten Woche. Ich fiel aus allen Wolken, denn ich hatte erst einmal eine offizielle Mitteilung erwartet – eine Aufforderung des Studios oder einen Vertrag. Erst dachte ich natürlich, der Brief mit dem Vertrag hätte Verspätung und würde mit der nächsten Post schon noch kommen. Statt dessen schickt mir in der nächsten Woche mein Agent wieder einen Scheck: Gehaltsquote Numero zwei. Das war im November 1932, und das ging so lustig weiter bis zum Mai des nächsten Jahres. Dann aber kam ein Telegramm vom Studio. Text: »William Faulkner, Oxford, Miss. Wo sind Sie? MGM Studio.« Ich drahtete zurück: »MGM Studio, Culver City, California. William Faulkner.« Das junge Fräulein vom Amt fragte mich, wo ich denn den Text zum Absender hätte. »Das ist bereits alles«, sagte ich ihr. »Aber in der Dienstverordnung steht«, meinte sie, »daß ich kein Telegramm ohne Text durchgeben darf; Sie müssen also irgendwas schreiben.« Wir machten uns deshalb über die Mappe mit Glückwunschformularen her und suchten da was 'raus, ich glaube, aus der Sparte ›Geburtstagsgrüße‹. Das schickte ich dann ab. Kurz darauf kam vom Studio via Telefon die Anweisung, sofort das erstbeste Flugzeug nach New Orleans zu nehmen und dort beim Regisseur Browning vorzusprechen. Nun hätte ich zwar in Oxford einen Zug nach New Orleans kriegen können und wäre dann in acht Stunden an Ort und Stelle gewesen. Aber das Studio hatte anders befohlen, also fuhr ich nach Memphis, denn dort startete ja ab und zu ein einsames Flugzeug. Ich brauchte nur drei Tage zu warten, bis eins abflog. Um sechs Uhr nachmittags landete ich in Mr. Brownings Hotel und meldete mich zur Stelle. Er war gerade als Gastgeber einer Party tätig und meinte, ich sollte mich erst mal die Nacht über gründlich ausschlafen und mich auf einen frühen Start am nächsten Tag einstellen. Ich fragte ihn nach der Story. »Ach ja«, sagte er, »gehen Sie doch mal auf Zimmer soundso, da sitzt der Mann vom Szenario, der wird Ihnen schon sagen, was anliegt.« – Ich pilgerte also an besagte Zimmertür. Drinnen saß der Mann vom Szenario ganz allein. Ich stellte mich vor und fragte ihn nach der Handlung. »Wenn Sie den Dialog erst mal geschrieben haben«, sagte er, »werde ich Ihnen die Handlung schon zeigen.« Ich ging also wieder zu Browning und erstattete Bericht. »Gehen Sie noch einmal hin«, meinte er, »erzählen Sie ihm, daß der und der – ach, lassen Sie nur, schlafen Sie sich erst mal gründlich aus, und dann können wir morgen früh zeitig anfangen.« – Am nächsten Morgen fuhren wir alle Mann hoch – nur der Mann vom Szenario fehlte – in einer eleganten Barkasse – ihr Besitzer war ein Bootsverleiher – nach Grand Isle, so hieß der Ort – er lag etwa hundertfünfzig Kilometer weit weg –, wo der Film gedreht werden sollte. Wir trafen dort rechtzeitig zur Mittagsstunde ein und hatten nach dem Essen sogar noch Zeit zur Rückfahrt, schafften es also, noch vor Einbruch der Dunkelheit wieder in New Orleans zu landen. So ging das ungefähr drei Wochen lang. Ab und zu äußerte ich Bedenken, was die Story anging, aber Browning beschwichtigte mich jedesmal mit dem schönen Satz: »Machen Sie sich keine Sorgen, schlafen Sie erst mal gründlich aus, damit wir morgen früh zeitig anfangen können.«

Eines Abends bei unserer Rückkehr – ich war gerade wieder auf mein Zimmer gekommen –, da läutete das Telefon. Am anderen Ende war Browning. Er forderte mich auf, sofort zu ihm aufs Zimmer zu kommen. Ich ging also hin, und er zeigte mir ein Telegramm. Darin stand: »Faulkner ist entlassen. MGM Studio.« – »Nur keine Angst«, sagte Browning, »ich werde sofort den Soundso anrufen und veranlassen, daß man Sie nicht nur wieder auf die Gehaltsliste setzt, sondern Ihnen auch noch eine schriftliche Entschuldigung schickt.« Kaum hatte er das letzte Wort raus, klopfte es an der Tür. Es war der Hotelboy mit einem zweiten Telegramm. Diesmal hieß der Text: »Browning ist entlassen. MGM Studio.« Ich fuhr also nach Hause zurück. Auch Browning dürfte wohl irgendwohin abgedampft sein. Nur dieser Mann vom Szenario, der wird wohl noch immer in seinem Zimmer sitzen – den Scheck mit dem Wochengehalt in der Hand. Der Film wurde nie zu Ende gedreht. Aber ein Krabbenfischerdorf, das hatten sie gebaut. Mitten im Wasser eine lange Plattform auf Pfählen, oben drauf Hütten, so daß es Ähnlichkeit hatte mit einem Kai. Dutzende davon hätte das Studio für vierzig oder fünfzig Dollar pro Stück aufkaufen können. Aber nein, sie mußten sich selbst eins bauen: eine Attrappe. Das heißt, eine Plattform mit einer einzigen imitierten Häuserwand. Wenn man eine der Türen öffnete, um das ›Haus‹ zu betreten, landete man auf kürzestem Wege im Ozean. Während man am ersten Tag daran baute, kam der Kajunenfischer herangepaddelt mit seiner engen, schwer zu bedienenden Piroge, die er aus einem hohlen Baumstamm angefertigt hatte. Den ganzen Tag saß er da, mitten in der sengenden Sonne, und beobachtete die sonderbaren Weißen, die da so'n sonderbares Ding aufbauten. Am nächsten Tag brachte er die ganze Familie mit: sein Weib mit dem Baby an der Brust, seine anderen Kinder und die Schwiegermutter bevölkerten die Piroge. Alle saßen wiederum den ganzen Tag in der sengenden Sonne und betrachteten das närrische, unverständliche Treiben der Weißen. Zwei oder drei Jahre später war ich einmal in New Orleans, und da erzählte man mir, daß die Kajunen noch immer meilenweite Wege machten, um das unechte Krabbendorf zu besichtigen, das die Weißen erst herangeschleppt, aufgebaut und dann wieder verlassen hatten.

Sie sagten, der Schriftsteller muß Zugeständnisse machen, falls er für den Film arbeitet. Wie steht's damit bei seiner eigenen Arbeit? Muß er da Zugeständnisse an den Leser machen?

Er hat nur die Aufgabe, seine Arbeit zu machen – so gut wie es nur eben geht. Wenn er damit zu Rande gekommen ist, mag er getrost die Erledigung zusätzlicher – egal welcher – Arbeiten übernehmen. Was mich angeht – ich habe keine Zeit, mich um die Öffentlichkeit zu kümmern. Mag John Doe von meinen oder von anderen Büchern sagen, was er will – es interessiert mich einfach nicht. Ich habe meinen eigenen Maßstab und richte mich zum Beispiel danach, ob ich vom Lesen eines eigenen Buches so viel Genuß habe, wie wenn ich ›La Tentation de Saint Antoine‹ lese oder das Alte Testament. So was muntert mich auf. Genauso, wie es mich aufmuntert, wenn ich einen Vogel beobachte. Wissen Sie, sollte es so was wie eine Seelenwanderung geben, dann möchte ich nur als Bussard wieder auf die Welt kommen. Der hat keinen Ärger, wird nicht so leicht gefressen, kann aber selbst alles fressen.

Wie ist das nun mit der Technik, wenn Sie Ihren eigenen Maßstäben Genüge tun wollen?

Wen technische Probleme interessieren, der sollte lieber Chirurg werden oder Maurer. Es gibt keine Lehre von der Mechanik des Schreibens, genausowenig wie es eine Flugverbindung zur Kunst gibt. Der junge Schriftsteller wäre ja ein Narr, wenn er sich zur Marionette einer Theorie erniedrigte. Man kann immer nur aus eigenen Fehlern lernen. Der Lehrer des Menschen heißt Irrtum. Ein guter Künstler lebt in der Überzeugung, niemand wäre so vollkommen, daß er sein, des Schriftstellers, Berater werden könnte. Wer als Künstler leben will, der muß eine besondere Art von Eitelkeit besitzen. Sosehr er auch den älteren Meister bewundert, er muß sich vornehmen, ihn zu übertreffen.

Sie sagen also, der Wert der Technik ist der, daß es ihn nicht gibt?

Aber nein, so nicht. Manchmal prescht die Technik vor und hat den Traum längst erobert, ehe noch der Schriftsteller selbst zur Attacke ansetzt. Damit meine ich die ›tour de force‹ beim Schreiben, und so zu schreiben ist was Ähnliches, wie wenn man Ziegelsteine so mauert, wie's die Bauzeichnung vorschreibt: hier weiß der Schriftsteller, wo er jedes einzelne Wort einzusetzen hat – und zwar weiß er's bereits, wenn er noch gar nichts geschrieben hat. Mir erging es so mit *As I Lay Dying*. Kein leichtes Stück Arbeit. Echte Arbeit ist nie leicht. Sie wurde mir allerdings dadurch erleichtert, daß ich das ganze Material im Kopf hatte. Zum Schreiben brauchte ich sechs Wochen, genauer: die freien Stunden während dieser Zeit; das, was übrigbleibt, wenn man täglich zwölf Stunden körperlicher Arbeit abrechnet. Ich hatte eine Gruppe Menschen vor Augen; die konfrontierte ich mit den ganz einfachen und zeitlosen Naturkatastrophen – Überschwemmung und Feuersbrunst – und setzte mit einfachen, natürlichen Handlungsmotiven das Geschehen in Gang. Doch was für diesen Spezialfall gilt, das gilt auch ganz allgemein: es erleichtert das Schreiben, wenn die Technik draußen bleibt. Denn bei der Arbeit an einem Roman komme ich unbedingt – sagen wir, bei Seite 275 – an eine Stelle, an der sich die Figuren selbständig machen, von wo ab sie die Initiative übernehmen und das Buch so zu Ende führen, wie's ihnen paßt. Was sich abspielen würde, wenn ich auf Seite 274 Schluß machte, weiß ich natürlich nicht. Der Künstler muß sein eigenes Werk objektiv beurteilen können. Aber hat er geurteilt, dann muß er auch genug Mumm haben, konsequent bei seinem Urteil zu bleiben. Da sich in meinem Fall keines meiner Bücher meinem Maßstab gewachsen zeigt, muß ich mein Urteil danach richten, welches Buch mir am meisten Kummer gemacht hat. Viele Mütter hängen ja auch ihre Liebe eher an den Dieb und Mörder unter ihren Kindern als an dasjenige, das den geistlichen Ornat genommen hat.

Und welches Buch wäre das?

The Sound and the Fury. Fünfmal hab ich's geschrieben, um

ihn loszuwerden, diesen Alptraum, der mich quälte bis aufs Blut. Die Tragödie von Caddy und ihrer Tochter, dieses Drama von zwei verlorenen Frauen. Dilsey ist eine meiner Lieblingsfiguren, denn sie ist tapfer, mutig, großzügig, freundlich und ehrlich. Viel tapferer, großzügiger und ehrlicher als ich selbst.

Wie kam Ihnen denn die Idee zu ›The Sound and the Fury‹?

Es fing mit einer inneren Vorstellung an. Von deren Symbolträchtigkeit hatte ich damals keinen blassen Schimmer. Diese Vorstellung war nichts anderes als der schmutzige Hosenboden eines kleinen Mädchens; es saß in einem Birnbaum, linste durch ein Fenster in jenes Zimmer, in dem die Leichenfeier für die Großmutter abgehalten wurde, und gab das Gesehene weiter an seine Brüder, die unter dem Baum standen. Nach und nach stellte ich mir die einzelnen Figuren vor und dachte darüber nach, was sie dort machten und wovon eigentlich der Schlüpfer so dreckig geworden war, und da merkte ich dann, daß sich die komplexen Vorgänge unmöglich in eine Kurzgeschichte pressen ließen und daß daraus wohl oder übel ein Roman werden müßte. Mit der Zeit erkannte ich auch, wie symbolhaltig das Bild von der drekkigen Mädchenhose eigentlich war, und so entwickelte sich aus diesem Bilde jenes vater- und mutterlose Mädchen, das, eine Regenrinne hinunterkletternd, dem einzig sicheren Ort entflieht und dabei doch auch aus jenem Bereich ausbricht, wo weder Liebe noch Zuneigung, noch auch Verständnis auf sie warteten. – Ich hatte schon damit begonnen, die Story aus der Perspektive eines Geistesschwachen zu erzählen. Ich spürte, daß es wirksamer sein würde, wenn ich jemanden erzählen ließ, der einerseits zwar um die einzelnen Vorgänge Bescheid wußte, andererseits aber nicht fähig war, sie im richtigen Zusammenhang zu sehen. Doch merkte ich bald, daß es so noch nicht richtig war. Daraufhin versuchte ich die Sache noch einmal, und diesmal machte ich einen zweiten Bruder zum Berichterstatter. Aber auch das war nicht das, was mir vorschwebte. Schrieb ich also die Geschichte zum drittenmal, diesmal aus der Perspektive des dritten Bruders. Doch auch das haute nicht hin. Daraufhin machte ich mich daran, die Fragmente zu koordinieren und in die Lücken mich selbst als Erzähler einzuschalten. Auch diese Version war für mich noch immer eine Verlegenheitslösung. Und sie blieb es so lange, bis ich – fünfzehn Jahre nach dem Erscheinen des Buches – mir den

Stoff noch einmal vorknöpfte. Diesmal brachte ich – um endlich Ruhe zu haben – die Sache einfach in einem anderen Buche unter – als Appendix, versteht sich. Ja, dieser Erzählung bin ich total verfallen, sie ließ mich nicht los, und ich habe sie nie richtig erzählt, obschon ich mich jedesmal total verausgabte; und ich würde es gern noch einmal versuchen, wenn auch alles dafür spricht, daß mich das Resultat wahrscheinlich wieder nicht befriedigen würde.

Wenn Sie an Benjy denken – was für Gefühle löst das bei Ihnen aus?

Alles, was ich für Benjy empfinden kann, läßt sich ausdrücken mit den Worten: Kummer und Mitleid. Totales Mitleid, also Kummer darüber, daß der Mensch so ist, wie er ist. Man kann für Benjy keine andere Gefühle haben, weil er selbst keine Gefühle hat. Das einzige, was mich bei dieser Gestalt bewegt, erschöpft sich in der Frage, ob er als Gestalt auch glaubhaft ist. Er ist ja ein Prolog, wie der Totengräber in den elisabethanischen Dramen ein Prolog ist. Er erfüllt seine Aufgabe und tritt dann ab. Benjy steht jenseits von Gut und Böse, denn Gut und Böse sind unbekannte Begriffe für ihn.

Aber Liebe – konnte Benjy denn so was empfinden?

Benjy hatte so wenig Verstand, daß er nicht einmal egoistisch zu sein vermochte. Er war ein Tier. Ein dumpfes Gefühl der Zärtlichkeit und Liebe – das besaß er, obschon er keine Worte dafür hatte; und gerade die Bedrohung dieser Zärtlichkeit und Liebe war es ja, die ihn veranlaßte, jene Laute auszustoßen, mit denen sein artikulationsunfähiger Instinkt auf Caddys Veränderung reagierte. Er hatte keine Caddy mehr; aber er war ja so sehr verblödet, daß er nicht einmal erkannte, wie sehr Caddy ihm fehlte. Er spürte nur, daß irgend etwas nicht stimmte, daß durch irgend etwas ein Vakuum in ihm erzeugt wurde, eine Leere, auf die seine Trauer zurückgeht. Und da versuchte er, dieses Vakuum zu beseitigen – aber womit? Einzig Caddys Hausschuhe waren für ihn etwas Greifbares. Sie wurden Fetische seiner Zärtlichkeit und Liebe, für die er keine Worte hatte, von denen er aber doch instinktiv wußte, daß sie ihm fehlten. Er war schmutzig, weil er zwischen Schmutz und Reinlichkeit genausowenig unterscheiden konnte wie zwischen Gut und Böse. Die Schuhe waren sein Trost, obgleich ihm jedes Vermögen abging, sich an die frühere Besitzerin oder an die Ursache seines Kummers zu erinnern. Wäre Caddy wiedergekommen – er hätte sie wahrscheinlich nicht einmal wiedererkannt.

Die Narzisse, die man Benjy gibt – hat es damit eine besondere Bewandtnis?

Sie sollte ihn ablenken. Es war nur eine Blume, wie sie – der Jahreszeit entsprechend – an jenem 5. April blühte und eben greifbar war. Damit hat's gar nichts weiter auf sich.

Die Form der Allegorie, wie sie als christliche Variante in ›A Fable‹ angewandt wird – sehen Sie darin einen besonderen ästhetischen Reizwert, und halten Sie dieses Mittel für einen Gewinn, was den Roman angeht?

Es ist genauso nützlich und wertvoll wie das Winkeleisen für den Zimmermann, wenn er ein Haus bauen muß, das viele rechte Winkel hat. In *A Fable*, da ist die christliche Allegorie ein genauso nützliches Instrument für den Aufbau des Themas, wie es das Winkelmaß für den Bau eines rechteckigen Gebäudes ist.

Wollen Sie damit sagen, daß sich der Künstler christliche Elemente besorgen, oder besser: ausleihen kann, und zwar genauso, wie sich der eine Zimmermann bei einem anderen einen Hammer ausleiht?

Dem Zimmermann, den wir meinen, wird es nie an Werkzeug fehlen. Auch an Christentum würde nie Mangel sein, könnten wir uns nur darüber einigen, was ›Christentum‹ bedeutet. Für mich meint dieses Wort: eine Verhaltensweise mit individuellem Einschlag, den Einsatz, den der einzelne aufbringt, um sich selbst, um das ›Naturprodukt‹, das er ist, zu vervollkommnen. Wie immer auch das jeweilige Symbol beschaffen ist, ob es sich um ein Kreuz handelt oder um einen Halbmond, stets erinnert ein Symbol den Menschen an den kategorischen Imperativ, fordert es von ihm, so zu handeln, als hinge das Schicksal der Menschheit von seiner Handlungsweise ab. Die verschiedenen Allegorien sind wie Seekarten, mit deren Hilfe der Mensch seine Position feststellen kann und an denen er die Strömungen seines Wesens abzulesen vermag. Dem Menschen Gutes beizubringen – das geht nicht auf die Tour, wie man ihm via Rechenbuch mathematische Regeln beibringt. Man kann nur eines tun, nämlich: bei seiner Selbstentdeckung behilflich sein, man kann ihm nur einen Tip geben für den Weg zu den ethischen Geboten und ihm eine

Ration einpacken, die seinen Fähigkeiten und Zielen angemessen ist, denn dieses christliche Symbol konfrontiert ihn mit einem einmaligen Beispiel für das Ausmaß des Leidens, des Opfers und der Verheißung. Die Schriftsteller haben schon immer Allegorien aus dem Bereich des moralischen Bewußtseins verwandt, und sie werden das auch weiterhin tun, denn was sind Allegorien sonst, wenn nicht Beispiele, an denen etwas Großartiges demonstriert wird. Die drei Männer in ›Moby Dick‹ sollen die Dreieinigkeit des Gewissens personifizieren: das Nichtwissen, das sorgenfreie Wissen und das mit Sorgen verbundene Wissen. Genau derselben Trinität begegnet man in *A Fable:* Da ist einmal der junge jüdische Fliegeroffizier, der sagt: »Wie grauenhaft, ich kann das selbst dann nicht gutheißen, wenn ich damit das Leben verneine«; dann ist da weiterhin der alte französische Generalquartiermeister, der sagt: »Das ist schrecklich, doch wir können weinen und es ertragen«; und schließlich ist da noch der englische Bataillonsmelder, der erklärt: »Furchtbar, aber ich werde etwas dagegen tun.«

Stehen die beiden getrennt laufenden Themen in ›Wild Palms‹ in einem symbolischen Konnex? Haben die Kritiker recht, wenn sie darin eine Art ästhetischen Kontrapunkt sehen, oder ist der Zusammenhang ein pures Zufallsprodukt?

Ach nein, mit Zufall hat das nichts zu tun. Es war eine einheitliche Geschichte, die Geschichte der Charlotte Rittenmeyer und des Harry Wilbourne – zwei Menschen, die alles für ihre Liebe hergaben und denen sie dann doch verlorenging. Erst als ich den Anfang bereits geschrieben hatte, kam mir die Erkenntnis, daß daraus zwei getrennte Erzählungen würden. Erst als ich den in der endgültigen Fassung an erster Stelle stehenden Abschnitt von *Wild Palms* fertig hatte, wurde mir bewußt, daß da noch etwas fehlte. Was fehlte, das war die Emphase, die alles zusammenzieht und es strafft, also ungefähr das, was in der Musik der Kontrapunkt ist. So schrieb ich an der ›Old Man‹-Handlung, bis *Wild Palms* mir keine Ruhe mehr ließ. Da unterbrach ich die *Old Man*-Erzählung dort, wo heute der erste Abschnitt zu Ende geht, und machte mich wieder an *Wild Palms*, bis der Grund-Impuls nachließ. Ich bekam's aber sofort wieder in den Griff, als ich einen weiteren Teil der Antithese fertiggemacht hatte, ich meine jene Antithese, in der von dem

Mann erzählt wird, der seine große Liebe erfährt, und wo daraufhin, also auf den restlichen Seiten des Buches, gezeigt wird, wie er vor ihr flieht – eine Flucht bis zurück ins Gefängnis, wo er sich in Sicherheit wähnt, wo er den Nachstellungen der Liebe entgangen zu sein glaubt. Es sind zwei unabhängige Geschichten geworden, ja, aber wenn, dann aus innerer Notwendigkeit. Die eigentliche Story jedoch ist die von Charlotte und Wilbourne.

Hat für Sie das Schreiben mit persönlichen Erfahrungen zu tun, und wenn, wieviel hat es damit zu tun?

Kann ich nicht sagen. Ich hab mir noch nie Gedanken darüber gemacht. Denn das ›Wieviel‹ ist nicht wichtig. Ein Schriftsteller braucht dreierlei: Erfahrung, Beobachtungsgabe und Imaginationskraft. Von diesen Eigenschaften können zwei – hin und wieder sogar nur eine – das Fehlen der andern kompensieren. Sehr oft setzt der Prozeß des Erzählens bei mir ein mit einer einzelnen Idee, einer Erinnerung oder mit einer Vorstellung. Beim Schreiben selber arbeitet man sich langsam vor bis zu dem Punkt, wo man anfangen muß zu erklären, warum das alles geschah oder was für Folgen es hatte. Ein Schriftsteller will glaubhafte Personen und glaubhafte, eindrucksvolle Situationen schildern, und zwar will er's so mitreißend wie eben möglich darstellen. Um sich aber in den Besitz von Stoffen und Mitteln zu bringen, muß er offenbar auf die ihm bekannte Umgebung zurückgreifen. Die Musik, würde ich sagen, ist wohl das einfachste aller Ausdrucksmittel, da sie in der Erfahrung des Menschen und in seiner Geschichte die allererste Stufe ist. Aber da für mich nur Worte von Bedeutung sind, muß ich wohl oder übel mit unbeholfeneren Worten auszudrücken versuchen, was durch die reine Musik viel besser ausgedrückt werden könnte. Das heißt, die Musik könnte es einfacher und besser sagen, aber ich bin für die Sprache gemacht, wie ich ja auch lieber lese als zuhöre. Ich ziehe das Schweigen dem Lautgeben vor, und das durch Worte evozierte Bild entsteht im Reizklima eines Klanges. Also, Donner und Musik der Prosa – das sind Kinder des Schweigens.

Manche Leute sagen, Ihre Bücher seien selbst nach zwei- oder dreimaligem Lesen nicht zu verstehen. Nehmen wir an, irgendeiner kommt mit dieser Klage direkt zu Ihnen, was würden Sie ihm sagen?

Viermal lesen.

Sie sagten vorhin, Erfahrung, Beobachtungsgabe und Imaginationskraft wären wichtige Konstituanten für einen Schriftsteller. Würden Sie dazu auch noch die Inspiration rechnen?

Habe keine Ahnung, was das Wort ›Inspiration‹ bedeutet. Ich weiß einfach nicht, was das sein soll, Inspiration. Gerüchtweise habe ich zwar schon mal davon gehört, aber gesehen hab ich so was noch nie.

Als Schriftsteller – so heißt es – zeigten Sie sich besonders fasziniert vom Phänomen der Brutalität, stimmt das?

Genauso fasziniert, wie wenn man sagte, ein Zimmermann wäre von seinem Hammer fasziniert. Brutale Gewalt ist doch nur eins von vielen Instrumenten. Und ein Schriftsteller kommt genausowenig mit einem einzigen Werkzeug aus wie ein Zimmermann.

Ihre schriftstellerischen Anfänge – würden Sie uns davon vielleicht noch etwas erzählen?

Ich lebte damals in New Orleans und verdiente mir mit allen möglichen Beschäftigungen das, was ich zum Leben brauchte. Dann traf ich Sherwood Anderson. Wir gingen nachmittags in die Stadt und redeten mit allerlei Menschen. Abends trafen wir uns wieder und leisteten einer Flasche Gesellschaft; er sprach, und ich hörte zu. Vormittags blieb er unerreichbar. Da verzog er sich, um allein zu sein und zu arbeiten. Am nächsten Tag ging derselbe Dreh wieder von neuem los. Ich sagte mir damals, wenn ein Schriftsteller so lebt – dann nichts wie rin in die Schriftstellerei! Also setzte ich mich hin und schrieb mein erstes Buch. Dabei erfuhr ich sofort, wieviel Spaß das Schreiben macht. Überm Schreiben vergaß ich sogar, daß ich Mr. Anderson drei Wochen nicht mehr gesehen hatte. Bis er mir eines Tages auf die Bude rückte, sozusagen sein erster Besuch: »Was haben Sie denn?« fragte er beim Eintreten. »Können Sie mich nicht mehr riechen?« Als ich ihm entgegnete, ich wäre gerade dabei, ein Buch zu schreiben, sagte er nur: »Ach, du lieber Gott!« und machte sich wieder auf die Socken. Als ich das Buch dann fertig hatte – es war *Soldier's Pay* –, traf ich Mrs. Anderson auf der Straße. Sie erkundigte sich, ob's denn klappe mit der Arbeit an dem Buch, und ich antwortete ihr, daß ich es fertig hätte. »Sherwood hat mir erzählt«, meinte sie da, »daß er sich mit Ihnen auf einen Handel einlassen will. Unter der Bedingung, daß er Ihr

Manuskript nicht zu lesen braucht, will er es seinem Verleger andrehen.« – »Okay«, sagte ich, und – sehen Sie – so wurde ich Schriftsteller.

Die ›Beschäftigungen‹, mit denen Sie sich Ihr Brot verdienten – welcher Art waren denn die?

Ich machte, was sich gerade anbot. Ich war zu allem möglichen zu gebrauchen: als Bootsführer etwa oder als Anstreicher, auch als Pilot. Das Leben war damals billig in New Orleans, und ich brauchte kaum Geld, nur eine Schlafstelle, ein bißchen was zu essen, Tabak und ein geringes Quantum Whisky. Es gab da die unterschiedlichsten Jobs, meistens für zwei oder drei Tage. Davon konnte ich einen ganzen Monat leben. Von Natur aus bin ich ein Nichtstuer und Landstreicher. Geld bedeutet mir nicht so viel, daß ich dafür arbeiten möchte. Meiner Meinung nach ist es eine Schande, daß auf der Welt soviel gearbeitet wird. Es ist doch traurig, daß der Mensch tagaus, tagein nur das eine zuwege bringt: arbeiten, arbeiten und nochmals arbeiten! Keiner kann acht Stunden lang essen, keiner acht Stunden lang trinken, keiner acht Stunden lang lieben – aber acht Stunden lang ununterbrochen arbeiten, das kann man. Kein Wunder, daß die Menschen sich selbst und ihre Mitmenschen auf diese Weise kaputtmachen.

Ziemlich klar, daß Sie sich dem Menschen Sherwood Anderson verpflichtet fühlen – wie aber denken Sie über den Schriftsteller Anderson?

Er war der Vater meiner Generation, wie er der Vater jener Richtung der amerikanischen Literatur war, an die unsere Nachfolger anknüpfen werden. Nie ist er so gewürdigt worden, wie er's verdient hätte. Dreiser könnte man als seinen älteren Bruder bezeichnen, und Mark Twain wäre dann der Vater von beiden.

Was halten Sie von den europäischen Schriftstellern dieser Epoche?

Zwei große Autoren hatten sie während meiner Zeit: Thomas Mann und James Joyce. An den ›Ulysses‹ sollte man mit der gleichen Gläubigkeit herangehen, wie der naive Baptistenprediger ans Alte Testament herangeht.

Wie sind Sie eigentlich zu Ihrer Bibelkenntnis gekommen?

Mein Urgroßvater Murray war, zumindest für uns Kinder, ein freundlicher und sanfter Mann. Ja, er war ein Schotte, und doch schien er uns – seinen Enkelkindern – gar nicht besonders fromm und streng zu sein. Er war einfach ein Mensch mit eisernen Prinzipien. Einer seiner Grundsätze war der, daß jeder – von den Kindern bis zu den Erwachsenen – morgens beim gemeinsamen Frühstück einen Bibelspruch parat haben mußte. Konnte man seinen Bibelvers nicht, dann gab's auch kein Frühstück. Man durfte allerdings in den Nebenraum gehen und dort schnell seinen Vers lernen. Dazu bot einem eine Tante – so eine Mischung aus alter Jungfer und Dragoner – ihre Unterstützung an. Sie verzog sich mitsamt dem Sündenbock und nahm ihn scharf her, damit er das nächstemal die Hürde sofort nehmen konnte. Bedingung war, daß es sich um einen authentischen, um einen buchstabengetreuen Vers handelte. Solange wir klein waren, durften wir Morgen um Morgen den gleichen hersagen, Hauptsache, man konnte ihn auswendig. Das ging dann so lange, bis wir älter und größer geworden waren. Dann, eines Morgens (inzwischen konnte man seinen Vers herunterrasseln und ließ die Zunge darauflosgaloppieren, ohne noch etwas zu hören von dem, was man sagte, denn mit den Augen war man schon bei Speck, Steak, Backhähnchen, Grütze, Süßkartoffeln oder bei den zwei, drei Toastscheiben) – plötzlich also spürte man, wie sich seine Augen auf einen richteten, sehr blaue, sehr freundliche und milde und selbst in diesem Moment keinesfalls strenge Augen, nur eben die Augen eines Mannes mit eisernen Grundsätzen. Und am nächsten Morgen mußte man dann einen anderen Vers in petto haben. Auf diese Weise wurde einem klargemacht, daß es mit der eigentlichen Kindheit zu Ende war; man war aus ihr herausgewachsen und hatte die ersten Schritte in die Welt der Großen getan.

Lesen Sie auch Bücher zeitgenössischer Autoren?

Die Bücher, die ich heute lese, sind alte Bekannte aus meinen jungen Jahren; bei ihnen kehrt man ein, wie man bei alten Freunden einkehrt: das Alte Testament, Dickens, Conrad, Cervantes' Don Quijote (den und die Bibel, die beiden lese ich jedes Jahr). Dann Flaubert, Balzac (der ja eine ganze Welt in die Welt gesetzt hat, Organismen ein und desselben, zwanzig Bücher durchpulsenden Blutkreislaufes) und Dostojewski, Tolstoi, Shakespeare. Gelegentlich lese ich auch Melville, von den Lyrikern vor allem Marlowe, Campion, Jonson, Herrick, Donne, Keats und Shelley. Auch Housman lese ich noch. Ich lese diese Bücher oft so, daß ich irgendwo anfange und irgendwo aufhöre. Ich lese vielleicht nur eine einzige Szene oder suche mir eine einzige Gestalt heraus, kurz, es ist dasselbe, als wenn man einen Freund trifft und sich einige Minuten mit ihm unterhält.

Wie steht es denn mit Freud?

Als ich in New Orleans lebte, sprach jeder über Freud. Doch gelesen habe ich ihn nie. Genausowenig wie Shakespeare ihn gelesen hat. Ob's Melville getan hat? Ich wage das zu bezweifeln. Daß aber Moby Dick ihn ganz bestimmt nicht gelesen hat, dafür lege ich meine Hand ins Feuer.

Lesen Sie auch mal Kriminalromane?

Die von Simenon. Die erinnern mich ein wenig an Čechov.

Welches sind Ihre Lieblingscharaktere?

Meine Lieblingscharaktere? Sarah Gamp: ein grausames, rücksichtsloses Weib, eine Säuferin und Opportunistin, unzuverlässig, das meiste ihres Charakters böse, aber Charakter hatte sie. Daneben aber auch Mrs. Harris, Falstaff, Prinz Heinz, Don Quijote und natürlich auch Sancho Pansa. Auch Lady Macbeth habe ich immer bewundert. Und dann Zettel, Ophelia und Merkutio. Dieser und Mrs. Gamp haben dem Leben die Stirn geboten: sie baten niemanden um eine Gefälligkeit, gejammert haben sie auch nicht. Selbstverständlich auch Huck Finn und Jim Hawkins. Tom Sawyer konnte ich nie ausstehen: ein furchtbarer Angeber. Dann aber schätze ich auch den Sut Lovingood, eine Gestalt aus einem Buch von George Harris – er hat es um 1840 oder 1850 in den Bergen von Tennessee geschrieben. Er machte sich keine Illusionen über sich selbst und tat, was er konnte. Manchmal war er feige, war sich dessen auch bewußt, aber Scham? Nein, er schämte sich nicht. Die Schuld an seinem Unglück, die schob er niemandem in die Schuhe, und er haderte deswegen auch nicht gleich mit Gott.

Wie steht es nach Ihrer Meinung um die Zukunft des Romans?

Ich glaube, solange die Menschen Romane lesen, wird es auch Romanschriftsteller geben. Und umgekehrt. Vorausgesetzt, die Bildmagazine und die Comic Strips bringen es nicht doch noch fertig, dem Menschen das Lesen total abzugewöhnen und die Literatur wieder zu einer Bilderschrift zu machen, zu einer Bilderschrift, wie man sie in den Höhlen der Neandertaler findet.

Was ist nach Ihrer Meinung die zentrale Aufgabe der Kritik?

Der Künstler hat keine Zeit, sich mit Kritikern zu beschäftigen. Nur Möchtegern-Schriftsteller lesen Rezensionen. Wer selbst schreibt, der hat gar keine Zeit für den Konsum von Rezensionen. Unter anderem versucht ja der Kritiker, den Romancier festzunageln. Was er tut, das tut er ja nicht für den Künstler und dessen Werk. Der Kritiker kann dem Künstler nicht das Wasser reichen, denn schreibt der Künstler, was den Kritiker bewegt, so schreibt der Kritiker nur, was alle Welt bewegt – mit Ausnahme des Künstlers.

Dann spüren Sie also nie das Bedürfnis, über Ihr Werk mit jemandem zu diskutieren.

Nein, ich schreibe – und dazu brauche ich jede Minute! Was ich schreibe, das muß mir gefallen. Und wenn das der Fall ist, brauche ich ja nicht darüber zu reden. Gefällt es mir aber nicht, dann wird es auch durch Reden nicht besser; man kann es nur korrigieren, indem man weiter daran arbeitet. Ich bin nur ein bescheidener Schriftsteller und kein Literat. Fachsimpeleien sind für mich uninteressant.

Die Kritik behauptet, ein kennzeichnender Zug Ihrer Romane sei die Blutsverwandtschaft – was meinen Sie dazu?

Man kann ihr nicht verbieten, irgendwelche Ansichten zu haben, und, wie gesagt, ich lese ja keine Kritiken. Bezweifeln möchte ich allerdings, daß jemand, der Menschen darstellt, mehr an deren Blutsverwandtschaft interessiert ist als an der Form ihrer Nasen, falls es sich dabei nicht gerade um handlungsfördernde Dinge handelt. Konzentriert sich der Autor aufs Notwendige, also auf das, was wahr ist, weil es mit dem menschlichen Herzen zu tun hat, dann bleibt ihm kaum Zeit für andere Sachen, für Ideen zum Beispiel oder für Fakten wie Nasenformen und Blutsverwandtschaften, denn Ideen und Fakten haben – jedenfalls meiner Erfahrung nach – mit der Wahrheit nur recht wenig gemein.

Die Kritiker sind auch der Meinung, daß sich Ihre Charaktere nie bewußt für Gut oder Böse entscheiden.

Das Leben kümmert sich nicht um Gut und Böse. Don Quijote wog zwar ständig ab, was gut ist und was böse, aber er lebte ja auch in einem Traumzustand. Er war eben verrückt. Nur in den Momenten, da er so sehr mit der Welt beschäftigt wurde, daß ihm keine Zeit mehr blieb, zwischen Gut und Böse zu unterscheiden –

nur in solchen Augenblicken partizipierte er an der Realität. Da die Menschen nur lebendigen Leibes existieren, müssen sie ihre Zeit darauf verwenden, auch am Leben zu bleiben. Das Leben ist Bewegung, und diese Bewegung wird dirigiert von dem, was den Menschen bewegt: Ehrgeiz, Macht, Vergnügen. Braucht der Mensch Zeit, um sich mit ethischen Fragen abzugeben, so muß er diese Zeit mit Gewalt jener ständigen Fluktuation entziehen, deren Marionette er ist. Außerdem wird er – früher oder später – zum Sklaven dessen, was ihn zwingt, zwischen Gut und Böse zu wählen, denn sein Gewissen verlangt nach einer solchen Unterscheidung, damit er auch morgen noch mit sich selbst in Einklang zu leben vermag. Sein Gewissen – das ist so was wie der Fluch der Götter: eine Hypothek, mit der er sich das Anrecht aufs Träumen erkauft hat.

Könnten Sie das nicht näher ausführen – diese Relation zwischen ›Bewegung‹ und Künstler?

Ziel des Künstlers muß sein, Bewegung, also Leben, einzufangen, und zwar durch künstlerische Mittel. Sie aber so einzufangen, daß sie, wenn sie einem Fremden hundert Jahre drauf zu Gesicht kommen sollte, alles Starre abschüttelt und wieder Bewegung, wieder lebendig wird. Der Mensch ist sterblich, und seine einzige Möglichkeit, unsterblich zu werden, ist die, daß er etwas Unsterbliches hinterläßt. Etwas, das niemals stirbt, weil es ewig in Bewegung ist. Nur so kann der Künstler seine Auffassungen, kann er das, was er von sich selbst dachte, in jene Wand des ewigen, irreversiblen Vergessens kratzen, durch die jeder einmal hindurch muß.

Von Malcolm Cowley stammt die Feststellung, Ihre Charaktere ließen sich von einem Gefühl der Schicksalsergebenheit tragen.

Das sieht er nun mal so. Meiner Meinung nach trifft es – und das ist bei den Gestalten eines jeden Schriftstellers so – auf einige zu, auf andere wieder nicht. Lena Grove in *Light in August*, würde ich sagen, hat sich kräftig gegen ihr Schicksal gewehrt. Für dieses ihr Schicksal war nicht von Bedeutung, ob ihr Mann nun Luca Birch hieß oder nicht. Ihr Schicksal bestand darin, einen Mann zu haben und Kinder zu gebären. Das wußte sie, denn sie zog aus und half dem Schicksal nach, ohne daß auch nur ein einziges hilfeheischendes Wort über ihre Lippen gekommen wäre. Sie war die Herrin ihrer Seele. Einer der ruhigsten, vernünftigsten Aussprüche, die ich je hörte, steckt in dem, was sie zu Byron Bunch sagte, als sie ihn zurückstieß bei seinem letzten – aus der Verzweiflung kommenden und an der Verzweiflung scheiternden – Vergewaltigungsversuch, nämlich: »Schämst du dich nicht? Beinahe hättest du das Baby wach gemacht.« Nicht für einen Augenblick war sie verwirrt, erschrocken oder ängstlich. Sie wußte nicht mal, daß sie kein Mitleid brauchte. Hören Sie sich doch nur den allerletzten Satz an, den sie von sich gibt: »Bin doch nur einen Monat unterwegs und schon in Tennessee. Du meine Güte, kommt man doch rum in der Welt!« – Auch die Bundren-Familie in *As I Lay Dying* hat dem Schicksal die Stirn geboten. Der Vater hatte seine Frau verloren und brauchte natürlich eine andere, also holte er sich eine. Von heute auf morgen übernahm er nicht nur das Kochen für die ganze Familie, sondern zum Vergnügen und zur Erholung aller erwarb er auch ein Grammophon. Die schwangere Tochter hatte zwar diesmal kein Glück bei ihrem Abtreibungsversuch, doch sie ließ sich durch so was nicht entmutigen. Sie würde es noch einmal versuchen, und wenn sie auch weiterhin kein Glück haben sollte – ein Kind mehr oder weniger –, was machte das denn schon aus?

Malcolm Cowley behauptet auch, es müsse Ihnen schwerfallen, sympathische Charaktere im Alter von zwanzig bis vierzig Jahren zu schaffen.

Die Menschen zwischen zwanzig und vierzig sind auch nicht sympathisch! Das Kind kann zwar handeln, ist aber unwissend. Die Einsicht kommt erst dann, wenn man die Fähigkeit zum Handeln eingebüßt hat: in den Vierzigern. Zwischen zwanzig und vierzig schwillt der kindische Vorsatz, Handlungen zu vollziehen, immer stärker an und wird immer gefährlicher, aber in diesem Alter versteht der Mensch einfach noch nicht, was das ist: Einsicht. Da nun der Umweltdruck die Drainage solcher Handlungskräfte über das Kanalsystem des Bösartigen vornimmt, verfügt der Mensch bereits über starke Kräfte, wenn er noch gar nicht fähig ist, den Sinn des Wortes ›moralisch‹ zu begreifen. Alle Angst der Welt kommt von den Menschen, die zwischen zwanzig und vierzig sind. Nehmen Sie nur diese Leute aus meiner Heimat, auf deren Konto die Rassenhetze geht – die

Mylams und die Bryants, diese Burschen, die beim Emmet-Till-Mordfall die Hauptrolle spielten; oder nehmen Sie die Negerbanden, die sich eine Weiße herholen und Rache nehmen, indem sie die Frau vergewaltigen, nehmen Sie all diese Napoleons und Hitlers, diese Lenins und Konsorten: das alles sind doch personifizierte Symbole für menschliches Leiden oder für menschliche Angst – und in welchem Alter sind diese Leute? Ausnahmslos zwischen zwanzig und vierzig.

Sie gaben damals während der Emmet-Till-Affäre einen stellungnehmenden Kommentar an die Presse. Würden Sie ihn heute mit weiteren Zusätzen versehen wollen?

Nein. Ich kann nur wiederholen, was ich schon damals sagte. Wenn wir Amerikaner weiter existieren wollen, dann geht das nur, falls wir in erster Linie Amerikaner sein und bleiben wollen und uns nicht scheuen, dafür auch zu kämpfen. Es geht nur, wenn wir der ganzen Welt zeigen, daß wir ein Volk sind, eine Front aus weißen oder schwarzen Amerikanern, aus roten oder aus blauen, meinetwegen grünen. Der Sinn jenes traurigen, tragischen Vergehens, dessen sich in meinem heimatlichen Mississippi zwei erwachsene Weiße an einem Negerkind schuldig machten – der Sinn ihres Verbrechens ist vielleicht darin zu finden, daß es uns zeigt, ob wir zu existieren verdienen oder nicht. Sind wir denn wirklich in unserer der Verzweiflung Vorschub leistenden amerikanischen Zivilisation so tief gesunken, daß wir Kinder, gleich welcher Hautfarbe und aus welchem Grunde auch immer, morden müssen? Wenn ja, dann verdienen wir nicht, daß wir existieren, und dann werden wir auch nicht mehr lange existieren.

Was ging in Ihnen vor während jener Jahre, die zwischen ›Soldier's Pay‹ und ›Sartoris‹ liegen, das heißt, was veranlaßte Sie, die Saga von Yoknapatawpha in Angriff zu nehmen?

Bei *Soldier's Pay* hatte ich entdeckt, daß Schreiben Spaß macht. Hinterher fand ich heraus, daß nicht nur jedem einzelnen Buch, sondern auch dem Gesamtwerk eine ganz bestimmte Textur zugrunde liegen muß, oder anders ausgedrückt: Die Gesamtleistung eines Künstlers wird gesteigert, wenn sämtliche Arbeiten zusammenfaßbar, wenn sie von gleicher Struktur sind. *Soldier's Pay* und *Mosquitoes* schrieb ich eigentlich um des Schreibens willen, aus reinem Vergnügen. Mit *Sartoris* aber kam mir die Erleuchtung, daß auch meine eigene Heimat so viel Stoff zum Schreiben hergibt, daß ich kaum lange genug leben würde, um alles ernten zu können, was dort zu ernten ist. Und nun wurde mir noch eines klar, nämlich: Falls ich das Platt-Tatsächliche so weit sublimieren würde, daß es ins Geheimnisvolle umschlüge, dann hatte ich Bewegungsfreiheit genug, um aus mir herausholen zu können, was überhaupt herauszuholen war. Nachdem sich diese Schwenkung meiner Interessen erst einmal vollzogen hatte, tat sich vor mir eine Goldgrube auf. Ich stieß auf Menschen und Charaktere von solcher Ergiebigkeit, daß mir die Möglichkeit geschenkt wurde, einen ganz eigenen Kosmos auf- und auszubauen. Ich kann – gleich einem Gott – diese Menschen bewegen, kann sie nicht nur im Raum hin und her schieben, sondern ich kann auch mit der Zeit so schalten und walten, wie ich's für richtig halte. Die Tatsache aber, daß es mir – soweit ich das beurteilen kann – gelungen ist, meine Figuren erfolgreich dieser Zeitregie zu unterwerfen – darin sehe ich einen Beweis für die von mir vertretene These über die Fluktuation der Zeit, genauer: für die Behauptung, daß die Zeit nur existent wird als punktuelle Inkarnation in einzelnen Menschen. Was die Kombination ›es war‹ meint, das gibt es gar nicht, es gibt nur ein ›es ist‹. Wenn es jenes ›es war‹ gäbe, dann gäbe es weder Kummer noch Sorgen. Ich stelle mir gern jene Welt, die ich geschaffen habe, als eine Art Schlußstein im Universum vor; als einen Schlußstein, den man – mag er auch noch so klein sein – nicht entfernen kann, ohne daß das Universum einstürzt. Mein letztes Buch wird das Buch vom Jüngsten Gericht sein, das Goldene Buch vom Yoknapatawphaland. Nachher will ich dann zerstören, womit ich meine Bücher schrieb, und dann muß ich Schluß machen.

Aus: Writers at Work – *The Paris Review Interviews, Edited and with an Introduction by Malcolm Cowley, The Viking Press, Inc., New York 1958,* © *1957, 1958 by The Paris Review.* *Deutsch:* Wie sie schreiben, *übersetzt von Wilhelm Borgers und Günther Steinbrinker, Sigbert Mohn Verlag, Gütersloh o. J. Interviewer: Jean Stein.*

Anhang

Chronik

1897 * William Cuthbert Falkner (von ihm später in Faulkner geändert) am 25. September in New Albany/Mississippi; ältester unter vier Brüdern: Jack (* 1899), John (* 1901), Dean * 1907); Vater: Murray Falkner, Bahninspektor, dann Verwaltungsmanager der Universität Mississippi, nebenbei Sekretär der Fuß- und Baseballmannschaften und Inhaber eines Reitstalls; Mutter: Maud, geb. Butler aus Oxford/Miss.; Urgroßvater und Familien-Mythos: William C. Falkner, Offizier der Konföderierten im Bürgerkrieg 1861/65, Erbauer der Eisenbahnlinie Ripley–Middleton/Tennessee, Bankier, Jäger, Gentleman und Autor des Lokalbestsellers *The White Rose of Memphis*, als ›Oberst Sartoris‹ eine zentrale Gestalt im Werk Faulkners.

1902 Umzug nach Oxford/Lafayette County im Staat Mississippi, wo William Faulkner aufwächst, lebt und stirbt und seine Modell-Landschaft des amerikanischen Südens findet und gestaltet: Jefferson/Yoknapatawpha County (indianisch: Langsam durch Flachland fließendes Wasser).

1897 H. G. Wells, ›The Invisible Man‹
Oscar Wilde, ›The Ballad of Reading Gaol‹

1898 *Krieg USA – Spanien*

1900 Joseph Conrad, ›Lord Jim‹

1901 *– 1909 Theodore Roosevelt Präsident*

	Unregelmäßiger Besuch der Elementarschule; Abgang von der High School nach der 7. Klasse vor dem Abschlußexamen; das private Bildungsprogramm besteht aus »wahl- und planloser Lektüre« und autodidaktischem Französisch-Studium;		
		1904	Jack London, ›Sea Wolf‹
		1907	J. M. Synge, ›The Playboy of the Western World‹
		1909	*– 1913 William H. Taft Präsident*
		1913	*– 1920 Thomas W. Wilson Präsident* D. H. Lawrence, ›Sons and Lovers‹
1914	Freundschaft mit dem Juristen und Literaturliebhaber Phil Stone.	1914	James Joyce, ›Dubliners‹
		1915	*Pogrome des Ku-Klux-Klans in den Südstaaten* Ford Maddox Ford, ›The Saddest Story‹ W. Somerset Maugham, ›Of Human Bondage‹
1916	erscheinen erste Zeichnungen in der College-Zeitschrift ›Ole Miss‹.	1916	James Joyce, ›A Portrait of the Artist as a Young Man‹
		1917	*Die USA treten in den Ersten Weltkrieg ein*
1918	aus Abneigung gegen die US-Army Freiwilliger bei der britischen Royal Air Force in Canada, Ausbildung als Militärpilot im Royal Flying Corps Toronto entgegen allen (auch eigenen) Legenden kein Fronteinsatz.		
1919	›special student‹ an der Universität Oxford; erste	1919	Sherwood Anderson, Winesburg, Ohio‹

	Gedicht- und Prosaveröffentlichungen im ›Mississippian‹.		
1920	Abbruch des Studiums; Lektüre, Jagd, Fischfang, Müßiggang.		
1921	Reise nach New York; Job in einer Buchhandlung, dort Bekanntschaft mit Elizabeth Prall, der späteren Mrs. Anderson; zurück in Oxford hauptberuflich Postmeister, nebenbei Gasthörer der Universität.	1921	*–1923 Warren G. Harding Präsident* *–1933 Prohibition,* Eugene O'Neill, ›The Emperor Jones‹ Sherwood Anderson, ›Poor White‹
		1922	James Joyce, ›Ulysses‹ T. S. Eliot, ›The Waste Land‹ Sinclair Lewis, ›Babbitt‹
		1923	*– 1929 Calvin Coolidge Präsident* Sean O'Casey, ›The Shadow of a Gunman‹
1924	Ende der Postlaufbahn; der erste Gedichtband *The Marble Faun* erscheint mit Unterstützung und einem Vorwort Phil Stones.	1924	Ernest Hemingway, ›In Our Time‹ E. M. Forster, ›A Passage to India‹
1925	in New Orleans; Gelegenheitsarbeiter, Spritschmuggler; Freundschaft mit Sherwood Anderson; sechs Monate lang Wohnung im Künstlerviertel Vieux Carré; zahlreiche Sketches und Stories erscheinen im ›Double Dealer‹, in dem auch Anderson, Hemingway, Pound	1925	John Don Passos, ›Manhattan Transfer‹ Theodore Dreiser, ›An American Tragedy‹ Francis S. Fitzgerald, ›The Great Gatsby‹ Ezra Pound, ›Cantos‹ D. H. Lawrence, ›St. Mawr‹ Sherwood Anderson, ›Dark Laughter‹

	und Wilder veröffentlichen; am 7. Juli Reise nach Europa; Italien, Schweiz, Frankreich, Wohnung in Paris, aber kein Kontakt mit den Amerikanern in Paris, Hemingway, Fitzgerald etc., »doch ich kannte Joyce und unterzog mich einige Male der Mühe, das Café aufzusuchen, in dem er zu Hause war.«		Virginia Woolf, ›Mrs. Dalloway‹
1926	Zurück in den USA; erster Roman *Soldier's Pay*; Differenzen mit Anderson.	1926	Ernest Hemingway, ›Fiesta‹ William Plomer, ›Turbott Wolfe‹
1927	bis zum Herbst in Biloxi am Golf von Mexiko; professionelles Golfspiel, Fischfang, Alkoholschmuggel; im April erscheint *Mosquitoes*, ein satirischer Roman um die Literaten und Künstler in New Orleans; Arbeit an *Sartoris*, dem ersten Yoknapatawpha-Roman, zunächst unter dem Titel ›Flags in the Dust‹ vollendet.	1927	Thornton Wilder, ›The Bridge of San Louis Rey‹
1928	Arbeit an *The Sound and the Fury* und, weil alle Bücher bisher nichts einbringen bzw. abgelehnt werden, am ›pot-boiler‹ *Sanctuary*.	1928	D. H. Lawrence, ›Lady Chatterley's Lover‹
1929	*Sartoris* erscheint; am 20. Juni Heirat mit Estelle Oldham Franklin; Wohnung in Oxford; Arbeit als Nachtheizer im Kraftwerk der Universität; *As I Lay Dying* und eine Neufassung von *Sanctuary*	1929	*– 1933 Herbert C. Hoover Präsident* *24. Oktober ›Schwarzer Freitag‹* Sean O'Casey, ›The Silver Tassie‹ Thomas Wolfe, ›Look Homeward, Angel!‹

	entstehen; *The Sound and the Fury* erscheint.		
1930	Zahlreiche Kurzgeschichten erscheinen vor allem in der ›Saturday Evening Post‹; Kauf und eigenhändige Renovierung des Hauses ›Rowan Oak‹; *As I Lay Dying* erscheint.		
1931	*Sanctuary* wird der beabsichtigte Skandalerfolg; erster Band mit gesammelten Erzählungen.		
1932	*Light in August* erscheint; Drehbuchautor für Metro-Goldwin-Mayer in Hollywood; Jagdausflüge mit Clark Gable; Tod des Vaters	1932	Aldous Huxley, ›Brave New World‹
1933	*Sanctuary* unter dem Titel ›The Story of Temple Drake‹ verfilmt, Regie: S. Roberts; zur französischen Ausgabe von ›Sanctuary‹ schreibt André Malraux das Vorwort; der zweite und letzte Gedichtband *A Green Bough* erscheint; am 24. Juni * Tochter Jill.	1933	*– 1945 Franklin D. Roosevelt Präsident* Nathanael West, ›Miss Lonelyhearts‹ Dashiell Hammett, ›The Maltese Falcon‹ Gertrude Stein, ›The Autobiography of Alice B. Toklas‹
1934	*Dr. Martino and Other Stones* erscheint.	1934	Francis S. Fitzgerald, ›Tender is the Night‹ Henry Miller, ›Tropic of Cancer‹ Nathanael West, ›A Cool Million‹
1935	Faulkners Bruder Dean stürzt mit seinem Flugzeug ab; der Fliegerroman *Pylon* erscheint; wieder in Hollywood, für zwei Jahre Drehbuchautor der Twentieth-Century-Fox; einmal	1935	Thomas Wolfe, ›Of Time and the River‹ T. S. Eliot, ›Murder in the Cathedral‹

konnte er, auf seine Bitte, »zu Hause« statt im Büro arbeiten, als man ihn brauchte und suchte, fand man ihn in Oxford; ›Licht im August‹ erscheint als erster Roman von Faulkner in Deutschland.

1936 *Absalom, Absalom!* erscheint.

1936 Upton Sinclair, ›Co-op‹
K. A. Porter, ›Pale Horse, Pale Rider‹

1937 John Steinbeck, ›Of Mice and Men‹
Liam O'Flaherty, ›Famine‹
Ernest Hemingway, ›To Have and Have Not‹

1938 Kauf einer Farm im Waldgebiet von Oxford; Jagdpartien im Mississippi-Delta; *The Unvanquished* erscheint.

1939 Der Doppelroman *Wild Palms and Old Man* erscheint; Sartres Essay über ›The Sound and the Fury‹ und Elio Vittorinis Übersetzung von ›Light in August‹ erscheinen; Wahl zum Mitglied des ›National Institute for Art and Letters‹ und ›O. Henry Memorial Award‹.

1939 James Joyce, ›Finnegans Wake‹
Raymond Chandler, ›The Big Sleep‹
Nathanael West, Day of the Locust‹

1940 *The Hamlet*, erster Band der Snopes-Trilogie erscheint.

1940 Carson McCullers, ›The Heart is a Lonely Hunter‹
Graham Greene, ›The Power and the Glory‹
Thomas Wolfe, ›You Can't Go Home Again‹
Ernest Hemingway, ›For Whom the Bell Tolls‹

1941 *Die USA treten in den Zweiten Weltkrieg ein*
Francis S. Fitzgerald, ›The Last Tycoon‹

1942 Der Geschichten-Zyklus *Go Down, Moses* erscheint; die italienische Ausgabe von ›The Hamlet‹ übersetzt Cesare Pavese; Beginn der Arbeit an *A Fable.*

1946 *The Viking Portable Faulkner*, ein Querschnitt durch das Werk, herausgegeben von Malcolm Cowley, macht Faulkner einem großen Lesepublikum bekannt.

1948 entsteht in wenigen Monaten *Intruder in the Dust.*

1949 *Intruder in the Dust* verfilmt, Regie: C. Brown; Ernennung zum Mitglied der ›American Academy of Arts and Letters‹.

1950 Verleihung der ›Howells Medal for Fiction‹ und des – 1949 nicht vergebenen – Nobelpreises »für seinen kraftvollen und künstlerisch einzigartigen Beitrag zum Roman in Amerika«; Reise mit der 17jährigen Tochter Jill

1942 Thornton Wilder, ›The Skin of Our Teeth‹
K. A. Porter, ›The Leaning Tower‹

1943 William Saroyan, ›The Human Comedy‹

1945 – *1953 Harry S. Truman Präsident*
George Orwell, ›Animal Farm‹
W. Somerset Maugham, ›The Razor's Edge‹

1947 Tennessee Williams, ›A Streetcar Named Desire‹

1948 W. H. Auden, ›The Age of Anxiety‹
Norman Mailer, ›The Naked and the Dead‹
Ezra Pound, ›The Pisan Cantos‹

1949 Arthur Miller, ›Death of a Salesman‹
George Orwell, ›1984‹

1950 *Koreakrieg*

	nach Stockholm, am 10. Dezember ›Nobelpreisrede‹.		
1951	*Requiem for a Nun* erscheint.	1951	*Intellektuellenjagd unter Innensenator Joseph McCarthy* Jerome D. Salinger, ›The Catcher in the Rye‹
1952	Reise nach Paris zur Ernennung zum Offizier der Ehrenlegion Frankreichs.	1952	John Steinbeck, ›East of Eden‹ Ernest Hemingway, ›The Old Man and the Sea‹ Samuel Beckett, ›Waiting for Godot‹
		1953	*– 1961 Dwight D. Eisenhower Präsident* Saul Bellow, ›The Adventures of Augie March‹ Raymond Chandler, ›The Long Goodbye‹
1954	Heirat seiner Tochter Jill mit Paul Summers; Reise nach Brasilien zum Schriftstellerkongreß in São Paulo; *A Fable* erscheint nach neunjähriger Arbeit am Roman.	1954	Harold Brodkey, ›First Love and Other Sorrows‹
1955	*A Fable* mit dem ›National Book Award‹ und dem Pulitzer-Preis ausgezeichnet; ›Requiem für eine Nonne‹ – Welturaufführung in deutscher Sprache im Schauspielhaus Zürich; *Big Woods*, Jagdgeschichten, erscheinen; Reise nach Japan zu einem Seminar an der Universität Nagano.	1955	Lawrence Ferlinghetti, ›A Coney Island of the Mind‹
1956	Zur französischen Bearbeitung von ›Requiem for a Nun‹ schreibt Albert Camus das Vorwort.		

1957	als ›writer in residence‹ Seminar an der University of Virginia in Charlottesville; Reise nach Griechenland zur Verleihung der Silbermedaille der Akademie von Athen; *The Town*, zweiter Band der Snopes-Trilogie erscheint.	1957	Jack Kerouac, ›On the Road‹
1958	*The Hamlet* unter dem Titel ›The Long, Hot Summer‹ verfilmt, Regie: M. Ritt; wieder ›writer in residence‹ an der Virginia University.	1958	Truman Capote, ›Breakfast at Tiffany's‹ Archibald MacLeish, ›J.B.‹ Alan Sillitoe, ›Saturday Night and Sunday Morning‹
1959	*The Sound and the Fury* verfilmt, Regie: M. Ritt; *The Mansion*, letzter Band der Snopes-Trilogie erscheint.	1959	Muriel Spark, ›Memento Mori‹ Robert Penn Warren, ›The Cave‹
1960	*Sanctuary* zum zweitenmal verfilmt, Regie: T. Richardson.	1960	John Updike, ›Rabbit, Run‹
1961	Reise nach Venezuela.	1961	*– 1963 John F. Kennedy Präsident* Carson McCullers, ›Clock Without Hands‹ Saul Bellow, ›Herzog‹
1962	Lesung und Diskussion mit den Kadetten der Militärakademie in West Point; der Schelmenroman *The Reivers* erscheint; am 6. Juli, nach einem Sturz vom Pferd, stirbt William Faulkner in Oxford.	1962	Edward Albee, ›Who's Afraid of Virginia Woolf?‹

*Zeichnungen
von
William Faulkner*

William Falkner

RED & BLUE

A.E.F. CLUB
THINK HOW MANY TIMES THE BIRD'S BEEN KISSED. HE GOT A CROIX DE GUERRE, WITH PALMS.

Le grand Americano Parlez-vous Anglais, mam'zelle?
La petite Francaise – Mais oui, m'sieur, un peu; Do you lofe me? kees me queek! Damn! 'ell!

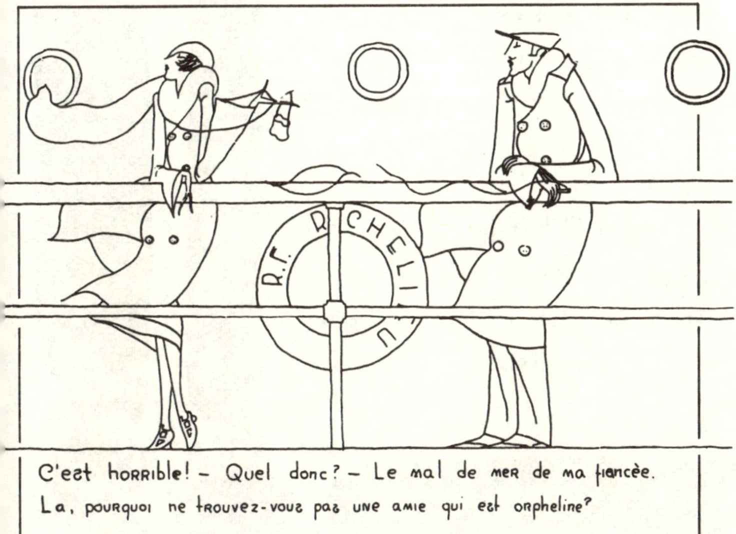
R.F. RICHELIEU
C'est horrible! – Quel donc? – Le mal de mer de ma fiancée.
La, pourquoi ne trouvez-vous pas une amie qui est orpheline?

NOCTURNE.

Colombine leans above the taper flame:
Colombine flings a rose.
She flings a severed hand at Pierrot's feet.

Behind, a perpindicular wall of stars,
Below, a gleam of snows.
Pierrot spins and whirls, Pierrot is fleet;
He whirls his hands like birds upon the moon.

Pierrot spins and whirls . . . .
His eyes are filled with facets of many worlds
Of silver and blue and green,
And he would hide his head, yet the keen
blue darkness
Cuts his arms away from his face.

Listen! A violin
Freezes into a blade, so bright and thin
It pierces through his brain, into his heart,
And he is spitted by a pin of music on the dark.

Swift the wisps of motion blown across the moon;
Colombine flings a paper rose, —
Pierrot flits like a white moth on blue dark.

Black the taper, sharp their mouths in starlight,
The sky with icy rootless flowers gauntly glows.
They are stiffly frozen, bright and stark.

Organizations

SOCIAL ACTIVITIES

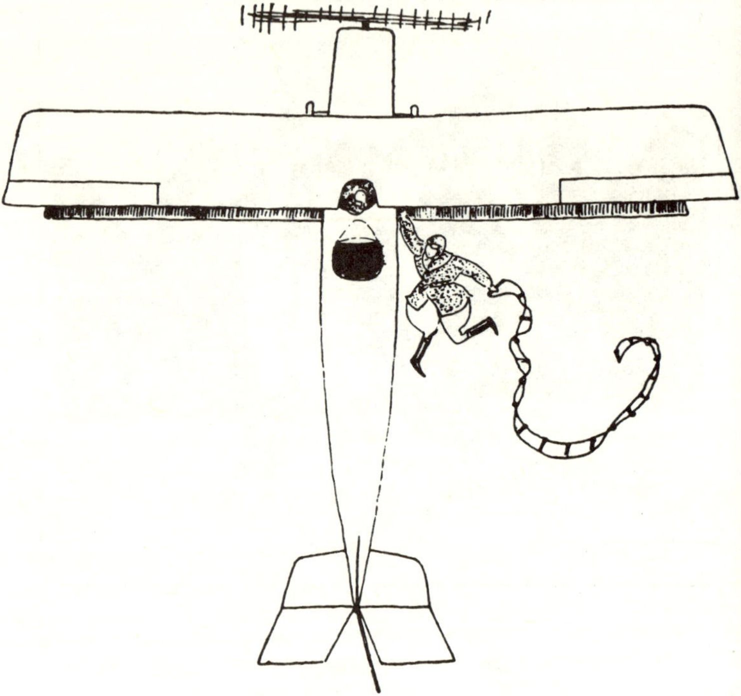

Aus: Early Prose and Poetry, *edited by Carvel Collins, An Atlantic Monthly Press Book, 1962 Little, Brown and Company, Boston – Toronto.*
Faulkners Zeichnungen erschienen 1916–1925 in ›Ole Miss‹ und ›The Scream‹.

Bibliographie

Verzeichnis der Buchpublikationen nach den Erstausgaben und deutschen Erstausgaben.

Romane

Soldier's Pay. Novel. New York 1926
Soldatenlohn. Deutsch von Susanna Rademacher. Hamburg 1958. Neu durchgesehene Fassung: Zürich 1978 (detebe 20511)

Mosquitoes. Novel. New York 1927
Moskitos. Roman. Deutsch von Richard K. Flesch. Reinbek/Hamburg 1960. Neu durchgesehene Fassung: Zürich: 1978 (detebe 20512)

Sartoris. Novel. New York 1929
Sartoris. Roman. Deutsch von Hermann Stresau. Reinbek/Hamburg 1961. Neuausgabe: Zürich 1973 (detebe 20076)

The Sound and the Fury. Novel. New York 1929
Schall und Wahn. Roman. Deutsch von Helmut M. Braem und Elisabeth Kaiser. Zürich 1956. Neue Fassung: Zürich 1973 (detebe 20096)

As I Lay Dying. Novel. New York 1930
Als ich im Sterben lag. Roman. Deutsch von Albert Hess und Peter Schünemann. Zürich 1961. Neuausgabe: Zürich 1973 (detebe 20077)

Sanctuary. Novel. New York 1931
Die Freistatt. Deutsch von Herbert E. Herlitschka. Zürich 1951
Die Freistatt. Roman. Neu übersetzt von Hans Wollschläger. Zürich 1981 (detebe 20802)

Light in August. Novel. New York 1932
Licht im August. Roman. Deutsch von Franz Fein. Berlin 1935. Neuausgabe: Zürich 1981 (detebe 20803)

Pylon. Novel. New York 1935
Wendemarke. Roman. Deutsch von Georg Goyert. Neu durchgesehene Ausgabe: Zürich 1978 (detebe 20513)

Absalom, Absalom! Novel. New York 1936
Absalom, Absalom! Roman. Deutsch von Hermann Stresau. Berlin 1938. Neuausgabe: Zürich 1974 (detebe 20148)

The Unvanquished. Cycle of Stories. New York 1938
Die Unbesiegten. Roman. Deutsch von Erich Franzen. Zürich 1954. Neuausgabe: Zürich 1973 (detebe 20075)

The Wild Palms and Old Man. Two Novels. New York 1939
Wilde Palmen und Der Strom. Doppelroman. Deutsch von Helmut M. Braem und Elisabeth Kaiser. Zürich 1957. Neuausgabe: Zürich 1982 (detebe 20988)

The Hamlet. Novel. New York 1940
Das Dorf. Roman. Erster Teil der *Snopes-Trilogie.* Deutsch von Helmut

M. Braem und Elisabeth Kaiser. Zürich 1957. Neuausgabe: Zürich 1982 (detebe 20992)

Go Down, Moses. Cycle of Stories. New York 1942

Das verworfene Erbe. Chronik einer Familie. Deutsch von Hermann Stresau. Zürich 1953. Neuausgabe u.d.T.: *Go down, Moses.* Chronik einer Familie. Zürich 1974 (detebe 20149)

Intruder in the Dust. Novel. New York 1948

Griff in den Staub. Roman. Deutsch von Harry Kahn. Zürich 1951. Neuausgabe: Zürich 1974 (detebe 20151)

Requiem for a Nun. New York 1951

Requiem für eine Nonne. Roman in Szenen. Deutsch von Robert Schnorr. Zürich 1956. Neuausgabe: Zürich 1982 (detebe 20991)

A Fable. New York 1954

Eine Legende. Roman. Deutsch von Kurt Heinrich Hansen. Zürich 1955. Neuausgabe: Zürich 1982 (detebe 20990)

The Town. Novel. New York 1957

Die Stadt. Roman. Zweiter Teil der *Snopes-Trilogie.* Deutsch von Elisabeth Schnack. Zürich 1958. Neuausgabe: Zürich 1982 (detebe 20993)

The Mansion. Novel. New York 1959

Das Haus. Roman. Dritter Teil der *Snopes-Trilogie.* Deutsch von Elisabeth Schnack. Zürich 1960. Neuausgabe: Zürich 1982 (detebe 20994)

The Reivers. Novel. New York 1962

Die Spitzbuben. Roman. Deutsch von Elisabeth Schnack. Zürich 1963. Neuausgabe: Zürich 1982 (detebe 20989)

The Wishing Tree. New York 1967

Der Wunschbaum. Ein Märchen. Deutsch von Elisabeth Schnack. Zürich 1969

Mayday. Introduction by Carvel Collins. Notre Dame 1976

Short Stories

Ad Astra: (Ad Astra): ›American Caravan‹, vol 4 (1931), danach im Sammelband *These Thirteen* (1931). Deutsch in *Rotes Laub.* Gesammelte Erzählungen III. Zürich 1972 (detebe 20042)

All the Dead Pilots (All die toten Flieger): zuerst im Sammelband *These Thirteen* (1931). Deutsch in *Rotes Laub.* Gesammelte Erzählungen III. Zürich 1972 (detebe 20042)

Artist at Home (Der Künstler daheim): zuerst in *Collected Stories* (1950). Deutsch in *Sieg im Gebirge.* Gesammelte Erzählungen IV. Zürich 1972 (detebe 20043)

Barn Burning (Brandstifter): ›Harper's‹, Juni 1939. Deutsch in *Brandstifter.* Gesammelte Erzählungen I. Zürich 1972 (detebe 20040)

The Bear (Der Bär): ›The Saturday Evening Post‹, 1940. Deutsch in *Der große Wald.* Vier Jagdgeschichten. Zürich 1974 (detebe 20150)

A Bear Hunt (Eine Bärenjagd): ›The Saturday Evening Post‹, Februar 1934. Eine revidierte Version wurde aufgenommen in den Band *Big Woods* (1955). Deutsch in *Der große Wald.* Vier Jagdgeschichten. Zürich 1974 (detebe 20150) und in *Brandstifter.* Gesammelte Erzählungen I. Zürich 1972 (detebe 20040)

Beyond (Jenseits): ›Harper's‹, September 1933, danach im Sammelband *Doctor Martino* (1934). Deutsch in *Schwarze Musik.* Gesammelte Erzählungen V. Zürich 1972 (detebe 20044)

Black Music (Schwarze Musik): zuerst im Sammelband *Doctor Martino* (1934). Deutsch in *Schwarze Musik.* Gesammelte Erzählungen V. Zürich 1972 (detebe 20044)

The Brooch (Die Brosche): ›Scribner's‹, Januar 1936. Deutsch in *Sieg im Gebirge.* Gesammelte Erzählungen IV. Zürich 1972 (detebe 20043)

Carcassonne: zuerst im Sammelband *These Thirteen* (1931). Deutsch in *Schwarze Musik.* Gesammelte Erzählungen V. Zürich 1972 (detebe 20044)

Centaur in Brass (Zentaur aus Messing): ›American Mercury‹, Februar 1932. Deutsch in *Eine Rose für Emily.* Gesammelte Erzählungen II. Zürich 1972 (detebe 20041)

A Courtship (Eine Werbung): ›Sewance Review‹, Herbst 1948. Deutsch in *Rotes Laub.* Gesammelte Erzählungen III. Zürich 1972 (detebe 20042)

Crevasse (Crevasse): zuerst im Sammelband *These Thirteen* (1931). Deutsch in *Rotes Laub.* Gesammelte Erzählungen III. Zürich 1972 (detebe 20042)

Death Drag (Der Todesschwung): ›Scribner's‹, Januar 1932, danach im Sammelband *Doctor Martino* (1934). Deutsch in *Eine Rose für Emily.* Gesammelte Erzählungen II. Zürich 1972 (detebe 20041)

Divorce in Naples (Scheidung in Neapel): zuerst im Sammelband *These Thirteen* (1931). Deutsch in *Schwarze Musik.* Gesammelte Erzählungen V. Zürich 1972 (detebe 20044)

Dr. Martino (Doktor Martino): ›Harper's‹, November 1931, danach im Sammelband *Doctor Martino* (1934). Deutsch in *Sieg im Gebirge.* Gesammelte Erzählungen IV. Zürich 1972 (detebe 20043)

Dry September (Dürrer S.): ›Scribner's‹, Januar 1931. Deutsch in *Eine Rose für Emily.* Gesammelte Erzählungen II. Zürich 1972 (detebe 20041)

Elly (Elly): ›Story‹, Februar 1934, danach im Sammelband *Doctor Martino* (1934). Deutsch in *Eine Rose für Emily.* Gesammelte Erzählungen II. Zürich 1972 (detebe 20041)

Elly (Elly): ›Story‹, Februar 1934, danach im Sammelband *Doctor Martino* (1934). Deutsch in *Eine Rose für Emily.* Gesammelte Erzählungen II. Zürich 1972 (detebe 20041)

An Error in Chemistry (Mangelnde Chemiekenntnisse): zuerst im Sammelband *Knight's Gambit.* (1949). Deutsch in *Der Springer greift an.* Kriminalgeschichten. Zürich 1975 (detebe 20152)

Fox Hunt (Eine Fuchsjagd): ›Harper's‹, September 1931, danach im Sammelband *Doctor Martino* (1934). Deutsch in *Sieg im Gebirge.* Gesammelte Erzählungen IV. Zürich 1972 (detebe 20043)

Golden Land (Goldenes Land): ›American Mercury‹, Mai 1935. Deutsch in *Sieg im Gebirge.* Gesammelte Erzählungen IV. Zürich 1972 (detebe 20043)

Hair (Haar): ›American Mercury‹, Mai 1931, danach im Sammelband *These Thirteen* (1931). Deutsch in *Eine Rose für Emily.* Gesammelte Erzählungen II. Zürich 1972 (detebe 20041)

Hand Upon the Waters (Hand auf den Wassern): zuerst im Sammelband *Knight's Gambit* (1949). Deutsch in *Der Springer greift an.* Kriminalgeschichten. Zürich 1975 (detebe 20152)

Honor (Ehre): ›American Mercury‹, Juli 1930, danach im Sammelband *Doctor Martino* (1934). Deutsch in *Sieg im Gebirge.* Gesammelte Erzählungen IV. Zürich 1972 (detebe 20043)

Idyll in the Desert. Story. Limited edition only. New York 1931

A Justice (Eine Gerechtigkeit): im Band *These Thirteen* (1931). Deutsch in *Rotes Laub.* Gesammelte Erzählungen III. Zürich 1972 (detebe 20042)

Knight's Gambit (Der Springer greift an): im Band *Knight's Gambit* (New York, 1949). Deutsch in *Der Springer greift an.* Kriminalgeschichten. Deutsch von Elisabeth Schnack. Zürich 1962, 1975 (detebe 20175)

The Leg (Das Bein): im Band *Doctor Martino* (1934). Deutsch in *Schwarze Musik.* Gesammelte Erzählungen V. Zürich 1972 (detebe 20044)

Lo! (Und siehe da!): zuerst in *Collected Stories* (1950). Deutsch in *Rotes Laub.* Gesammelte Erzählungen III. Zürich 1972 (detebe 20042)

Miss Zilphia Grant. Story. Limited edition only. Dallas/Texas 1932

Mistral (Mistral): zuerst im Sammelband *These Thirteen* (1931). Deutsch in *Schwarze Musik.* Gesammelte Erzählungen V. Zürich 1972 (detebe 20044)

Monk (Monk): zuerst im Sammelband *Knight's Gambit* (1949). Deutsch in *Der Springer greift an.* Kriminalgeschichten. Zürich 1975 (detebe 20152)

Mountain Victory (Sieg im Gebirge): ›The Saturday Evening Post‹, Dezember 1932. Danach im Sammelband *Doctor Martino* (1934). Deutsch in *Sieg im Gebirge.* Gesammelte Erzählungen IV. Zürich 1972 (detebe 20043)

Mule in the Yard (Maultier im Garten): ›Scribner's‹, August 1934. Deutsch in *Eine Rose für Emily.* Ges. Erzählungen II. Zürich 1972 (detebe 20041)

My Grandmother Millard (Meine Großmutter Millard): ›Story‹, März-April 1943. Deutsch in *Sieg im Gebirge.* Gesammelte Erzählungen IV. Zürich 1972 (detebe 20043)

Notes on a Horsethief. ›Story‹. Limited edition only. Greenville/Mississippi 1951. In veränderter Fassung in *A Fable* (1954) aufgenommen.

The Old People (Das alte Volk): im Band *Big Woods* (1955). Deutsch in *Der große Wald.* Vier Jagdgeschichten. Zürich 1974 (detebe 20150)

Pennsylvania Station (Pennsylvania Station): ›American Mercury‹, Februar 1934. Deutsch in *Sieg im Gebirge.* Gesammelte Erzählungen IV. Zürich 1972 (detebe 20043)

Race at Morning (Hetzjagd in der Frühe): ›The Saturday Evening Post‹, 1954, danach im Sammelband *Big Woods* (1955). Deutsch in *Der große Wald.* Vier Jagdgeschichten. Zürich 1974 (detebe 20150)

Red Leaves (Rotes Laub): ›The Saturday Evening Post‹, Oktober 1930, danach im Sammelband *These Thirteen* (1931). Deutsch in *Rotes Laub.* Gesammelte Erzählungen III. Zürich 1972 (detebe 20042)

A Rose for Emily (Eine Rose für Emily): ›The Forum‹, April 1930, danach im Sammelband *These Thirteen* (1931). Deutsch in *Eine Rose für Emily.* Gesammelte Erzählungen II. Zürich 1972 (detebe 20041)

Shall not perish (... und sollen nicht untergehen): ›Story‹, Juli-August 1943. Deutsch in *Brandstifter.* Ges. Erzählungen I. Zürich 1972 (detebe 20040)

Shingles for the Lord (Schindeln für den Herrn): ›The Saturday Evening Post‹, Februar 1943. Deutsch in *Brandstifter.* Gesammelte Erzählungen I. Zürich 1972 (detebe 20040)

Smoke (Rauch): ›Harper's‹, April 1932, danach im Sammelband *Doctor Martino* (1934). Deutsch in *Der Springer greift an.* Kriminalgeschichten. Zürich 1975 (detebe 20152)

The Tall Men (Die großen Männer): ›The Saturday Evening Post‹, Mai 1941. Deutsch in *Brandstifter.* Ges. Erzählungen I. Zürich 1972 (detebe 20040)

That Evening Sun (Wenn die Sonne untergeht): ›American Mercury‹, März 1931, danach im Sammelband *These Thirteen* (1931). Deutsch in *Eine Rose für Emily.* Ges. Erzählungen II. Zürich 1972 (detebe 20041)

That Will Be Fine (Das wäre fein!): ›American Mercury‹, Juli 1935. Deutsch in *Eine Rose für Emily.* Ges. Erzählungen II. Zürich 1972 (detebe 20041)

There Was a Queen (Es war eine Königin): ›Scribner's‹, Januar 1933, danach im Sammelband *Doctor Martino* (1934). Deutsch in *Sieg im Gebirge.* Gesammelte Erzählungen IV. Zürich 1972 (detebe 20043)

Tomorrow (Heute und morgen und in alle Ewigkeit): zuerst im Sammelband *Knight's Gambit* (1949). Deutsch in *Der Springer greift an.* Kriminalgeschichten. Zürich 1975 (detebe 20152)

Two Soldiers (Zwei Soldaten): ›The Saturday Evening Post‹, März 1942. Deutsch in *Brandstifter.* Ges. Erzählungen I. Zürich 1972 (detebe 20040)

Turnabout (Der Reihe nach!): ›The Saturday Evening Post‹, März 1932, danach im Sammelband *Doctor Martino* (1934). Deutsch in *Rotes Laub.* Gesammelte Erzählungen III. Zürich 1972 (detebe 20042)

Uncle Willy (Onkel Willy): ›American Mercury‹, Oktober 1935. Deutsch in *Eine Rose für Emily.* Ges. Erzählungen II. Zürich 1972 (detebe 20041)

Victory (Sieg): zuerst im Sammelband *These Thirteen* (1931). Deutsch in *Rotes Laub.* Gesammelte Erzählungen III. Zürich 1972 (detebe 20042)

Wash (Wash): ›Harper's‹, Februar 1934, danach im Sammelband *Doctor Martino* (1934). Deutsch in *Sieg im Gebirge.* Gesammelte Erzählungen IV. Zürich 1972 (detebe 20043)

Short-Story-Sammlungen

These Thirteen. Stories. New York 1931

Salmagundi. Stories and Sketches. Milwaukee/Wisconsin 1932 (s. *New Orleans Sketches*)

Doctor Martino and Other Stories. New York 1934 (s. *Collected Stories*)

Knight's Gambit. Cycle of Stories. New York 1949

Der Springer greift an. Kriminalgeschichten. Deutsch von Elisabeth Schnack. Zürich 1962. Neuausgabe: Zürich 1975 (detebe 20152)

Collected Stories. New York 1950

Gesammelte Erzählungen I–V. Deutsch von Elisabeth Schnack. Zürich 1972 (detebe 20040–20044).

The Portable Faulkner. Eine von Faulkner autorisierte Auswahl aus seinen Werken von Malcolm Cowley. New York 1954

Big Woods. Cycle of Stories. New York 1955

Der große Wald. Vier Jagdgeschichten. Deutsch von Hermann Stresau und Elisabeth Schnack. Zürich 1958. Neuausgabe: Zürich 1974 (detebe 20150)

New Orleans Sketches. Edited by Carvel Collins. New Brunswick/N.J. 1958

New Orleans. Skizzen und Erzählungen. Deutsch von Arno Schmidt. Stuttgart und Zürich 1962. Neuausgabe: Zürich 1982 (detebe 20995)

Early Prose and Poetry. Edited by Carvel Collins. Boston 1962

Gedichte. Theater

The Marionettes. Einakter. 1920 (Unveröffentlicht?)

The Marble Faun. Cycle of Poems. Preface by Phil Stone. Boston 1924

A Green Bough. Poetry. New York 1933

Ein grüner Zweig. Gedichte. Zweisprachige Auswahl. Vorwort und Übertragung von Hans Hennecke. Zürich 1957

New Orleans Sketches. Ed. Carvel Collins. New York 1958

Helen: A Courtship and *Mississippi Poems.* Introductory essays by Carvel Collins and Joseph Blotner. New Orleans and Oxford 1981

Essays. Briefe. Gespräche

Sherwood Anderson & Other Famous Creoles. Zusammen mit Bill Spratling verfaßt. 1926

Mississippi. Autobiographischer Essay. ›Holiday‹, April 1954. Auch in: *Essays, Speeches and Public Letters.* New York 1965

Faulkner at Nagano. Edited by Robert A. Jelliffe. Tokyo 1956

Faulkner in the University. Class Conferences at the University of Virginia 1957 to 1958. Edited by Frederick L. Gwynn and Joseph Blotner. Charlottesville 1959

Faulkner im Gespräch. Deutsch von Helmut Hilzheimer. Einleitung von Erich Franzen. Stuttgart 1961

Faulkner at West Point. Edited by Joseph L. Fant and Robert Ashley. New York 1964
Faulkner in West Point. Die Entwicklung der amerikanischen Ideale im Spiegel der amerikanischen Literatur. Deutsch von Elisabeth Schnack. Zürich 1990
Essays, Speeches and Public Letters. Edited by James B. Meriwether. New York 1965
The Faulkner – Cowley File. Letters and Memories 1944–1962. Edited by Malcolm Cowley. London 1966
Lion in the Garden. Interviews with William Faulkner 1926–1962. Edited by James B. Meriwether and Michael Millgate. New York 1968
Selected Letters of William Faulkner. Edited by Joseph Blotner. New York 1977
Briefe. Ausgewählt und aus dem Amerikanischen von Elisabeth Schnack. Zürich 1982 (detebe 20958)

Werke über William Faulkner

Die folgende Zusammenstellung bedeutet nur eine kleine Auswahl aus der – nach Professor Straumann – jährlich um etwa hundert Bände anschwellenden Flut der Sekundärliteratur. Weitere Hinweise geben die unter ›Bibliographisches, Hilfsmittel‹ genannten Werke und die bereits zitierte Faulkner-Monographie von Heinrich Straumann im Athenäum Verlag, Frankfurt/Main. Die Beiträge in diesem Band sind hier nicht noch einmal aufgeführt.

Biographisches

Abadie, Ann (Hg.): *William Faulkner: A Life on Paper.* Jackson, Miss. 1980
Blotner, Joseph: *Faulkner: A Biography.* 2 vols. New York 1974, 1984
Coughlan, Robert: *The Private World of William Faulkner.* New York 1954
Cowley, Malcolm: *The Faulkner – Cowley File: Letters and Memories* 1944 bis 1962. New York 1966
Dahl, James: »A Faulkner Reminiscence: Conversations with Mrs. Maud Faulkner«, *Journal of Modern Literature,* April 1974
Dain, M. J., *F.'s County: Yoknapatawpha.* [Bildband.] New York 1964
Falkner, Murry C.: *The Falkners of Mississippi: A Memoir.* Baton Rouge 1967
Faulkner, J., *My Brother Bill.* An Affectionate Reminiscence. New York 1963
Mein Bruder Bill. Eine Biographie. Deutsch von Elisabeth Schnack. Zürich 1966. [Im Anhang der deutschen Ausgabe hat die Übersetzerin sachliche Irrtümer des Autors richtiggestellt.]
Franklin, Malcolm: *Bitterweeds: Life with William Faulkner at Rowan Oak.* Irving, Tex. 1977
Gardner, Paul: »Faulkner Remembered«, *A Faulkner Perspective.* Franklin Center, Pa. 1976

Gentsch, G.: *Faulkner zwischen Schwarz und Weiß: Betrachtungen zu Werk und Persönlichkeit des amerikanischen Nobelpreisträgers.* Berlin 1983
Gresset, Michel: *A Faulkner Chronology.* Jackson, Miss. 1985
Nicolaisen, Peter: *William Faulkner: in Selbstzeugnissen und Bilddokumenten.* Reinbek 1981, 1986
Oates, Stephen B.: *William Faulkner, the Man and the Artist.* New York 1987
William Faulkner. Sein Leben. Sein Werk. Diogenes, Zürich 1990
Raddatz, Fritz J.: *Lügner von Beruf: auf den Spuren William Faulkners.* Reinbek 1987
Spratling, William: »Chronicle of a Friendship: William Faulkner in New Orleans«, *Texas Quarterly,* Spring 1966
Wasson, Ben: *Count No 'Count: Flashbacks to Faulkner.* Jackson, Miss. 1983
Wells, Dean Faulkner: »Dean Swift Faulkner: A Biographical Study«. Unpubl. M.A. thesis, University of Mississippi 1975

Bibliographisches, Hilfsmittel

Beebe, M., *Criticism of W. F.* A Selected Checklist with an Index to Studies of Separate Works. In: Modern Fiction Studies 2, 1956
Blotner, J. L., W. F.'s Library. A Catalogue. Charlottesville/Va. 1964
Brodsky, Louis Daniel, und Hamblin, Robert W. (Hg.): *Faulkner: A Comprehensive Guide to the Brodsky Collection.* Vol. 1: The Bibliography. Vol. 2: The Letters. Jackson, Miss. 1982–1984
Ford, M. P. & Kincaid, S., *Who's Who in F.* Baton Rouge/La. 1963
Kirk, R. W. & Klotz, M., *F.'s People.* A Complete Guide and Index to Characters in the Fiction of W. F. Berkeley 1963
Lombardo, A., *La critica italiana sulla letteratura americana.* In: La ricerca del vero. Rom 1961
Meriwether, J. B., *The Literary Career of W. F.* A Bibliographical Study. Princeton/N.J. 1961
Millgate, M., *The Achievement of W. F.* New York 1965
Hagopian, J., *The Adyt and the Maze.* Ten Years of F. Studies in America. In: Jahrbuch für Amerikastudien 6, 1961
Palijewski, P., *Die Entdeckung W. F.'s* In: Kunst und Literatur 13, 1965
Price-Stephens, G., *The British Reception of W. F. 1929–1962.* In: Mississippian Quarterly 18, 1965
Pusey III, W. W., *W. F.'s Works in Germany to 1940.* Translations and Criticism. In: The Germanic Review 30/3, 1955
Sleeth, I. L., *W. F.* A Bibliography of Criticism. In: Twentieth Century Literature 8, 1962
Tuck, D., *A Handbook of W. F.* London 1965
Volpe, E. L., *A Reader's Guide to F.* New York 1964
Woodworth, S. D., *W. F. en France 1931–1952.* Paris 1959

Essay-Sammlungen

W. F.: Three Decades of Criticism. Edited by F. J. Hoffmann & O. Vickery. New York 1963

W. F.: Essays, Speeches and Public Letters. Ed. James B. Meriwether. New York 1965

W. F.: A Collection of Critical Essays. Edited by R. P. Warren. Englewood Cliffs/N.J. 1966

W. F.: [Sondernummer der] Modern Fiction Studies 13/1, 1967

Darstellungen, Studien, Kritiken

Aiken, C., *W. F. The Novel as Form.* In: A Reviewer's ABC. New York 1958

Aymé, M., *What French Readers Find in W. F.'s Fiction.* In: Highlights of Modern Literature, edited by F. Brown. New York 1954

Backmann, M., *F. The Major Years.* A Critical Study. Bloomington/Ind. 1966

Beck, W., *Man in Motion.* Madison/Wisc. 1961

Braem, H. M., *Das Skandalon W. F.* Die metaphysische Kampfstatt und ein sadistischer Jehova. In: Deutsche Rundschau 84, 1958

Brooks, C., *W. F. The Yoknapatawpha Country.* New Haven 1963

Bungert, H., *W. F.'s letzter Roman.* In: Die Neueren Sprachen 12, 1963

Buschendorf, Christa: *Mit Kinderaugen: zur Perspektivtechnik bei William Faulkner, Carson McCullers u. Flannery O'Connor.* Würzburg 1988

Butor, M., *Les relations de parenté dans ›l'Ours‹ de W. F.* In: Les Lettres Nouvelles 4, 1956

Cecchi, E., *W. F.* In: Pan 2, 1934

Christadler, M., *Natur und Geschichte im Werk von W. F.* Heidelberg 1962

Doderer, H. v., *Zur Technik des modernen amerikanischen Romans.* In: Die Neueren Sprachen 6, 1958

Einsiedel, W. v., *Revolte des Menschensohns.* Zu W. F.'s ›Eine Legende‹. In: Merkur 10, 1956

Fant, Joseph L., und Ashley, Robert (Hg): *Faulkner at West Point.* New York 1964. Taschenbuchausgabe: New York 1969, Zürich 1990

Fiedler, L. A., *W. F. An American Dickens.* In: Commentary 10, 1950

Fowler, Doreen, und Abadie, Ann (Hg): *Fifty Years of Yoknapatawpha; Faulkner and Yoknapatawpha,* 1979. Jackson, Miss. 1985

Freywald, Carin: *Untersuchungen zur Symbolik in den Kurzgeschichten William Faulkners.* Frankfurt/Main 1983

Greene, G., *The Furies in Mississippi.* In: The London Mercury 35, 1937

Gwynn, F. L., und Blotner, J. (Hg.): *Faulkner in the University: Class Conferences at the University of Virginia, 1957–1958.* Charlottesville, Va. 1959

Haas, R., *F. und die Humanität.* In: Universitas 18, 1963

Henss, H., *W. F.'s Roman ›Sartoris‹ als literarisches Kunstwerk.* München 1964

Hönnighausen, Lothar (Hg.): *Faulkner's discourse: an international symposium,* Tübingen 1989

Howe, J., *W. F.* A Critical Study. New York 1962
Hung, Ute: *William Faulkner als Ironiker.* Frankfurt/Main 1982
Jacobs, R. D., *W. F. The Passion and the Penance.* In: South, edited by L. D. Rubin & R. D. Jacobs. New York 1961
Kawin, Bruce F.: *Faulkner and Film.* New York 1977
Kindermann, W.: *Analyse und Synthese im Werk William Faulkners: Generation u. ›community‹ in der Entwicklung seines Denkens.* Frankfurt/Main 1984
Korn, K., *Moira und Schuld.* In: Neue Rundschau 45, 1938
Kreuder, E., *Das Buch ohne Autor.* Zu den Werken F.'s In: Echo der Woche 46, München 1948
Lenz, S., *Feier der Wildnis.* F.'s Der große Wald. In: Beziehungen. Hamburg 1970
Lenz, S., *In F.'s Welt.* Augenschein am Mississippi. In: Beziehungen. Hamburg 1970
Lewis, R. W. B., *The Picaresque Saint.* New York 1965. Daraus: *W. F.'s ›The Bear‹: Überhöhtes Amerika.* Deutsch von H. Ziegler. In: Interpretationen II. Frankfurt/Main 1972
Longley Jr., J. L., *The Tragic Mask.* A Study of F.'s Heroes. Chapel Hill 1963
MacLeish, A., *F. and the Responsibility of the Artist.* In: The Harvard Advocate 135, 1951
Malin, D., *W. F.* An Interpretation. Stanford/Ca. 1957
Mayoux, J. J., *La création du réel chez W. F.* In: Etudes Anglaises 5, 1952
Meriwether, James B., »An Introduction for ›The Sound and the Fury‹«, *Southern Review,* Oct. 1972
Meriwether, James B. (Hg.), *A Faulkner Miscellany.* Jackson, Miss. 1974
Meriwether, James B., und Millgate, Michael (Hg.), *Lion in the Garden: Interviews with William Faulkner, 1926–1962.* Repr. Lincoln, Neb. 1980
Miner, W. L., *The World of W. F.* Durham 1952
Nilon, C. H., *F. and the Negro.* New York 1965
O'Connor, W. v., *W. F.* Minneapolis 1960
O'Faolain, S., *W. F. More Genius than Talent.* In: The Vanishing Hero. Boston 1956
Peper, J., *Bewußtseinslagen des Erzählens und erzählte Wirklichkeiten, dargestellt an amerikanischen Romanen des 19. und 20. Jahrhunderts, insbesondere am Werk W.F.'s.* Leiden 1966
Pritchett, V. S., *The Hill-Billies.* In: Books in General. London 1953
Sartre, J. P., *›Sartoris‹ par W. F.* In: La Nouvelle Revue Française 50, 1938
Schnack, E., *Der Löwe im Garten.* Zu zwei Interviews mit W. F. In: Das Tintenfaß 21, 1972
Schonauer, F., *W. F. Schuld und Befreiung in seinem Romanwerk.* In: Wort und Wahrheit 12, 1957
Schwerin, C., *F. als Lyriker.* In: Deutsche Rundschau 84, 1958

Seidel, Sonja: *Die Wechselbeziehungen zwischen Episodischem und Ganzheitlichem in William Faulkners Erzählwerk: dargest. am Beispiel ausgewählter Werke.* Jena 1980
Sensibar, Judith L.: *The Origins of Faulkner's Art.* Austin, Texas 1984
Seyppel, J., *W. F.* Berlin 1962
Snell, Susan: *Phil Stone of Yoknapatawpha.* Ann Arbor, Mich. 1978
Swiggart, P., *The Art of F.'s Novels.* Austin/Tex. 1962
Thompson, L., *W. F. An Introduction and Interpretation.* New York 1963
Vickery, O. W., *The Novels of W. F.* A Critical Interpretation. Baton Rouge/La. 1964
Daraus: *W. F.'s kontrapunktische Welten: ›The Sound and the Fury‹.* Deutsch von U. Denecke. In: Interpretationen 11. Frankfurt/Main 1972
Vittorini, E., *Diario in pubblico,* Mailand 1957
Offenes Tagebuch. Deutsch von E. Peterich. Vorwort von A. Andersch. Olten und Freiburg i. Br. 1959. [Darin: ›F. zwischen der Dunkelheit und dem Gewissen‹ (1937), F. läßt sich gehen‹ (1938), ›Von Conrad bis F.‹ (1938), ›Amerikanische Literatur. Zeitgenössische Geschichte‹ (1941), ›Amerikanische Literatur. Die neue Legende‹ (1941).]
Waggoner, H. H., *W. F. From Jefferson to the World.* Lexington/Ky. 1959
Webb, James W., und Green, A. Wigfall (Hg.): *William Faulkner of Oxford.* Baton Rouge 1965
Weber, R. W., *Die Aussage der Form. Zur Textur und Struktur des Bewußtseinsromans. Dargestellt an W.F.'s ›The Sound and the Fury‹.* Heidelberg 1969
Welty, E., *In Yoknapatawpha.* In: The Hudson Review 1, 1949
White, Ray Lewis (Hg.): *Sherwood Anderson Memoirs: A Critical Edition.* Chapel Hill, N.C. 1969
Wilde, Meta Carpenter, und Borsten, Orin: *A Loving Gentleman: The Love Story of William Faulkner and Meta Carpenter.* New York 1976
Wilson, E., *W. F.'s Reply to the Civil Rights Program.* In: The New Yorker 24, 1948